Albert Raffelt
Peter Reifenberg

Universalgenie Blaise Pascal
Eine Einführung in sein Denken

Albert Raffelt
Peter Reifenberg

Universalgenie Blaise Pascal

Eine Einführung in sein Denken

echter

Karl Kardinal Lehmann
zum
75. Geburtstag

Bibliografische Information der Deutschen Nationalbibliothek
Die Deutsche Nationalbibliothek verzeichnet diese Publikation in der Deutschen
Nationalbibliografie; detaillierte bibliografische Daten sind im Internet über
<http://dnb.d-nb.de> abrufbar.

© 2011 Echter Verlag GmbH, Würzburg
www.echter-verlag.de
Umschlag: Hain-Team, Bad Zwischenahn (Abbildung: François Quesnel)
Druck und Bindung: Druckerei Friedrich Pustet, Regensburg
ISBN 978-3-429-03299-9

Inhalt

Vorwort

Der vorliegende Band beruht auf einer Tagung des »Erbacher Hof«, Akademie des Bistums Mainz am 26./27. Februar 2010. Die Tagung sollte das Interesse an Gestalt und Werk Blaise Pascals wecken, zur eigenen Lektüre seiner Hauptschriften und (was die geistlichen Texte anbelangt) durchaus auch zur Meditation anregen, einige allzu schnell herbeigebrachte Vorurteile (die zu einfache Einordnung in einen dazu noch klischeehaft gesehenen Jansenismus) beseitigen und auch zu weiterführenden Lektüren Hinweise geben.

Der Sprachstil der Vorträge wurde besonders im ersten Teil für diese Publikation beibehalten. Er sollte nicht mit zu viel wissenschaftlichem Beiwerk beschwert werden, obwohl die wesentlichen Nachweise in Anmerkungen gegeben werden.

Die beiden Verfasser haben ein gemeinsames Interesse nicht nur am Denken und am Werk Blaise Pascals, sondern auch an der Tradition seines Denkens, vor allem an seiner Wiederaufnahme in der Philosophie Maurice Blondels (1861–1949), über den beide gearbeitet haben. Das erklärt die systematische, auf die Religionsphilosophie oder besser Fundamentaltheologie Pascals ausgerichtete Perspektive.

Die Zielrichtung ist theologisch/philosophisch. Dort sehen die beiden Autoren ihre Kompetenz. Diejenige Pascals ist viel reichhaltiger, was hoffentlich in dem Bändchen genügend zum Ausdruck kommt.

Die Spannungen des »et-et« in der Hitze des Alltags auszuhalten und im persönlichen Denken und Handeln Wirklichkeit werden zu lassen, gehört zum schwierigsten Geschäft gestaltenden und zugleich ausgleichenden Tuns aus der lebendigen Mitte des Christlichen heraus.

Erbacher Hof, Mainz, im Februar 2011

Albert Raffelt   Peter Reifenberg

Teil I
Albert Raffelt

I. Blaise Pascal: Leben und Wirken eines Genies

1. Faszination Pascal

Es gibt Gestalten der Geistesgeschichte, die eine ganz unmittelbare Faszination auf unterschiedlichste Personen auslösen. Blaise Pascal gehört ganz sicher und ganz besonders zu ihnen. Chateaubriand[1] hat in seinem *Génie du Christianisme* ein Muster dafür geliefert: »Es gab einen Menschen, welcher im zwölften Jahre mit Strichen und Kreisen mathematische Sätze erfand, welcher mit sechzehn die gelehrteste Abhandlung über die Kegelschnitte schrieb, die man seit dem Altertum gesehen hatte; welcher mit neunzehn die Maschine für eine Wissenschaft, die gänzlich im Verstande ruht, ersann; welcher mit dreiundzwanzig das Phänomen des Luftdrucks bewies und einen der großen Irrtümer der alten Naturkunde zerstörte; welcher in dem Alter, wo die andern Menschen kaum zu leben beginnen, nach einem Laufe durch den ganzen Umkreis der menschlichen Wissenschaften das Nichts derselben durchschaute, und seine Gedanken zur Religion hinwandte; welcher immer kränkelnd und leidend bis zu seinem Tode im neununddreißigsten Jahre des Lebens die Sprache Bossuets und Racine's festlegte, und das Muster vollkommensten Witzes wie strengsten Nachdenkens gab; welcher endlich in den kurzen Zwischenräumen seiner Leiden durch Forschung eine der schwierigsten Aufgaben der Geometrie löste, und auf das Papier Gedanken hinwarf, die eben so gut zu Gott wie zum Menschen passen. Dieses außerordentliche Genie nannte sich Blaise Pascal«[2]. Man könnte das natürlich wesentlich nüchterner formulieren. Es bliebe nicht weniger faszinierend ...

Aber auch wenn man sich nur mit *einem* der Ausschnitte des Werkes beschäftigt, ist die von ihm ausgelöste Stimulation u. U. nicht geringer: Die *Pensées* allein genügen dafür. Und sie genügen in beide Rich-

---

[1] François-René Vicomte de Chateaubriand (* 4. September 1768 in Saint-Malo; † 4. Juli 1848 in Paris).

[2] Nach F.-R. de CHATEAUBRIAND: *Der Geist des Christentums* / J. F. SCHNELLER (Übers.) – J. KÖNIG (Hrsg.). Freiburg i. Br.: Wagner, 1847, S. 60–61 = *Génie du christianisme* / Pierre REBOUL (Einf.). Paris: Garnier-Flammarion, 1966, Bd. 1, S. 425f.

tungen, der Anziehung und der Abstoßung. Voltaires Beschäftigung mit Pascal ist ein Beispiel für Letzteres, für eine abstoßende Anziehung möchte man sagen. Denn los kommt er von Pascal sein Leben lang nicht.[3] Und man könnte eine Wolke von Zeugen nennen, von Kant – dessen Gedanken über die Wette in der *Kritik der reinen Vernunft* sicher nicht unbeeinflusst von Pascal sind – über Nietzsche, Blondel bis Heidegger[4], um da aufzuhören.

Ganz im Gegensatz dazu steht die Bemerkung des Theologen Pierre Nicole[5], der immerhin Pascal genau kannte und noch zeitgenössisch der Übersetzer der *Lettres Provinciales* ins Lateinische war. Kurz nach Pascals Tod schrieb er an Antoine Arnauld[6]: »Die Nachwelt wird wenig von ihm wissen«[7]. Das Urteil hatte damals alle Wahrscheinlichkeit für sich. Publiziert hatte Pascal unter seinem eigenen Namen nur zwei kurze Texte, die *Expériences nouvelles touchant le vide* (1647) und den *Récit de la grande expérience de l'équilibre des liqueurs* (1648); dazu kommen einige zwar gedruckte, aber nur privat verteilte Texte: *Essai pour les coniques* (1640), der Widmungsbrief zu der von ihm konstruierten Rechenmaschine an den Staatskanzler (1645), eine Verteidigungsschrift seines Luftdruck-Experiments in Form eines Briefes an den Präsidenten des Finanzgerichts in Clermont-Ferrand (1651). Dazu noch pseudonyme Texte sozusagen für ein mathematisches Preisausschreiben von 1658/59. Das sind alles sehr kurze Schriften. Gäbe es nur sie, so umfasste Pascals hinterlassenes Lebenswerk keine hundert Druckseiten. Ebenfalls anonym – und damals wäre die Kenntnis des Autors für diesen gefährlich gewesen – erschienen die *Lettres provinciales*. Sie ergeben immerhin ein ganzes Buch, damals schon berühmt, aber eben von einem Unbekannten mit gut gehütetem Pseudonym.

---

[3] Vgl. A. RAFFELT: »Ich wage es, die Partei der Menschheit zu ergreifen ...«: Das Gottesbild der Aufklärung. Voltaire kritisiert Pascal. In: Jürgen HOEREN – Michael KESSLER (Hrsg.): *Gottesbilder. Die Rede von Gott zwischen Tradition und Moderne.* Stuttgart: Katholisches Bibelwerk, 1988. S. 87–107. – Digitale Publikation: <http://www.freidok.uni-freiburg.de/volltexte/347>.

[4] Vgl. A. RAFFELT: Heidegger und Pascal – eine verwischte Spur. In: Norbert FISCHER – Friedrich-Wilhelm von HERRMANN (Hrsg.): *Heidegger und die christliche Tradition: Annäherungen an ein schwieriges Thema.* Hamburg: Meiner, 2007, S. 189–205.

[5] * 19. Oktober 1625 in Chartres; † 16. November 1695 in Paris.

[6] * 5. Februar 1612 in Paris; † 8. August 1694 in Brüssel.

[7] Jean STEINMANN: *Pascal.* Stuttgart: Schwabenverlag, o.J. [1959], S. 343.

Aber lassen wir es hiermit erst einmal bewenden. Die erstaunliche Nachwirkung Pascals erschließt sich eher, wenn wir uns zunächst seiner Biographie und damit seinen faszinierenden Leistungen auf verschiedenen Gebieten zuwenden.

Mit Pascal verhält es sich nämlich nicht ganz so wie mit Aristoteles, bei dem Heidegger den denkerischen Ertrag der Biographie mit den Worten zusammengefasst hat »Bei der Persönlichkeit eines Philosophen hat nur das Interesse: Er war dann und dann geboren, er arbeitete und starb«[8]. Denn das Leben spielt bei Pascal in Entscheidungen hinein, die durchdacht und ausformuliert werden, also in das denkerische Werk. In seinen Texten spielen Bezugnahmen auf Personen und Situationen eine Rolle, so etwa bei der direkten Aufforderung »Lernt von denjenigen usw., die wie Ihr gebunden waren und die nun ihr ganzes Gut einsetzen. Es sind Leute, die diesen Weg kennen, dem Ihr folgen möchtet« im berühmten Wett-Fragment, Laf. 418[9], was man durchaus als einen autobiographischen Hinweis lesen kann.

Ferner ist auch die Familiengeschichte in mehrfacher Hinsicht von Bedeutung – von der Kindererziehung bis zu diversen Einzelereignissen und auch hinsichtlich der engen Geschwisterbeziehung, besonders zwischen Blaise und seiner jüngeren Schwester Jacqueline. Zum anderen ist auch ein Blick in die Kulturgeschichte sinnvoll, in Musik und Dichtung, um zu zeigen, dass Blaise – wie seine Familie – hier einen größeren Ambitus hatte als ihm von manchen Auslegern zugestanden wird, die Blaise und seine Familie im düsteren Schatten

---

[8] Martin HEIDEGGER: *Grundbegriffe der aristotelischen Philosophie.* Frankfurt am Main: Klostermann, 2002 (M. HEIDEGGER: Gesamtausgabe. 18), S. 5.

[9] Benutzt werden im Folgenden die Ausgaben B. PASCAL: *Œuvres complètes / Éd.* Louis LAFUMA. Paris: Seuil, 1963 u.ö. (= OC.L), B. PASCAL: *Œuvres complètes / Éd.* Jean MESNARD. Bd. 1ff. Paris: Desclée De Brouwer, 1964ff. (= OC.M); B. PASCAL: *Kleine Schriften zur Religion und Philosophie /* hrsg. von A. RAFFELT, übers. von Ulrich KUNZMANN. Hamburg: Meiner, 2005 (PhB 575) (= KS). Das gesamte literarische (nicht naturwissenschaftlich-mathematische) Werk Pascals auf Deutsch findet sich nur in der elektronischen Ausgabe *Pascal im Kontext. Werke auf CD-ROM – Französisch/Deutsch.* In neuen Übersetzungen von Ulrich KUNZMANN. Berlin: Karsten Worm, 2003 (Literatur im Kontext. 19) (= PK). Soweit Texte hiernach zitiert werden, wird nur die innere Zitierweise angewendet. Gelegentlich wird die neueste Gesamtausgabe von Michel LE GUERN herangezogen. B. PASCAL. *Œuvres complètes.* 2 Bde. Paris: Gallimard, 1998–2000 (Bibliothèque de la Pléiade. 34 und 462): (= OC.LG). Die Fragmente der *Pensées* werden nach den Editionen Lafumas zitiert (= Laf.), die *Confessiones* des hl. Augustinus nach der neueren Paragraphen-Einteilung, die ältere Kapitel-Einteilung ist ggf. in Klammern genannt, wo die französische Übersetzung sie verwendet.

des Jansenismus sehen, der selbst nochmals als Klischee behandelt wird. Dies gilt bis hin zu Romano Guardini, der Blaise ein wirkliches Verhältnis zu den Künsten, eigens zur Musik, abspricht.[10] Ganz anders etwa Pascals Biograph Jean Steinmann.[11] Dies ist zwar ein Nebenthema, gehört aber durchaus zum Persönlichkeitsbild Pascals und zur Eigenart seiner Familie. Der biographische Einstieg soll vor allem ein Bild der Vielfalt der Persönlichkeit und des Werks von Blaise Pascal geben.

Danach soll dann die unvollendete, nur in Fragmenten überlieferte, aber dennoch wirkungsgeschichtlich fulminante geplante Apologie des Christentums – die sogenannten *Pensées,* wenn man von der Buchform ausgeht – erläutert werden. Im dritten Teil wird ein besonderes Stück daraus in einer Interpretation vorgelegt, die es ein wenig in die Wirkungsgeschichte stellen und damit durchaus auch aktualisieren will. Der vierte Teil ist ein Hinweis auf den »frommen« Blaise und soll zu einer geistlichen Lektüre anregen. Der Text *Über die Bekehrung des Sünders* schließt aber sinnvoll an die Darstellung der Apologie an. Er bezeichnet ihr eigentliches Ziel, das freilich nicht durch eine theoretische Argumentation erreicht werden kann.

2. Biographie und Werk

2.1 Kindheit

Pascal – gemeint ist immer Blaise Pascal, wenn nicht die Vornamen hinzugesetzt sind – wurde am 19. Juni 1623 in Clairmont geboren, das seit 1630 mit Montferrand vereinigt ist als Clermont-Ferrand, wie wir es kennen. Der Vater war höherer Beamter in der Provinz. Die Mutter starb schon 1626, also als Pascal drei Jahre alt war. Der Vater Étienne zog – nachdem es auch beruflich nicht so weiterging, wie er wünschte – 1631 mit seinen drei Kindern, neben Pascal der älteren Schwester Gilberte (1620–1687) und der jüngeren Jacqueline (1625–1661), nach Paris. Die Ausbildung der Kinder erfolgte durch den Vater nach höchst modernen pädagogischen Vorstellungen, die u.a. von

---

[10] Romano GUARDINI: *Christliches Bewußtsein. Versuche über Pascal* [1935]. München: dtv, 1962 (dtv 38), S. 188: »Er hat auch kein ursprüngliches Verhältnis zur Kunst. Architektur, Malerei, Plastik bedeuten ihm nichts; am fremdesten ist ihm offenbar die Musik.« Es ist mir unverständlich, wie man so etwas schreiben konnte.

[11] Jean STEINMANN: *Pascal.* Stuttgart: Schwabenverlag, ²1962, S. 15f.

Michel de Montaigne beeinflusst waren. Pascal und seine Schwestern haben nie eine Schule gesehen.

Étienne Pascal, der Präsident Pascal, wie er zeitgenössisch genannt wird,[12] war ein wissenschaftlich hochgebildeter Mann, der zwar keine akademische Qualifikation vorweisen konnte, aber dennoch ein solches Renommee hatte, dass er in die Akademie des Paters Mersenne[13] aufgenommen wurde, damals die fortschrittlichste und entscheidende wissenschaftliche Institution Frankreichs oder sogar der Welt; Descartes gehörte ihr korrespondierend an. Étienne Pascals Interesse galt insbesondere der Mathematik – die er übrigens nach seiner Erziehungsmethode seinem kleinen Sohn zunächst einmal vorenthielt. Er sollte erst die alten Sprachen lernen.

Als Blaise zwölf Jahre alt war, klappte das System nicht mehr. Schwester Gilberte stellt dies in ihrer Biographie des Bruders später so dar:

»Aber dieser Geist konnte derartige Beschränkungen nicht ertragen, und sobald er die einfache Erklärung gehört hatte, die Mathematik ermögliche es, unfehlbar richtige Figuren zu entwerfen, dachte er selbst darüber nach, und in seinen Erholungsstunden, wenn er in ein Zimmer gekommen war, wo er gewöhnlich spielte, nahm er nun ein Kohlestück und zeichnete Figuren auf die Fliesen, wobei er zum Beispiel nach den Mitteln suchte, um einen vollkommen runden Kreis oder ein Dreieck, dessen Seiten und Winkel gleich wären, und andere ähnliche Dinge zu entwerfen.

Das alles fand er mühelos heraus; hierauf suchte er nach den gegenseitigen Proportionen der Figuren. Da ihm mein Vater jedoch all diese Dinge so sorgfältig verheimlicht hatte, dass er nicht einmal deren Namen kannte, sah er sich gezwungen, eigene für sich selbst zu erfinden. Einen Kreis nannte er ›ein Rund‹, eine Linie ›einen Strich‹ und so weiter. Nach diesen Namen bildete er Axiome und schließlich vollkommene Beweisführungen, und da man bei solchen Dingen vom einen zum anderen kommt, machte er immer größere Fortschritte

---

12 Bei Tallemant des Reaux klingt das etwas ironisch: »Der Präsident Paschal [sic] nannte sich ›Präsident‹, weil er in Clairmont in der Auvergne Präsident gewesen ist. Er war ein Mann mit recht ansehnlichen Ämtern: Er war ein rechtschaffener und gelehrter Mann, er hatte sich vor allem auf die Mathematik geworfen, aber er erlangte größere Bedeutung durch seine Kinder als durch sich selbst, wie wir in der Folge sehen werden.« Gédéon TALLEMANT DES REAUX: *Salongeschichte. Historiettes.* Zürich: Manesse, 1966, S. 359, wobei »die kleine Paschal«, Jacqueline, ebenfalls im Blick ist.
13 Marin Mersenne OMinim (1588–1648).

und trieb seine Untersuchung so weit voran, dass er bis zum zweiunddreißigsten Lehrsatz im ersten Buch Euklids vordrang. Als er gerade damit beschäftigt war, betrat mein Vater zufällig den Raum, in dem sich mein Bruder befand, ohne dass er es hörte. Er fand ihn so eifrig beschäftigt, dass er dessen Ankunft lange nicht bemerkte. Man kann nicht sagen, wer mehr überrascht war, der Sohn, weil er seinen Vater sah und an das von ihm ausgesprochene ausdrückliche Verbot dachte, oder der Vater, als er seinen Sohn inmitten all dieser Dinge entdeckte. Doch die Überraschung des Vaters wurde noch weitaus größer, als er seinen Sohn gefragt hatte, was er da treibe, und dieser ihm antwortete, dass er eine bestimmte Sache untersuche, die sich als der zweiunddreißigste Lehrsatz im Buch Euklids erwies.[14]

Mein Vater fragte ihn, was ihn auf diesen Gedanken gebracht hätte, und er antwortete, das sei deshalb, weil er eine bestimmte andere Sache herausgefunden hätte, und als ihm mein Vater dazu die gleiche Frage stellte, nannte er ihm auch noch einige Beweise, die er aufgestellt hatte, und indem er so Schritt für Schritt zurückging und sich dabei solcher Namen wie ›Runde‹ und ›Striche‹ bediente, kam er schließlich zu seinen Definitionen und seinen Axiomen.

Mein Vater war so erschrocken über die Größe und Kraft dieses Genies, dass er ihn verließ, ohne ein Wort zu sagen, und zu Monsieur Le Pailleur[15] ging, der sein vertrauter Freund und ebenfalls hochgelehrt war. Sobald er bei ihm angekommen war, blieb er unbeweglich stehen, als wäre er ganz verstört. Da Monsieur Le Pailleur das sah und sogar bemerkte, dass er weinte, ängstigte er sich sehr und bat ihn, den Grund seiner Betrübnis nicht länger zu verheimlichen. Mein Vater sagte: ›Ich weine nicht vor Kummer, sondern vor Freude. Sie wissen, wie sorgfältig ich meinem Sohn die Kenntnis der Mathematik vorenthalten habe, um ihn nicht von seinen anderen Studien abzulenken.

---

[14] Vgl. EUKLID: *Die Elemente*. 1. Teil. Leipzig: Akademische Verlagsgesellschaft, 1933 (Ostwald's Klassiker der exakten Wissenschaften. 235), S. 23. »An jedem Dreieck ist der bei Verlängerung einer Seite entstehende Außenwinkel den beiden gegenüberliegenden Innenwinkeln zusammen gleich, und die drei Winkel innerhalb des Dreiecks sind zusammen zwei Rechten gleich.« Jean MESNARD OC.M 1,574 kommentiert, dass diese empirisch zustandegekommene Entdeckung laut Gilberte keineswegs die der vorangehenden einunddreißig Lehrsätze voraussetze.

[15] LE PAILLEUR, † 1654, der Freund Étienne Pascals gehörte zum Kreis der Akademie Mersennes, die er nach 1648 leitete. Die oben genannte Begebenheit gehört in das Jahr 1635. Blaise Pascal schrieb ihm später einen Brief über seine Diskussionen mit dem Pater Noël (vgl. OC.L, S. 208–215).

Doch hören Sie nun, was er getan hat.‹ Hierauf zeigte er ihm selbst, was sein Sohn entdeckt hatte und womit sich gewissermaßen die Behauptung rechtfertigen ließe, dieser habe die Mathematik erfunden. Monsieur Le Pailleur war nicht weniger überrascht als mein Vater, und er erklärte, dass er es nicht für gerecht halte, diesen Geist noch länger zu fesseln und ihm diese Kenntnisse weiter zu verheimlichen; dass man ihm die Bücher zeigen müsse, ohne ihn fortan zurückzuhalten. Da mein Vater das für richtig hielt, gab er ihm die *Elemente Euklids*, damit er sie in seinen Erholungsstunden lesen sollte. Er studierte und verstand sie ganz allein, ohne jemals eine Erklärung zu benötigen. Und während er sie studierte, verarbeitete er sie und erreichte so große Fortschritte, dass er regelmäßig an den Zusammenkünften teilnehmen konnte, die allwöchentlich stattfanden und bei denen sich die größten Pariser Gelehrten versammelten, um ihre eigenen Werke vorzustellen und die der anderen zu prüfen« (KS, S. 6–8).

Bei aller möglichen Ausschmückung muss man sich klar machen, was dies bedeutet, dass das Kind bei den Diskussionen der damals fortschrittlichsten und gebildetsten Wissenschaftler Europas zuhören durfte.

2.2 Wunderkind Jacqueline

Blaise war nicht die einzige Hochbegabung in der Familie. Man wird die ältere Schwester Gilberte nicht unterschätzen dürfen, wenn man ihr Leben und ihre späteren Publikationen ansieht. Aber sie ging einen traditionellen Weg als Ehefrau und Mutter mit entsprechendem Verzicht. Eine ausgesprochene Frühbegabung war dagegen auch die jüngere Schwester Jacqueline, die schon Verse verfertigte, als sie noch nicht richtig lesen konnte. Aus drei Gründen ist sie hier zu erwähnen, erstens ist ihre ungewöhnliche Begabung selbst wichtig, zweitens wird sie von ihr strategisch für die Familie eingesetzt, drittens ist Jacqueline die Person, die Blaise in seinem Leben am nächsten stehen wird.[16]

Und noch aus einem anderen Grund ist die Erwähnung Jacquelines wichtig. Sie zeigt den kulturellen Rahmen der Pascals. Die Pascals

---

[16] Vgl. zu dem Verhältnis beider André BORD: *Jacqueline Pascal, fille spirituelle de Blaise*. Perpignan: Tempora – Paris: Jubilé, 2009.

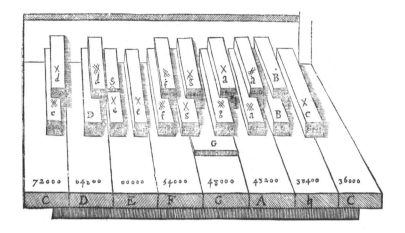

liebten das Theater, waren mit dem Dramatiker Pierre Corneille (1606–1684) bekannt, hatten enge Beziehungen zu Musikern wie Michel Lambert (1610–1696), dem Schwiegervater Lullys. Die Schrift *Des orgues – Von den Orgeln* – aus Marin Mersennes *Harmonie universelle* ist »Monsieur Pascal« – nämlich Étienne – gewidmet.[17] Und Blaise hat sie sicher vor Augen gehabt, als er sein Fragment »Unbeständigkeit« notierte: »Man glaubt, die Tasten einer gewöhnlichen Orgel anzuschlagen, wenn man die Tasten des Menschen anschlägt. Er ist zwar eine Orgel, doch sie ist seltsam, wandelbar und veränderlich. *(Diejenigen, die nur die gewöhnliche Orgel spielen können,)* würden sich nicht auf jene einstimmen. Man muss wissen, wo die (Tasten) sind« (Laf. 55). Das wird erst anschaulich, wenn man Mersennes *Clavier parfait de vingt-sept marches sur l'Octave* ansieht, mit dem man eine reine Stimmung spielen konnte. Das Fragment könnte man sehr differenziert hinsichtlich der musikologischen Kenntnisse Pascals interpretieren.

Doch betrachten wir zunächst einmal ein Gedicht von Jacqueline in der Vertonung von Michel Lambert.[18]

---

[17] « A MONSIEVR **MONSIEVR PASCAL** CY DEVANT PRESIDENT EN la Cour des Aydes en Auuergne ». – Abgedruckt in dem Reprint von Marin MERSENNE: *Harmonie universelle, contenant la théorie et la pratique de la musique. Traité des instrumens a chordes* [sic]. Paris: CNRS, 1965, nach S. 308. Vgl. auch Widmung und Widmungsbrief an Étienne Pascal in MERSENNE: *Correspondance*. Bd. 5, Paris: P.U.F., 1959, S. 441–443.

[18] Text nach OC.M 2, S. 307. Musik nach Théodore GÉROLD: *L'art du chant en France au XVIIe siècle*. Strasbourg: Istra, 1921, S. 247f. Satz Reiner RAFFELT.

Michel Lambert: Sombres déserts (Jaqueline Pascal)

1. Som - bres dé - serts, re - trai - te de la nuit, Sa - cré re - fu - ge du si - len - ce,
2. Par son tré - pas, dans les lieux fré - quen - tés, On sau - rait les maux de son â - me;

Un mal - heu - reux à qui le mon - de nuit Ne vient pas par ses cris vous
mais dans ces bois tou - jours in - ha - bi - tés Il vient pas ca - cher sa mort pour

fai - re vi - o - len - ce. Son tour - ment est si beau, qu'il n'en veut pas gué -
mieux cou - vrir sa flam - me. Ne craig - nez pas ses pleurs en le vo - yant pé -

rir, Il ne vient pas se plain - dre, il ne vient que mou - rir. Son tour - rir.
rir. Il ne vient pas se plain - dre, il ne vient que mour - rir. Ne craig - rir.

1. 2.

21

Das einfache Notenbild täuscht darüber, wie hochartifiziell diese Kunst ist. Das wird etwa aus der hervorragenden Tonaufnahme mit dem Kontratenor René JACOBS deutlich.[19] Das Lied erregte durchaus Aufsehen, was sich u.a. daran zeigt, dass in der Korrespondenz Mersennes (der als Verbindungsmann zum Komponisten benutzt wird) danach gefragt wird.[20]

Die dichterische Begabung Jacquelines – von Corneille gefördert – ist nicht unser Thema. Deshalb brauchen wir uns auch nicht auf die fruchtlose Diskussion einzulassen, wie *bedeutend* ihre Begabung war. Die Themen sind einerseits konventionell und enthalten etwa Stanzen gegen die Liebe[21] oder Stanzen für eine in einen Mann, der davon nichts weiß, verliebte Dame[22] – immerhin einer dichterischen Antwort durch den Hofdichter Isaac de Benserade (1613–1691) gewürdigt –, anderseits durchaus ungewöhnlich wie die »Tröstung über den Tod einer Hugenottin«[23]. Die Förderung durch Corneille zeigt, dass Jacqueline eine nicht unbedeutende Frühbegabung war. Die Wertschätzung durch den renommierten Musiker Lambert wird durch seine – erfolgreiche – Komposition angezeigt, auch wenn die familiäre Freundschaft dazukommen mag. Aber ganz wichtig ist, wie Jacqueline ihre Begabung im familiären Zusammenhang einsetzte.

Vater Étienne lebte wesentlich von seinen Rentenerträgen, die er aus Staatsanleihen bezog.[24] Deshalb war es für ihn katastrophal, als der Staat die Zinsausschüttungen aussetzte. Bei einer Protestveranstaltung von 400 Betroffenen äußerte sich Étienne – sozusagen als »Rädelsführer« – anscheinend deutlich und musste sich der Verhaftung durch Flucht entziehen, die seine Haupt-Mitagenten traf. Er floh 1638 in die Auvergne, nach Clermont-Ferrand.

---

[19] René JACOBS: *Airs de cour.* Arles: harmonia mundi, 1981.

[20] Vgl. OC.M 2, S. 630.

[21] OC.M 2, S. 273f.

[22] OC.M 2, S. 290–292.

[23] OC.M 2, S. 393–305.

[24] Ausführlicher erzählt in Jacques ATTALI: *Blaise Pascal. Biographie eines Genies.* Stuttgart: Klett-Cotta, 2006, S. 50ff. Die brillant geschriebene Biographie Attalis kann zur Lektüre empfohlen werden, wenn man sich bewusst ist, dass sie Details romanhaft ausschmückt und ihre Quellen nur grob nennt. Eine ältere deutsche Biographie ist diejenige von Albert BÉGUIN: *Blaise Pascal. Mit Selbstzeugnissen und Bilddokumenten.* Reinbek bei Hamburg: Rowohlt, 1992 (Rowohlts Monographien. 26) [¹1959]. Die noch immer lesenswerte Biographie des Theologen Jean STEINMANN wurde bereits genannt.

Die junge Jacqueline hatte durch ihr Talent gesellschaftliche Beziehungen. Durch eine adlige Nachbarin – Madame de Morange – bekam sie sogar Kontakt zum Hof. Sie verfasste ein Gedicht auf die Schwangerschaft der Königin: *Épigramme sur le mouvement que la reine a senti de son enfant*[25], ein improvisiertes Gedicht übrigens. Dadurch bekam sie häufigeren Kontakt zur Königin und suchte auch – als Dreizehnjährige! – diese Bekanntschaft für ihren Vater fruchtbar zu machen. Das gelang schließlich auf andere Weise, nämlich durch die Teilnahme an einer Theateraufführung in Gegenwart des Kardinals Richelieu. »Die Aufführung war ein Erfolg, aber die kleine Paschal spielte am besten. Wie sie gelobt wurde, bittet sie, herunterkommen zu dürfen und wirft sich von selbst, ohne zu irgend jemandem etwas gesagt zu haben, Eminenz zu Füßen, wobei sie ihm zehn oder zwölf Verse nach ihrer Art vorträgt, mit denen sie die Rückkehr ihres Vaters erbittet. Der Kardinal küsste sie mehrmals, denn sie war allerliebst, lobte sie für ihre kindliche Liebe und sagte zu ihr: ›Mein Herzchen, schreibt an Euren Vater, dass er zurückkehre, ich werde ihm dienlich sein‹«, schreibt Tallemant de Réaux[26]. Die vorbereiteten Verse, die Jacqueline dem Kardinal aufsagte, sind erhalten (OC.M 2, S. 213): »Rappelez de l'exil mon misérable père«, kommt darin vor. Das Unternehmen hatte also Erfolg. Étienne Pascal wurde begnadigt und bekam ein Amt als Steuereinnehmer in Rouen. Keine leichte und keine seitens der Bevölkerung geschätzte Aufgabe, da die Steuerlast drückend war und sie mit aller Härte gegen Rebellionen durchgesetzt wurde, bei denen sich auch der Vater die Hände indirekt blutig machte.

Jacquelines weitere dichterische Karriere – u.a. als Gewinnerin eines Wettbewerbs 1640 unter der Ägide Corneilles,[27] verfolgen wir hier nicht.

2.3 Mathematik, Technologie, Physik – frühe Arbeiten eines Universalgenies

Es ist inzwischen 1639. Der sechzehnjährige Blaise hat während der Abwesenheit des Vaters studiert. Er nahm eine Anregung eines anderen Akademiemitglieds, des Architekten und Mathematikers Desar-

---

[25] OC.M 2, S. 199.
[26] TALLEMANT DES RÉAUX: *Salongeschichten*, S. 359f.
[27] ATTALI, S. 64ff.

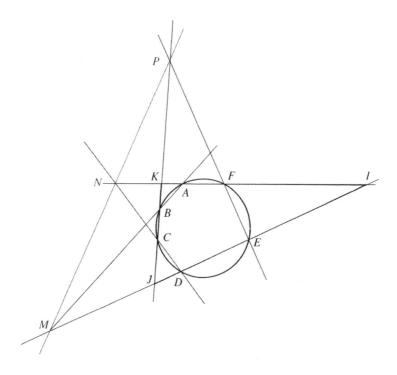

gues[28] auf – in Pascals nachgelassenen Notizen kommt er auch als Winzer vor[29] – und verfasst sechzehnjährig seine Abhandlung über die Kegelschnitte, die Begründung – mit Desargues – der projektiven Geometrie[30]. Als Pascal'sches Theorem oder Sechseck ist dies bekannt: »Liegen die Eckpunkte eines Sechsecks auf einem Kegelschnitt, so liegen die Schnittpunkte der drei gegenüberliegenden Seitenpaare des Sechsecks auf einer Geraden.« Pascal trug seine Ausführungen in einer Sitzung der Mersenne'schen Akademie vor. In der ein wenig ausmalenden Biographie von Attali liest sich das so: »In seinem Bericht erklärt Marin Mersenne, der diese Sitzung leitete, dass das Kind ›vierhundert Sätze aufstellte, welche die Gesamtheit der Geometrie der Kegel umfassen‹, und dass es ›alle an die Wand spielt, die

---

[28] Gérard Desargues (* 21. Februar 1591 in Lyon; † 1661 in Lyon).

[29] »Die Vielfalt umfaßt einen so weiten Bereich wie alle Tonarten der Stimme, alle Arten zu gehen, zu husten, zu schnauben und zu niesen. Von den Früchten unterscheidet man die Weintrauben und unter diesen die Muskatellertrauben und dann die von Desargues und seinem Landgut Condrieu und dann auch noch diese veredelte Sorte. Ist das alles? ...« (Laf. 558).

[30] OC.L, S. 35–37. Vgl. <http://de.wikipedia.org/wiki/Satz_von_Pascal>, Abbildung <http://en.wikipedia.org/wiki/Pascal's_theorem>.

das Thema je behandelt haben‹: ›Dieser Junge‹, sagte einer der Akademiker, ›wirft mehr logische Schlüsse ab als ein Pflaumenbaum
Pflaumen. Es genügt, ihn ein bisschen zu schütteln, und sie regnen
rings um ihn hernieder‹«.[31] Posthum in der Biographie durch seine
Schwester Gilberte ist es folgendermaßen dargestellt: »Da er jedoch
in dieser Wissenschaft die Wahrheit fand, die er stets so leidenschaft-
lich gesucht hatte, befriedigte sie ihn so sehr, dass er seinen ganzen
Geist darauf verwendete, und wenn er sich auch nur wenig damit beschäftigte, machte er deshalb so große Fortschritte, dass er im Alter
von sechzehn Jahren eine *Abhandlung über die Kegelschnitte* verfasste, die man als eine so große geistige Leistung ansah, dass man sagte,
seit Archimedes hätte man nichts derart Bedeutendes gesehen« (KS,
S. 8). Die Entwicklung der projektiven Geometrie ist die Grundlage
für viele technische Anwendungen. Attali schreibt: »Die moderne
Architektur und das industrielle Design bauen noch heute darauf
auf.«[32]
Mersenne schickte den Bericht quer durch Europa, u.a. an Descartes,
der die Sache herunterspielt zugunsten des Desargues[33] – dieser war
übrigens selbst Mitglied der Akademie und sah seinerseits durchaus
die Bedeutung des Pascal'schen Versuchs.
Spektakulärer für ein breiteres Publikum war eine andere Unterneh-
mung Pascals, die zwar auch mathematische Voraussetzungen hat,
aber doch vor allem ein konstruktives und ingenieurtechnisches Um-
setzungsproblem darstellt, die *pascaline*: eine der ersten funktionsfä-
higen Rechenmaschinen. Auch wenn der Schwabe Wilhelm Schickard
mit dem Datum 1623 – Pascals Geburtsjahr – die Priorität für eine
Rechenmaschine haben mag, bleibt die Leistung der unabhängigen
Erfindung nicht geringer. Vor allem ist diese Erfindung über einen
längeren Zeitraum verbessert und dann auch verbreitet und genutzt
worden – wohl im Gegensatz zur Schickard'schen Maschine, die erst
seit fünfzig Jahren in einer Rekonstruktion nach seinen Aufzeichnungen wieder zugänglich ist.

---

[31] ATTALI, S. 60.
[32] ATTALI, S. 59.
[33] René DESCARTES: *Correspondance.* Bd. 3. Paris: Vrin, 1996 (Œuvres de Descartes /
Charles ADAM – Paul TANNERY [Hrsg.]. 3), S. 47 (1. April 1640 an Mersenne; diffe-
renzierter Kommentar dort S. 53–56). Ein Plagiatsvorwurf ist das m.E. nicht (gegen
ATTALI, S. 60). Die missgünstige Fortsetzung bei ATTALI, S. 60 »… Aber man kann
über die Kegel gewiß anderes vorlegen, als das, was ein Kind von sechzehn Jahren
mühevoll entwirrt«, habe ich bei Descartes nicht gefunden.

Die Maschine ist durchaus anlassbezogen erfunden, da sie die Steuerrechnungen für den Vater erleichtern sollte. Allerdings war die Konstruktion mit damaligen Mitteln auch handwerklich schwierig und die Produktion vor allem sehr teuer. Pascal versuchte sich auch in der wirtschaftlichen Nutzung, wandte sich gegen Nachahmungsversuche, erreichte ein »Patent« über den Staatskanzler Séguier (die gedruckte Antragsschrift haben wir schon genannt, eine der wenigen »Publikationen« Pascals) und schreibt 1652 auch der berühmten schwedischen Königin Christine – Descartes Förderin und nach Thronverzicht Konvertitin zum Katholizismus: »Madame, Wenn meine Gesundheit so stark wäre wie mein Eifer, würde ich Eurer Majestät in eigener Person ein Werk überreichen, eine Frucht jahrelanger Arbeit, das ich Ihnen aus großer Entfernung anzubieten wage; ich hätte es nicht geduldet, dass andere Hände als die meinen die Ehre haben sollten, es der größten Fürstin der Welt zu Füßen zu legen. Dieses Werk, Madame, ist eine Maschine, mit deren Hilfe die Aufgaben der Arithmetik ohne Feder und Zählsteine auszuführen sind.«[34] Auf den Brief kommen wir noch zurück. Er ist auch in anderer Hinsicht bemerkenswert, da er die Vieldimensionalität der Wirklichkeit theoretisiert. Eine grundlegende Vorstellung Pascals, die ein zentrales Konstruktionsprinzip seiner Apologie werden wird. Hier soll er den spürbaren Stolz des Erfinders dokumentieren. Die Maschine kam zwar zu früh – menschliche Rechner waren billiger einzusetzen –, aber sie ist trotzdem ein Meilenstein auf dem Weg zur modernen Informationstechnologie. Pascals zweite große zukunftsfähige Leistung.

Gleichzeitig – die Konstruktion und Verbesserung der Rechenmaschine zieht sich über ein Jahrzehnt hin – betätigte sich Pascal noch auf einem anderen Gebiet, dem der Physik. Hier ist es der Nachweis des Luftdrucks und der Tatsache des leeren Raums. Ausgangspunkt ist die Information über ein Experiment des Italieners Evangelista Torricelli (1608–1647). Torricelli hatte eine mit Quecksilber gefüllt Glasröhre in einem Wasserbottich umgedreht. An der Spitze blieb ein leerer Raum. Nach Ansicht der damaligen Physik und nach dem aus der Antike stammenden Axiom, das von Aristoteles bis Galilei und selbst noch von Descartes gehalten wurde, *natura abhorret vacuum* – verallgemeinert als *horror vacui* – unmöglich; Descartes wollte eine

[34] Blaise PASCAL: *Briefe* / Übers. von Wolfgang RÜTTENAUER. Leipzig: Hegner, 1935, S. 117f.; OC.L, S. 279.

»subtile Materie« hier vorfinden. Pascal stellte das Experiment nach. Die Beobachtung der Konstanz der Höhe der Quecksilbersäule, aber des unterschiedlichen leeren Raums, je nach Anheben der Säule, musste erklärt werden. Pascals Erklärung durch den Luftdruck musste experimentell bewiesen werden. Das Experiment wurde daher an einem Pariser Kirchturm und spektakulärer am Puy de Dôme in der Auvergne – der immerhin 1.465 m hoch ist und 1.000 m Höhenunterschied zu Clermont aufweist – durch den Schwager Florin Périer durchgeführt. Die Bedeutung des Pascal'schen Experiments wurde zeitgenössisch zwar bestritten – den Plagiatsvorwurf gibt es wie bei der Arbeit über die Kegelschnitte, obwohl beide Male klar ist, dass Pascal Anregungen aufgreift. Vor allem wohl auch wegen der theoretischen Begründung, die Pascal ihm gibt und die das alte Axiom, dass die Natur keine Leere kenne, beseitigte. Es ist definitiv eine für die Physik wichtige Arbeit, die Pascal auch unter die bedeutenden Namen dieser Wissenschaft einreiht, auch wenn er nicht das Experiment »erfunden« hat. Er hat es vervollkommnet und den Beweis abgesichert. Und dies beinhaltete u.a. damals auch ein technisches Problem, das gelöst werden musste. Die dritte wissenschaftsgeschichtlich große Leistung. Datum ist August bis November 1646. Pascal ist 23 Jahre alt.

2.4 Die »erste Bekehrung«

Dieses Jahr 1646 ist noch in anderer Beziehung ein Grunddatum der Biographie Pascals, hier der *geistlichen* Biographie. Wir gehen damit chronologisch wieder einen Schritt zurück zum Januar des Jahres, was insofern auch bedeutsam ist, als die wissenschaftliche und die spirituelle Biographie Pascals parallel verlaufen, und zwar bis zuletzt, entgegen der hagiographischen Ausgestaltung der Biographie durch die nächste Umgebung, die die Aufgabe der Wissenschaft zugunsten der Religion behauptete, aber auch entgegen der Zersplitterung Pascals in mehrere Persönlichkeiten, wie sie Jacques Attali, wenn auch in literarischer Verfremdung, in seiner Biographie vornimmt – literarisch schön, aber sachlich falsch.[35] Den inneren Zusammenhang bei-

---

[35] Auch Guardinis Kennzeichnung des »Problem Pascal« halte ich für ungenügend. Nach ihm war er »ein Mensch, in welchem die Entscheidung für Christus und wirkliche Größe von der Welt her in bitterem Kampfe lagen« (a.a.O., S. 9). Inwiefern dies gerade dort der Fall sein soll, wo »er christlich dachte und kämpfte« ist nicht ersichtlich.

der Bereiche werden wir an Beispielen noch zeigen. Aber nun zur Sache: Der Vater Étienne hatte einen Unfall bei Glatteis und wird von zwei Ärzten geheilt, die aus dem Umkreis der Spiritualität des Klosters Port Royal kommen, das damals durch den Theologen Saint-Cyran[36] geprägt ist, und die ganze Familie Pascal zu einer spirituellen Erneuerung führen. Man spricht gewöhnlich von der »ersten Bekehrung« Blaise Pascals. Er ist damals also 23 Jahre alt, wie schon gezeigt in Fachkreisen ein schon berühmter Mathematiker, Konstrukteur einer Rechenmaschine und die physikalischen Experimente über den luftleeren Raum vorbereitend.

Diese erste Bekehrung macht Pascal nicht erst zu einem Christen, aber sie führt ihn zu einem engagierten Christentum. Die Aussagen in seiner späteren Schrift *Die Christen der ersten Zeiten verglichen mit denen von heute* sind durchaus autobiographisch:»Man trat in die Kirche erst nach großen Mühen und langem Streben ein. Heute gehört man zu ihr ohne die geringste Anstrengung, ohne Sorge und ohne Mühe« (KS, S. 337)[37].

Mit dieser Wende trat Pascal in einen Strom der Erneuerung der Kirche in Frankreich im 17. Jahrhundert ein, der nicht auf den später so genannten Jansenismus verengt werden darf. Dessen Zentrum, das Kloster Port Royal, ist nur einer der Gipfelpunkte der kirchlichen Erneuerung und zugleich deren tragischer Fall. Das Kloster war von der blutjungen Äbtissin Angélique Arnauld (1591–1661) seit 1609 reformiert worden. Die geistigen Beziehungen des Klosters reichen von Franz von Sales über die Bérulle'sche Erneuerung, die in der Gründung des Oratoriums ihre weitreichenden Folgen hatte, bis zu den augustinischen Theologen, die von Löwen beeinflusst waren und zu diesem Zeitpunkt auch des Bischofs Jansenius soeben – 1640 – posthum veröffentlichte Schrift *Augustinus* rezipierten.

Damit war allerdings ein staatlich-kirchliches Kampffeld eröffnet; denn aus dieser Richtung war die Machtpolitik Richelieus, sein Paktieren mit protestantischen Mächten, heftig kritisiert worden. Jansenius hatte nicht nur den *Augustinus*, sondern auch einen *Mars gallicus seu De Iustitia Armorum, et Foederum Regis Galliae* [1635] ge-

---

[36] Jean-Ambroise Duvergier de Hauranne (1581–1643), Kommendatarabt von Saint-Cyran-en-Brenne.

[37] OC.L S. 360; OC.M 4, S. 54. Datierung Lafumas auf 1655/57. Mesnard: auf keinen Fall nach Mitte 1658 (Comparaison des chrétiens des premiers temps avec ceux d'aujourd'hui).

schrieben. Dem Bündnis Richelieus mit den protestantischen Mächten standen auch andere – z.b. die Königinmutter und Kardinal Bérulle – entgegen. Aber auch innenpolitisch waren kirchliche Abweichler dieser Politik ein Dorn im Auge, die einen streng absolutistischen Einheitsstaat aufbaute. Sie waren keine Stütze des kirchengesellschaftlichen Systems, wie es etwa die Jesuiten waren, die in den Kontroversen dann entsprechend positioniert sein werden. Frömmigkeit steht also hier gleich in einem nichtprivaten Kontext. Sie ist gleichzeitig *Kirchenkritik aus Kirchlichkeit*, Kritik an den – zumindest äußeren – Formen eines kirchengesellschaftlichen absolutistischen Systems.

Man kann hier schon fragen, was diese sogenannte »erste Bekehrung« intellektuell für Pascal bedeutete, welche Einflüsse er aufnahm.

2.5 Pascal als Hüter der Orthodoxie – die Affäre Saint-Ange

In diese Zeit fällt eine Affäre, in der Blaise dem wohl eher etwas harmlosen Kapuzinerpater Forton, Sieur de Saint-Ange, zusetzte, der 1647 in Rouen war, wo er um eine Pfarrpfründe anhielt. Er wurde von Blaise Pascal und zweien seiner Freunde in theologische Gespräche verwickelt, vertrat waghalsige Thesen und wurde durch Anzeige beim Bischof zum Widerruf gezwungen. Nach dem großen Historiker der Geschichte der französischen Spiritualität des 17. Jahrhunderts Henri Bremond – kein Pascal-Freund und ein Jansenisten-Gegner – spielt Pascal dabei die theologische Polizei der Normandie ...[38] Die Thesen Fortons, die er auf Betreiben Pascals und seiner Freunde widerrufen musste, zeigen den Vertreter einer humanistisch-»modernistischen« Theologie, allerdings keiner besonders tiefsinnigen, etwa: »1. Dass ein starker und kräftiger Geist ohne den Glauben allein durch sein Denken zur Erkenntnis aller Mysterien der Religion gelangen kann, ausgenommen einzig, dass Gott unser übernatürliches Ziel ist.« Der Streit zeigt Pascal vielleicht nicht von seiner sympathischsten Seite – der Bischof Camus, der die Sache ohne Aufsehen bereinigen wollte, wirkt da reifer –, macht aber deutlich, welchen Wert der junge Pascal auf einen intellektuell klaren Haushalt auch in

---

[38] Henri BREMOND: *Histoire littéraire du sentiment religieux en France depuis la fin des guerres de religion jusqu'à nos jours.* Bd. 4, 2. Paris: Bloud & Gay, 1983, S. 349, zitiert bei Henri GOUHIER: *Blaise Pascal. Conversion et apologétique.* Paris: Vrin, 1986, S. 17.

religiösen Dingen legt und wie wichtig ihm diese sind.[39] Die Religion scheint sich in dieser Hinsicht ganz in den intellektuellen Habitus Pascals einzupassen. Die positive Intention ist leicht zu erheben. Sie zeigt den jungen Blaise aufmerksam auf ein theologisches Grunddatum des augustinischen Denkens. Es ist eine »antihumanistische« Theologie, die das Christentum nicht einebnen will in eine allgemein-gesellschaftliche *political correctness*. Vielleicht ist es schon richtig, an dieser Stelle Pascals Sicht der Theologie als *Wissenschaft* einzufügen. Sie ist für ihn eine *historische Wissenschaft*, wie er nicht allzu viel später in der unvollendeten *Einleitung zu einem Traktat über die Leere* (1651) ausführt (bemerkenswerterweise äußert er sich dazu in einem wissenschaftlichen Traktat) [KS, S. 59–68]. Er unterscheidet dort zwischen den mathematisch-naturwissenschaftlichen Methoden einerseits – »Hier hat allein die Vernunft die Möglichkeit der Erkenntnis ... Die Autorität ist hier unnütz« – und den historischen Methoden, die »rein vom Gedächtnis«[40] abhängen, bei denen es nur darauf ankommt, festzustellen, was gesagt, getan, geschehen ist. Hierher gehören Jurisprudenz und Theologie, die also als »positive Wissenschaft« verstanden wird, um eine spätere Einordnung hier anzubringen. Diese Einordnung der Theologie ist wesentlich auch zum Verständnis von Pascals Apologie des Christentums in seinen *Pensées*. Die Gehalte der Theologie kann man dementsprechend nicht »erspekulieren«.

2.6 Pascals theologische Kompetenz – frühe theologische Pläne

Hat man die Affäre Saint-Ange im Kopf, ist folgende Anekdote verwunderlich: als Blaise Pascal 1648 als eifriger Anhänger der augustinischen Reform von Port Royal das Kloster selbst besuchte und von Herrn Rebours[41] (1592–1661) empfangen wurde. Rebours war kein Unbekannter der Familie Pascal, gehörte er doch vor seinem priesterlichen Leben zu den Wissenschaftsfreunden, die sich – wie auch Étienne Pascal – um den Franziskaner Mersenne gesammelt hatten.

---

[39] Die Affäre ist ausführlich untersucht von Henri GOUHIER: *Pascal et les humanistes chrétiens. L'affaire Saint-Ange*. Paris: Vrin, 1974.

[40] OC.L, S. 230; OC.M 3, S. 778, vgl. KS, S. 61 bzw. 59.

[41] Antoine de Rebours (1592–1661), für längere Zeit der Beichtvater der Nonnen von Port Royal.

Er kannte also das wissenschaftlich-akademische Milieu seiner Zeit. Pascal stellte in dem Gespräch zu dessen Freude die grundsätzliche Übereinstimmung seiner Ansichten mit denen Port Royals in den aktuellen Fragen der Theologie fest. Von einem der Gespräche berichtet er am 26. 1. 1648 seiner Schwester Gilberte: »Dann sagte ich ihm, man könne doch wohl nach den gleichen Prinzipien des Gemeinverstandes viele Dinge beweisen, die nach der Ansicht der Gegner dem Gemeinverstand widersprechen, und ein gut geführter Beweis könne uns dazu bringen, diese Dinge zu glauben, obgleich man sie auch ohne die Hilfe eines Beweises glauben muss.«[42] Die Reaktion ist nicht positiv. Und Blaise Pascal legt seiner Schwester dar, dass auch er der Meinung sei, dass Handlungen aus zwei unterschiedlichen Quellen, eben auch »einem allzu großen Vertrauen auf die Kraft des Verstandes entspringen« können und dass Herr Rebours in Kenntnis der geometrischen Studien Blaise Pascals solches wohl unterstellte. Wenn man den eben skizzierten Zugang Pascals zur Theologie ansieht, stellt sich die Frage anders. Man ist eher verblüfft, dass gerade von ihm solch ein Vorschlag kommt.

Die kleine Anekdote mit Herrn Rebours führt zu einer wichtigen Frage: Wie war es um das theologische Wissen des fünfundzwanzigjährigen Pascal bestellt? Die neuere Forschung hat hier die Kenntnisse revolutioniert und die Meinung, ein theologisch eher unbedarfter Pascal sei später in die jansenistischen Auseinandersetzungen hineingeschliddert, zurechtgerückt.[43] »Es ist sicher, dass Pascal bald nach seiner Konversion von 1645 gewichtige theologische Kenntnisse erwarb«[44], sagt Jean Mesnard. Man hat diese früher auf – die sicher wichtigen – spirituellen Schriften etwa des Jansenius beschränken wollen,[45] aber schon die Affäre Saint-Ange zeigt doch, dass Pascal über zentrale theologische Fragen zu disputieren verstand.

---

[42] Blaise PASCAL: *Briefe*. Leipzig: Hegner, 1935, S. 41, das Folgende S. 42.

[43] So schrieb etwa TALLEMANT DE REAUX zu Pascals Verfasserschaft der *Provinciales*: »Die Herren von Port-Royal gaben ihm den Stoff vor, und er verfügte darüber nach seinem Gutdünken« (a.a.O., S. 361).

[44] »Il est certaine que, tôt après sa conversion de 1646, Pascal acquit une importante culture théologique«. Jean MESNARD in der Einleitung zu seiner Edition der *Écrits sur la grâce*, OC.M 3, S. 542. ATTALI ignoriert dies.

[45] Ein Eindruck davon bietet die sicher Pascal bekannte, jetzt wieder leicht zugängliche Schrift Cornelius JANSENIUS: *Discours de la réformation de l'homme intérieur*. Houilles: Manucius, 2004. Es handelt sich um eine 1642 veröffentlichte Übersetzung von Robert ANAULD D'ANDILLY, also aus dem Kreis der »solitaires« von Port Royal.

Theologie im fachtechnischen Sinne hat Pascal vor allem in den *Écrits sur la grâce* [KS, S. 195–329] betrieben. Dieses nächst den *Pensées* komplexeste Werk – was seine Überlieferung anbelangt – ist wohl auch das am wenigstens bekannte Pascals und letztlich auch erst seit Jean Mesnards Ausgabe von 1991 durchsichtiger gemacht und genauer datierbar geworden. Man hat früher Teile schon auf die Zeit kurz nach der ersten Bekehrung ansetzen wollen. In minutiösen Analysen bestimmt Mesnard den Herbst und Winter 1655/56[46] als Datum dieser Arbeit. Damit liegt es nach der sogenannten »zweiten Bekehrung« Pascals. Es gibt jedoch Gründe, den Beginn der Redaktion noch später anzusetzen.[47] Damit entfällt *diese* »fachtheologische« Schrift hier für die *frühe* Biographie Pascals.

Setzt man aber das Puzzle aus den einzelnen Angaben, die erhalten sind – Affäre Saint-Ange, Kontakte zu Port Royal, vor allem auch die Briefe Pascals –, genauer zusammen, so muss man aber konstatieren, dass sich Pascal für einen Laien eine breite theologische Fachkenntnis auf dem Stand der damaligen Diskussion erarbeitete. Für die Bibel, die Liturgie, das Verhältnis zu Augustinus liegen dafür auch detaillierte Arbeiten vor.[48] Das ist für das Folgende wichtig. Was den Lebensstil Blaise Pascals in diesen Jahren anbelangt, so steht er voll in der wissenschaftlichen Debatte und hat Verkehr mit der vornehmen Welt. Man darf die beiden Bereiche – Religion und Wissenschaft – nicht auseinanderreißen und es sind auch keine unterschiedlichen Persönlichkeiten, die hier gleichzeitig tätig sind, – gegen Attalis Stilisierung.

2.7 Pascals »mondäne Phase«

An diesem Punkt ist nochmals auf das Verhältnis Pascals zu seiner Schwester Jacqueline einzugehen. Zwei Dinge sind wichtig: Jacqueline tendiert nach der sog. »Bekehrung« zum Eintritt in *ein* Kloster, das nicht sogleich, aber bald als *das* Kloster Port Royal zu bestimmen ist. Blaise und Vater Étienne widersetzen sich und Letzterer erhält das

---

[46] OC.M 3, 591.
[47] OC.LG 2, 1215.
[48] Etwa: Philippe SELLIER: *Pascal et la liturgie*. Paris: PUF, 1966; DERS.: *Pascal et saint Augustin*. Paris: Colin, 1970; Neuausgabe Paris: Albin Michel, 1995. David WETSEL: *L'écriture et le reste. The Pensées of Pascal in the exegetical tradition of Port Royal.* Columbus: Ohio State University Press, 1981.

Versprechen, dass dies erst nach seinem Tode geschehen könne. Zweitens haben Jacqueline und Blaise, nachdem beide 1647, der Vater 1648 nach Paris ziehen, eine große persönliche Nähe, die nur im Zusammenhang mit dem dann erfolgten Klostereintritt getrübt wird – dem sich dann auch Blaise zu widersetzen suchte –, dann aber bei unterschiedlicher Lebenssituation bis zum Lebensende reichte. In der hagiographischen Lebensbeschreibung, aber auch in Attalis Biographie, wird die Lebensperiode bis zur sog.»zweiten Bekehrung«, der Nacht des *Mémorial,* als »mondän« angesehen. Wie Pascal damals gewirkt haben mag, könnte das bekannte idealisierte Porträt von François Quesnel[49] zeigen. Das wird durch Pascals Freundschaft mit dem Herzog von Roannez[50] – ihm wohl schon aus Pariser Kindertagen als Nachbar bekannt –, durch den Verkehr in vornehmem gesellschaftlichem Umfeld, durch Freunde aus diesem Kreis wie den Chevalier de Méré[51] und Damien Mitton[52] – zugleich sog. Freidenker – u.a. begründet. M.E. ist diese Kennzeichnung zu sehr aus der Optik Jacquelines gesehen, die nur einen radikalen Weltverzicht, wie er in ihrer Klosterentscheidung vollzogen wurde, als religiös ausreichende Lebenshaltung ansehen konnte und ihren Bruder auf dem falschen Weg sah. Es gibt jedenfalls keine Anhaltspunkte für eine im moralischen Sinne problematische »Weltlichkeit« bei Blaise, selbst nach sehr konventionellen Kriterien. Doch kurz die Daten und Zusammenhänge. Am 24. September 1651 stirbt der Präsident Pascal. Blaise schreibt einen ergreifenden Trostbrief an Gilberte und ihren Gatten;[53] Jacqueline tritt ins Kloster ein; es gibt vermögensrechtliche Auseinandersetzungen dazu in der Familie. Pascal hat viele gesellschaftliche Kontakte, in denen er seine Entdeckungen und seine Rechenmaschine darstellt, er hat engen Kontakt mit dem Herzog von Roannez, der ein Freund bleibt, und reist mit diesem auch ins Poitou, wo es um eine Maßnahme zur Trockenlegung von Sümpfen geht. (Pascal als Unternehmer wird später noch eine Rolle spielen.) Er hat, wie gesagt, in diesem Kontext Kontakte mit Freidenkern. Allerdings empfindet

[49] Vgl. die Abbildung auf dem Umschlag dieses Buches.
[50] Arthur Gouffier duc de Roannez (1627–1696).
[51] Antoine Gombaud, chevalier de Méré (1607–1684).
[52] Um 1618–1690.
[53] 17. Oktober 1561. In: B. Pascal: *Briefe.* Leipzig: Hegner, 1935, S. 99–117, OC.L, S. 275–279.

Pascal an diesem Lebensstil wohl einen Überdruss, was wir wiederum nur aus Briefen Jacquelines wissen.

2.8 Blaise Pascals »zweite Bekehrung« – das *Mémorial*

Nur aus den Briefen Jaquelines, jetzt Sœur Euphémie, ist also die Vorbereitung des Ereignisses bekannt, das im *Mémorial* überliefert ist, einer Aufzeichnung, die nach Pascals Tod eingenäht in seine Kleidung aufgefunden wurde. Jacqueline zeichnet eine Krise im erfolgreichen und geschäftigen Leben ihres Bruders. Die Stichworte sind einerseits die »Liebe zur Welt« in diesen Aktivitäten und anderseits das Bedürfnis, sich zurückzuziehen, die Tatsache einer extremen Abneigung gegen die Narreteien und Amüsements der Welt.[54] Diese Situation bzw. der daraus folgende Weg ist in Pascals kleiner Schrift über die *Bekehrung des Sünders* zusammengefasst.[55] Diese zeigt – wohl knapp drei Jahre später formuliert – den theologischen Rahmen, in dem Pascal denkt.

Der Text des *Mémorial,* in dem Pascal die Erinnerung an den 23. November 1654 festgehalten hat und das meist seinen *Pensées* beigedruckt wird,[56] mit denen – qua Apologie des Christentums – es allerdings nichts zu tun hat, lautet:

Im Jahr der Gnade 1654
Montag, den 23. November, Tag des hl. Clemens, Papstes und Märtyrers, und anderer im Martyrologium.
Vorabend des hl. Chrysogonus, Märtyrers, und anderer.
Von ungefähr halb elf abends bis ungefähr eine halbe Stunde nach Mitternacht

Feuer
Gott Abrahams, Gott Isaaks, Gott Jakobs,
nicht der Philosophen und Gelehrten.
Gewissheit, Gewissheit, Empfinden: Freude, Friede,

---

[54] Die Briefe OC.M 3, S. 67–75, hier 71.
[55] Lafuma verlegte sie in diese Zeit (1653), OC.L S. 290, Mesnard OC.M 4, S. 38 auf 1657/58. Sie findet sich KS, S. 331–336. Dazu unten in Teil IV.
[56] OC.L S. 618, in eigener Rubrik, aber mit einer »Pensées«-Zählung: Laf. 913. In der strikt chronologischen Ausgabe OC.M 3, S. 19ff.

[in der Abschrift:

Gewissheit, Freude, Gewissheit, Empfinden, Sicht [vue], Freude]

Gott Jesu Christi

Deum meum et Deum vestrum.[57]

Dein Gott wird mein Gott sein.

Vergessen der Welt und von allem, außer Gott.

Nur auf den Wegen, die das Evangelium lehrt,

ist er zu finden.

Erhabenheit der menschlichen Seele.

Gerechter Vater, die Welt hat Dich nicht erkannt, so wie Ich

Dich erkannt habe.

Freude, Freude, Freude, Tränen der Freude.

Ich habe mich von ihm getrennt. _____

Dereliquerunt me fontem aquae vivae.

Mein Gott, wirst Du mich verlassen? _____

Möge ich nicht ewig von ihm getrennt sein.

_____

Dies ist das ewige Leben, dass sie Dich erkennen, den einzig

wahren Gott, und den Du gesandt hast, J C

Jesus Christus _____

Jesus Christus _____

Ich habe mich von Ihm getrennt. Ich habe Ihn geflohen,

verleumdet, gekreuzigt.

Möge ich nie von Ihm getrennt werden!_____

Man behält Ihn nur auf den Wegen, die im Evangelium gelehrt

werden.

Restlose und sanfte Entsagung

usw.[58]

---

[57] Die Kopie des Memorials auf Pergament setzt bei »Deum ...« hinzu Joh 20,17 und bei »Dein Gott ...«: Ruth.

[58] Die Pergamentkopie fügt hinzu: »Völlige Unterwerfung unter Jesus Christus und meinen Seelenführer. Ewig in der Freude für einen Tag der Erprobung auf Erden. *Non obliviscar sermones tuos. Amen.«*

Es ist zu unterscheiden zwischen der ereignisnahen Aufzeichnung und einer Schönschrift auf Pergament. Der Interpret, den die affektive Seite des Vorgangs interessiert, sollte dafür nicht auf die Abschrift zurückgreifen, wie es öfter geschieht. In der Abschrift wird diese individuelle Erfahrung gleich noch stärker in den kirchlichen Kontext eingebunden (»Soumission totale à Jésus-Christ et à mon directeur«)[59]. Auch wenn nun keine Analyse des *Mémorials* geboten werden soll, sind einige Hinweise zu geben. Es scheint mir wichtig, dass Pascal hier keinen *Erkenntnisfortschritt* in seinem Leben festhält, etwa die Abwendung von einer philosophischen Spekulation zum Gott der Bibel. Den hat er schon in Rouen 1646 als Gegenüber.[60] Und Theologie sah er – wie schon gesagt – nicht als Spekulation, sondern als Wiedergabe der Tradition. Zweitens und daran anschließend ist die Einbindung dieser Erfahrung in die kirchliche Tradition auffällig, von der Datierung des Kirchenjahrs und der genauen liturgischen Einordnung bis zu den Variationen biblischer Verse. Pascal bindet sich hier in die Heilsgeschichte ein, indem er Moses (das Feuer des Dornbuschs!), Maria-Magdalena (Joh 20), Ruth und das hohepriesterliche Gebet Christi zitiert. Wer so etwas in einer solchen Situation zur Verfügung hat, muss sich schon intensiv mit der Bibel und der Liturgie befasst haben und nicht gerade in weltlichen Vergnügungen untergegangen sein.

Dass auch seine denkerische Erfahrung enthalten ist, zeigt etwa die Bemerkung über die Größe der menschlichen Seele.

An dieser Stelle muss wenigstens kurz gefragt werden, ob das *Mémorial* eine mystische Erfahrung widerspiegelt. Die Literatur ist hierzu kontrovers. Die Frage ist möglicherweise je nach zugrunde gelegtem Begriff von Mystik unterschiedlich zu beantworten. Mit »Ja« wird man wohl sicher antworten können, wenn man Pascal nicht mit den großen Gestalten – etwa der spanischen Mystik – parallelisieren will, sondern einen weiten Begriff von Mystik voraussetzt, wie er etwa in

---

[59] Vgl. die vorige Anmerkung. Beide Versionen in OC.M 3, S. 50 bzw. 51.

[60] Anders Martin Buber: Die Liebe zu Gott und die Gottesidee, aufgenommen in sein Buch *Gottesfinsternis* und abgedruckt in M. Buber: *Schriften zur Philosophie*. München – Heidelberg: Kösel – L. Schneider, 1962 (M. Buber: Werke. 1), S. 539f. und parallel in einem Brief an Lina Lewy zum 13. 12. 1946. In: M. Buber: *Briefwechsel aus sieben Jahrzehnten*. Heidelberg: L. Schneider, 1975, Bd. 3, S. 125f., der dies als Abwendung vom Gott der Philosophen deutet.

dem berühmten Diktum Karl Rahners vom Christen der Zukunft,
der Mystiker sein oder gar nicht sein wird, zum Ausdruck kommt.[61]

---

[61] »Nur um deutlich zu machen, was gemeint ist, und im Wissen um die Belastung des
Begriffes ›Mystik‹ (der recht verstanden, kein Gegensatz zu einem Glauben im Heiligen Pneuma ist, sondern dasselbe) könnte man sagen: der Fromme von morgen
wird ein ›Mystiker‹ sein, einer, der etwas ›erfahren‹ hat, oder er wird nicht mehr sein,
weil die Frömmigkeit von morgen nicht mehr durch die im voraus zu einer personalen Erfahrung und Entscheidung einstimmige, selbstverständliche öffentliche Überzeugung und religiöse Sitte aller mitgetragen wird, die bisher übliche religiöse Erziehung also nur noch eine sehr sekundäre Dressur für das religiös Institutionelle sein

Was Pascal hier reflektiert, ist ja ein Vorgang, der in jeder Bekehrung gegeben ist, wie auch aus der Schrift Pascals über die Bekehrung deutlich wird. Dass Pascal eine exzeptionelle Figur ist, tut in dieser Hinsicht nichts zur Sache ... Es gibt aber auch Versuche, Pascal näher an die »großen« Gestalten der Mystik – etwa Johannes vom Kreuz – heranzurücken. Und natürlich kann man auch diesen Text literarisch-affektiv intensiver angehen, als diese trockenen Bemerkungen es verdeutlichen. Martin Buber ist ein Beispiel dafür.[62]

Die Sprache der Emphase ist deutlich, aber doch sehr stark eingebunden in die Sprache der Tradition, der Bibel, der Kirche. Beides wird man zu beachten haben. Und vielleicht noch eine Nebenbemerkung zum »Feuer«, für die wir das Augustinus-Bild von Philippe de la Champaigne (1602–1674), dem »Hofmaler« Port Royals,[63] heranziehen (vgl. S. 37). Man sieht hier mit dem flammenden Herzen und dem Schein von oben eine andere Version der Feuer-Erfahrung. Das ist durchaus ein »Topos«, ein vorliegendes traditionelles literarisches Schema, was allerdings der »Erfahrung«, die damit ausgedrückt ist, nichts von der Bedeutung nimmt.

Es gibt dies ja auch im »weltlichen« Kontext: »Wer je die flamme umschritt / Bleibe der flamme trabant! / Wie er auch wandert und kreist: / Wo noch ihr schein ihn erreicht / Irrt er zu weit nie vom ziel. / Nur wenn sein blick sie verlor / Eigener schimmer ihn trügt / Fehlt ihm der mitte gesetzt / Treibt er zerstiebend ins all.«[64] – Das ist eine säkulare Version der Feuermetaphorik für eine geistliche Leitfunktion[65].

---

[62] kann.« K. Rahner: Frömmigkeit früher und heute (1966). In: Ders.: *Sämtliche Werke.* Bd. 23. Freiburg i.Br.: Herder, 2006, S. 31–46, hier 39f. – Bei Rahner findet sich die Fragestellung übrigens schon in den 30er Jahren, z.B. K. Rahner: Laienheiligkeit im christlichen Altertum (1939). In: Ders.: *Sämtliche Werke.* Bd. 3. Freiburg i.Br.: Herder, 1999, S. 105–122, hier 122: »Es ist in der Patristik selbst da und dort der Gedanke ausdrücklich ausgesprochen worden, daß auch der Weltchrist ›Mystiker‹ sein könne ...«.

[62] Brief an Ewald Wasmuth vom 2. 12. 1949 in M. Buber: *Briefwechsel ...,* Bd. 3, S. 227f.: »Abweichen muß ich von Ihnen in der Deutung des FEU. Die Majuskeln zeugen für meine Augen stärker, als es ein Ausrufungszeichen vermag, dafür, daß Feuersbrunst gemeint ist. ... nicht also stille Glut, sondern Entflammung des ganzen Wesens«. – Allerdings fehlen die Majuskeln gerade im Original und sind nur in der Abschrift enthalten, sind also dem Ereignis nachträglich.«

[63] Das Bild ist zugänglich auf den Seiten des Los Angeles County Museums unter <http://collectionsonline.lacma.org/mwebcgi/mweb.exe?request=record;id=68572;type=101>.

[64] Stefan George: *Werke.* Bd. 2. Stuttgart: Klett-Cotta, ⁴1984, S. 382f. (Der Stern des Bundes III).

2.9 Theologische Denkstrukturen – die Souveränität der Gnade

Wir kommen hier auf die *Écrits sur la grâce* zurück. Es ist heutzutage weniger die Frage, ob sie ›häretisch‹ sind.[66] Die Verurteilungen des 17. Jahrhunderts sind zweifellos stark von politischen Konstellationen mitbestimmt worden; eine differenzierte historische Betrachtung muss auch hier mindestens das Instrumentar anlegen, das unter dem Stichwort »Lehrverurteilungen noch kirchentrennend?« mit negativer Antwort hinsichtlich der *reformatorischen* Theologie verwendet worden ist.[67]

Man kann als Ziel der *Écrits* ansehen, dass sie die Souveränität der göttlichen Gnade verteidigen, aber gleichzeitig die Extrempositionen zugunsten der »wahren Lehre« vermeiden wollen. Diese Extreme sind der Calvinismus und der Molinismus, wobei Letzterer hier der interessantere Fall ist, da er als Extrem gegenüber dem »mittleren« Augustinismus gesehen wird. Nur der Augustinismus hält für Pascal den Ausgleich zwischen der Souveränität des Willens Gottes und dem Mitwirken des Menschen; die beiden anderen trennen beides voneinander. Pascal führt das weiter zum Grundprinzip der gottmenschlichen Einigung in Christus, die ebenfalls nicht auseinandergerissen werden darf – nur Gott, nur Mensch –, ein Verhältnis, das sich in vielen Punkten der kirchlichen Lehre widerspiegelt.[68]

Die Gnadenlehre der *Écrits* hat ihre Problematik in den Voraussetzungen, vor allem der augustinischen *massa damnata*.[69] Der Versuch,

---

[65] Ich bin darauf hingewiesen worden, daß die heutige Neurophysiologie solche Lichterlebnisse wieder empirisch ernster nimmt als bei früheren materialistischen Positionen. Mein Interesse ist allerdings, die kirchliche Einbindung solcher Erfahrung anhand des *Mémorial*-Textes aufzuzeigen. Dazu gehört die Verwendung solcher »Topoi«.

[66] Vgl. Herbert Vorgrimler: Marginalien zur Kirchenfrömmigkeit Pascals. In: Jean Daniélou – Herbert Vorgrimler (Hrsg.): *Sentire ecclesiam*. Freiburg i.Br.: Herder, 1961, S. 371–406, hier 397. Zu den *Provinciales* entsprechend S. 399.

[67] Die Darstellung der Gnadensysteme und -streitigkeiten von Piet Fransen: Dogmengeschichtliche Entfaltung der Gnadenlehre. In: *Mysterium salutis*. Bd. 4,2. Einsiedeln: Benziger, 1973, S. 631–765, bes. S. 746f., 754–761, hat dies schon geleistet, was von manchen neuen Dogmatiken nicht gesagt werden kann. Das Fazit Fransens S. 759: »Es läßt sich darin kaum eine im Grunde häretische Theologie erblicken.«

[68] OC.M 3, 791. Um die Problematik der *Écrits* ... hinsichtlich der Stellung Christi im Heilsplan – gestorben für alle? – geht es uns hier nicht.

[69] »Il est constant qu'il y a plusieurs des hommes damnés et plusieurs sauvés« (OC.L S. 311) – insoweit allerdings damals wohl eine recht allgemein gehaltene Ansicht, die augustinisch nur verschärft wird.

den Heilswillen Gottes damit zu vereinbaren, führt zu einer Rationalisierung der Urstandserzählungen der Bibel und zu einer problematischen Reduktion der Heilsmöglichkeiten nach dem Fall, wobei das Prinzip, dass Gott den Menschen nicht gegen ihn selbst retten will, und auch die Vorstellung, dass der freie Wille – den Pascal ja festhält – von der Unwiderstehlichkeit der Gnade gepackt wird, gut orthodox erläuterbar sind. Letzteres wird nur problematisch, wenn man den freien Willen in dieser Form für »unfrei« hält, in Konkurrenz zum göttlichen Willen sieht und das rahnersche Axiom – das dieser allgemein im Verhältnis Gott/Kreatur aber auch in der Christologie reflektiert – vergessen wird, dass größere Nähe zu Gott größere Freiheit bedeutet. Es wird hier letztlich vorausgesetzt, wenn wirklich noch von einem *freien* Willen geredet werden soll. Die »Nachträglichkeit« der Christologie bzw. Soteriologie ist wohl ein weiteres Problem der Pascal'schen Theologie, demgegenüber der heutzutage weitverbreitete »skotistische« Ansatz der Christologie vorzuziehen ist, in dem die Christologie nicht als eine »Reparaturmaßnahme« nach dem Sündenfall gesehen wird. Diese Probleme der Gnadenlehre führen auch zu Spannungen in Pascals Aktionen wie seinem Denken.

Was Pascal in der Gnadenlehre betont, ist die völlige Souveränität Gottes, das Übermächtigtwerden von ihm. Dass dies gleichzeitig die höchste Erfüllung der Freiheit ist, gilt bei Pascal. Die 18. *Provinciale* wird das nochmals deutlich ausdrücken.

Interessant ist hier – um auf die *Écrits* zurückzukommen – auch die Mentalität Pascals. Er spricht gewissermaßen im Namen der Kirche: »Wenn euer Irrtum, o ihr Molinisten, [die Kirche] betrübt, so tröstet sie eure Unterwerfung ... Was aber euch angeht, ihr Calvinisten, so macht eure Rebellion sie untröstlich. ... Aber ihr Haupt nachahmend, streckt sie euch beide Arme entgegen, um euch alle aufrufen zu können euch zusammen zu umarmen, um eine glückliche Einheit zu bilden«[70] – *heureuse union.*

2.10 Kirchlichkeit und Polemik – die Provinciales[71]

Die theologischen Ausführungen Pascals in den *Écrits* korrespondieren mit seiner Polemik in den *Provinciales.* Zum Teil hat Pascal seine Kenntnisse auch aus diesen Kontroversen oder hat sie hier erweitert.

---

[70] OC.M 3, 790f.

Um die *Provinciales* zu verstehen, sollte man sich erinnern, dass sie ein Gelegenheitswerk sind. Sie entstehen aus einer Kontroverse, die verschlungene kirchliche wie politische Gründe hat. Der eigentliche Anlass im weiteren Sinne ist die Kontroverse über die Gnade. Die Gnadenkontroverse ist ja *die* große theologische Diskussion der neuzeitlichen Theologie bis ins 18. Jahrhundert. Es ist daran zu erinnern, dass ja auch die Reformation hier ihr theologisches Herzstück hat. Die nachtridentinische katholische Theologie führte zu unterschiedlichen Lösungen, mit denen versucht wurde, das Problem der Vereinbarkeit von menschlicher Freiheit und Allmacht und Allwissenheit Gottes zu versöhnen. Unabhängig von »unserer« Kontroverse ist die vorangehende Auseinandersetzung zwischen Thomisten (Dominikanern) und Molinisten (Jesuiten), die in Rom zu einer Stillhaltevorschrift und dem Verbot des gegenseitigen Sich-Verketzerns geführt hatte.[72] Zur Vorgeschichte des Streits gehört die Löwener augustinische Theologie des Michael Baius, die zu römischen Beanstandungen geführt hatte – mit einer Kontroverse über die Reichweite dieser Zensuren.[73] Der eigentliche Auslöser des Streites, um den es hier bei uns geht, das 1640 posthum veröffentlichte Augustinus-Buch des Bischofs Jansenius, führte auch deshalb sofort zur Kontroverse, weil die Sorbonne auf politische Anregung hin (Richelieu) eine Verurteilung versuchte. Richelieu hatte die Polemik des Jansenius gegen sein Paktieren mit den protestantischen Mächten im Dreißigjährigen Krieg nicht vergessen.

Das rief nun wieder Verteidiger der augustinischen Theologie auf den Plan. Des Jansenius Freund – wenn er auch nicht mit allen Positionen des Bischofs einverstanden war – Saint-Cyran war im Gefängnis. Über Saint-Cyran gab es eine Verbindung zum Port Royal-Kreis. Der große Theologe damals war aber Antoine Arnauld (1612–1694), le grand Arnauld.

Doch zunächst kurz zum Umkreis von Port Royal, in dem sich Pascal damals bewegte. Nicht nur Antoine Arnauld, sondern eine ganze Reihe von Gelehrten hatten sich um das Kloster geschart und dort als »solitaires« gelebt. Wir werden noch Isaac Le Maistre de Sacy

---

[71] Leider ist die hervorragende Neuübersetzung von Karl August OTT derzeit nicht im Buchhandel lieferbar: B. PASCAL: *Briefe in die Provinz. Die Schriften der Pfarrer von Paris.* Heidelberg: Lambert Schneider, 1990 (PASCAL: Werke. 3).

[72] Vgl. DH 1997 (Paul V.).

[73] Vgl. DH 1901–1980 (Pius V.).

(1613–1684) im Gespräch mit Pascal erleben, den geistlichen Leiter der Solitaires, vor allem als Bibel-Übersetzer und Kommentator wichtig. Isaac Le Maistre de Sacy übersetzte das Neue Testament, die Kirchenväter und den heiligen Bernhard. Er war ein Neffe von Antoine und den Äbtissinnen Angélique und Agnès Arnauld. Auch das ist für die politische Konstellation nicht unwichtig, wenn man weiß, dass die Familie Arnauld eine alte Gegnerschaft zu den Jesuiten noch aus dem Ende des vorangehenden Jahrhunderts hatte. Als Theologe zu nennen ist vor allem noch Pierre Nicole (1625–1695), der eng mit Antoine Arnauld zusammengearbeitet hat, Mitverfasser der einflussreichen *Logique de Port Royal*[74] war, als Hauptwerk die *Essais de morale*[75] vorgelegt hat und in praktischen Aktivitäten engagiert war (etwa Gründung einer Mädchenschule in Troyes).

Die knappen Hinweise auf einige der Solitaires sollten nur dazu dienen, das Umfeld etwas anzudeuten und die Bedeutung und Ernsthaftigkeit dieser Menschen zu apostrophieren, die auf verschiedenen Gebieten kirchlicher Reform wichtige Aktivitäten vorzuweisen hatten.[76] Die Kontroverse um den *Augustinus* des Jansenius ist hier nicht unser eigentliches Interesse. Sie führte jedenfalls dazu, dass die Verteidigung durch Antoine Arnauld diesem selbst zum Verhängnis zu werden drohte, indem in einem Verfahren, das staatlicherseits forciert und kontrolliert wurde – der Kanzler Séguier bricht alle Statuten, um zu günstigen Abstimmungsverhältnissen zu kommen, etwa durch »Aufstockung« der Bettelmönchfraktion –, seine Verurteilung und sein Ausschluss aus der Sorbonne bezweckt wurden.

In der aussichtslosen Situation suchte man sich an die Öffentlichkeit zu wenden, allerdings – wie man selbst spürte – mit ungenügenden Mitteln. Der in Port Royal anwesende Pascal geriet wohl eher zufällig in diese Situation und schrieb mit seinem »Brief an einen Freund in der Provinz« das Modell einer öffentlichkeitswirksamen Propagandaschrift. Es ist die Verteidigung eines ungerecht angegriffenen Freundes. Aus dieser Optik sollte man es vielleicht zuerst sehen. Es

---

[74] Antoine ARNAULD – Pierre NICOLE: *Die Logik oder die Kunst des Denkens.* Darmstadt: Wiss. Buchgesellschaft, ²1994.

[75] Dt.: *Nicols* [sic] *moralische Versuche.* 5 Bde. Bamberg: Göbhardt, 1776.

[76] Dass die Disziplin der Pastoraltheologie auf »jansenistische« Quellen zurückgeht, sei nebenher noch erwähnt. Durch die nachfolgende, jahrzehnte- bzw. sogar jahrhundertelange Auseinandersetzung ist das Bild des Jansenismus völlig verstellt – ohne dass man deshalb das Gesamtphänomen in allem gutheißen müßte.

geht sachlich darum, dass mit böswilligen Methoden jemand zum Häretiker gestempelt werden soll, und für Pascal wohl auch schon darum, dass die Gnadenlehre Augustins und damit der Kirche in ein Zwielicht gerät.

Die Methodik ist höchst einfach: Die Sorbonne wird der Lächerlichkeit preisgegeben, indem im Bericht von fiktiven Dialogen mit Vertretern der einzelnen theologischen Schulen aufgewiesen wird, dass diese einen bloßen Verbalkompromiss geschlossen haben, um – bei fehlender Übereinstimmung in der Sache – einen missliebigen Gegner auszutricksen. Schon der Anfang ist genial: »Wir hatten uns sehr getäuscht. Erst gestern bin ich eines Besseren belehrt worden. Bis dahin dachte ich, der Gegenstand der Streitgespräche der Sorbonne sei sehr wichtig und für die Religion von höchster Bedeutung. So viele Sitzungen einer so berühmten Körperschaft wie der Theologischen Fakultät von Paris, in der sich so viele außerordentliche und beispiellose Ereignisse zugetragen haben, erwecken von Anfang an derart hohe Vorstellungen, dass man gar nicht glauben kann, es handele sich um etwas anderes als einen ganz ungewöhnlichen Gegenstand.«

Das Ergebnis war, dass ganz Paris über den Streit lachte, die Autoritäten diskreditiert waren und der Kanzler Séguier sich so aufregte, dass er zur Ader gelassen werden musste. Die Schrift wurde sogleich verboten, die Druckereien durchsucht. Der überragende Erfolg führt dazu, dass ein zweiter Brief zur Verteidigung Arnaulds nachgeschoben wurde – was ursprünglich wohl gar nicht vorgesehen war. Aber auch das half nichts. Arnauld wurde verurteilt. Und so suchte ein dritter Brief mit Argumenten aus den Kirchenvätern die Wirkung der Zensur abzuschwächen.

Der vierte Brief vertieft die Fragestellung, indem es hier wirklich um den religiösen Gehalt der gegensätzlichen Positionen geht. Er ist eine Polemik gegen eine oberflächliche theologische Sicht der menschlichen Freiheit. Und mit ihm beginnt die intensive sachliche Auseinandersetzung mit den Jesuiten. »Monsieur, es geht nichts über die Jesuiten! Ich habe nun viele Jakobiner [= Dominikaner = Thomisten], Doktoren und alle möglichen anderen Leute kennengelernt; aber ein solcher Besuch fehlte noch zu meiner Unterrichtung. Alle anderen sind nur ein Abklatsch von ihnen. Es ist immer besser, sich an das Urbild zu halten.« Sachlich geht es um die sogenannte »aktuelle Gnade«. Die Diskussion geht sehr schnell aus der schultheologischen Subtilität zur Sache, zum Verhältnis von Einsicht und Schuld. Diskussionsgegenstand ist die *Somme des péchés qui se commettent en tous états* (1634) des Paters Étienne Bauny SJ (1557–1649). Aus ihr wird zitiert. Das klingt zunächst noch harmlos: »*Um zu sündigen und vor Gott schuldig zu werden, muss man wissen, dass das, was man tun will, schlecht ist, oder zumindest dies vermuten, fürchten oder als sicher erachten, dass die Tat, die man begehen will, Gott nicht gefällt, dass er sie verbietet, und sie trotzdem tun, den Sprung wagen und sich darüber hinwegsetzen.* – Das fängt gut an, sagte ich. – Ja, sagte er, aber da können Sie sehen, wozu der Neid fähig ist. Denn wegen dieses Satzes hat sich Herr Hallier ... über den Pater Bauny lustig gemacht und ihm die Worte angehängt: *Ecce qui tollit peccata mundi. Seht, welcher hinwegnimmt die Sünden der Welt.* – In der Tat, sagte ich, da hat uns der Pater Bauny eine neue Art der Erlösung gebracht.« Das mag noch eine schnelle und einfache Polemik sein, aber Pater Bauny wird noch deutlicher: »*Wer mit keinem Gedanken an Gott oder an seine Sünden denkt und keine Besorgnis* (das heißt, erklärte er mir, keine Erkenntnis) *um seine Pflicht hat, Akte der Gottesliebe oder der Reue zu vollziehen, der hat auch keine aktuelle Gnade, um solche Akte zu vollbringen; aber er begeht auch keine Sünde, wenn er sie unterlässt ...* Und einige Zeilen weiter: »*Dasselbe ist von einer schuldhaften Begehung zu sagen.*« Und im Folgenden: »Sehen Sie, sagte der Pater, wie er wohl von den Unterlassungs- wie von den Begehungssünden spricht? Er vergisst wirklich nichts, was sagen Sie dazu? – Und ob mir das gefällt! antwortete ich, und welch herrliche Konsequenzen sich daraus ergeben! Ich sehe bereits die Folgen voraus: welch tiefe Geheimnisse tun sich mir auf! Ich sehe ungleich mehr Menschen durch diese Unwissenheit und Gottvergessenheit gerechtfertigt als durch die Gnade und die Sakramente ...« Das wird im Folgenden hin und her bedacht: »Gesegnet seien Sie, Pater, der Sie die Menschen auf solche Weise rechtfertigen! Die andern lehren, die Seelen durch harte Sittenstrenge zu heilen. Sie dagegen zeigen, dass gerade die vermeintlich unheilbar Kranken sich wohl befinden. Welch bequemer Weg, um in diesem wie im künftigen Leben glücklich zu sein! Ich hatte immer geglaubt, man sündige umso mehr, je weniger man an Gott denkt; doch jetzt erkenne ich, dass alle Dinge künftig rein sind, wenn man es einmal so weit gebracht hat, überhaupt nicht mehr an Gott zu denken. Also keine halbherzigen Sünder mehr, die noch ein bisschen Liebe zur Tugend haben; die werden alle verdammt sein, diese Halbsünder. Aber die offenherzigen Sünder, die verstockten, eingefleischten, die durch und durch Sünder, die kann die Hölle nicht mehr festhalten; die haben den Teufel betrogen, indem sie sich ihm ganz hingaben.« Der Text ist durchaus heute aktuell. Die Voraussetzung der Oberflächendurchsichtigkeit eines Tuns als Voraussetzung seiner moralischen Anrechenbarkeit und die daraus folgende Beliebigkeit ist uns durchaus nichts Fernes. Der vierte Brief der *Provinciales* endet mit einer Stelle aus Augustins *Retractationes* über die sog. Sünden aus Unwissenheit, womit ja eine biblische Terminologie aufgenommen ist (*Von Sünden, die ich nicht kenne, mache mich frei*, Ps 19,13, LXX 18,13: *errores quis intelleget ab occultis munda me*): »*Diejenigen, die aus Unwissenheit sündigen, begehen ihre Tat nur, weil sie sie begehen wollen, obwohl sie sündigen, ohne sündigen zu wollen. Und so kann auch diese Sünde aus Unwissenheit nur durch den Willen dessen, der sie begeht, begangen werden, durch einen Willen freilich, der sich nur auf die Tat und nicht auf die Sünde richtet, was jedoch nicht hindert, dass die Tat sündhaft ist, da dafür genügt, dass man getan hat, was man verpflichtet war, nicht zu tun*« (Retr. I, 14).

Es geht letztlich in der Diskussion nicht um die Bestimmung, welche Ebene der Einsicht verantwortungsvolles Tun voraussetzt. Es geht um die Konsequenz einer Theorie, die dem Schwachen und Haltlosen zu weit entgegenkommen will und dafür in Kauf nimmt, dass die Liebe als Kern des Tuns aus dem Blick gerät.

Es ist bezeichnend, dass die *Provinciales* nicht in der Kontroverse der Gnadenlehre ihr Ziel und ihren Schwerpunkt haben – wohl natürlich ihren Anlass –, sondern von hier an in die praktische Kirchlichkeit hineingehen, in die berühmte Morallehre der Jesuiten. Man ist hier wieder an den frühen Pascal als theologischen Polemiker erinnert. Und sicher haben theologische Auseinandersetzungen immer solch einen polemischen »Rand«. Literarisch sind diese Texte grandios, indem sie in der Überspitzung Positionen sich selbst lächerlich machen lassen und ihr Argumentationspotential hier wirklich, wie im Gespräch mit Herrn Rebours 1648 angekündigt, aus dem gemeinen Menschenverstand ziehen.

Das Ziel der Jesuiten wird im 5. Brief so formuliert: »Sie müssen wissen, dass sie sich keineswegs als Ziel gesetzt haben, die Sitten zu verderben; das liegt ihnen fern. Freilich ist es auch nicht ihr alleiniges Bestreben, sie zu bessern; das wäre keine gute Politik. Ihre Überlegung ist folgende. Sie haben eine so hohe Meinung von sich selber [das ist vorher mit der *Imago primi saeculi*, dem selbstbeweihräuchernden

Jubiläumsbuch der Jesuiten zur ersten Jahrhundertfeier, vorbereitet ...[77]], dass sie es für das Wohl der Religion als nützlich und sozusagen als unerlässlich ansehen, dass sich ihr Einfluss überallhin erstreckt, und dass die gesamte Seelenführung in ihrer Hand liegt. Da nun die strengen Grundsätze des Evangeliums sehr geeignet sind, um bestimmte Menschen zu führen, so bedienen sie sich ihrer immer dann, wenn es ihnen vorteilhaft scheint. Da aber diese selben Grundsätze schlecht zu dem passen, was die meisten Leute erstreben, so verzichten sie bei diesen auf sie; und so können sie alle zufriedenstellen. Und aus diesem Grunde (denn sie haben es ja mit Menschen aus allen möglichen Ständen und aus den verschiedenartigsten Nationen zu tun) brauchen sie die Kasuisten, die sich all diesen mannigfachen Bedürfnissen anpassen.«

Die Überzeugungskraft der Briefe liegt natürlich in den Beispielen und ihrer pointierten Darbietung. Erst einmal die Autoritäten: Seltsame spanische Namen tauchen auf. Am Ende des fünften Briefes werden die Autoren, die Augustinus, Chrysostomus, Ambrosius, Hieronymus usw. verdrängt haben, genannt: »Es sind sehr tüchtige und berühmte Leute, sagte er: Villalobos, Coninck, Llamas, Achokier, Dealkozer, Dellacruz, Veracruz, Ugolin, Tambourin, Fernandez, Martinez, Suarez, Henriquez, Vasquez, Lopez ...« – Es geht noch weiter so bis »Vosthery« und »Strevesdorff«. – Die Themen: etwa das Fasten. Wenn man, ohne ordentlich gegessen zu haben, nicht einschlafen kann, braucht man nach Escobar nicht zu fasten. Aber man kann ja die Reihenfolge der Mahlzeiten verlegen? Man braucht auch dann nicht zu fasten, denn niemand ist verpflichtet, die Reihenfolge seiner Mahlzeiten zu verlegen. Trinken Sie viel Wein, fragt der gute Partner den fiktiven Briefeschreiber? Nein, sagt der, ich vertrage ihn nicht. Die Pointe kommt trotzdem. Der Pater zitiert Nr. 75 bei Escobar: »Darf man, ohne gegen das Fastengebot zu verstoßen, jederzeit, wenn man möchte, Wein trinken, auch in großer Menge? Man darf es, sogar Gewürzwein. Den Gewürzwein hatte ich vergessen, sagte er, den muss ich mir notieren. Dieser Escobar ist ein trefflicher Mann, lobte ich. Jeder liebt ihn, erwiderte der Pater.« Der sechste Brief bringt dann die wildesten Theorien, kaum glaublich, aber Pascal konnte seine Exzerpte alle belegen. Z.B.: »Bei welchen Gelegenheiten darf ein

---

[77] Die »Imago« ist heute leicht zugänglich unter <http://www.archive.org/details/imagoprimisaecul00boll>.

46

Mönch die Kutte ablegen, ohne sich deswegen die Exkommunikation zuzuziehen? Sie zählen mehrere auf, und unter anderen die folgende: *Wenn er sie aus einem schimpflichen Grunde auszieht, etwa um zu stehlen, oder um unerkannt ein Freudenhaus aufzusuchen: da er sie ja bald darauf wieder anziehen muss.*« Vielleicht werden diese Auseinandersetzungen aber bislang zu wenig in ihrem kirchlichen Kontext und zu sehr aus der Port Royal-Perspektive – diese als jansenistische gedeutet – gesehen. Die Fortsetzung des Kampfes um die wahre christliche Lebensordnung findet außerhalb Port Royals mit breiter Unterstützung des Klerus statt. Von den einschlägigen Schriften des Pariser Klerus werden mehrere Pascal als dem wesentlichen Redaktor zugeschrieben, u.a. der fünfte Brief der Pfarrer von Paris über die Vorteile, die die Häretiker aus der Morallehre der Kasuisten und Jesuiten gegen die Kirche ziehen.[78] Nach den Äußerungen seiner Nichte Marguerite Périer hielt Pascal ihn für eines seiner besten Werke.[79] Der Inhalt des Briefes ist aus dem Titel zu erahnen. Sachlich ist er ein Lob auf die Tradition[80] – ganz konsequent mit Pascals Theologie übereinstimmend – und ein Ruf zur Einheit, auch nach dem schärfsten Tadel der Jesuiten (»Les Jésuites sont coupables de tous ces maux«, S. 483) mit dem Bilde des Leibes der Kirche und seiner Glieder, dem auch die Jesuiten – im Gegensatz zu den Calvinisten – angehören. Pascal war im Übrigen hier auf Dauer auch kirchenamtlich »erfolgreich«, da ein Großteil der inkriminierten Positionen jesuitischer Moraltheologen später von Rom verurteilt worden ist.[81]

Die *Provinciales* waren vorher als Brieffolge schon abgebrochen. Wahrscheinlich weil die Auseinandersetzung eine Schärfe gewonnen hatte, die keine fruchtbaren Folgen mehr haben konnte, und wohl auch, weil die römischen Schritte die Diskussion hinsichtlich der Auseinandersetzungen um die Gnadenlehre zu beenden suchten und sie bewusst in eine hermeneutische Sackgasse führten, in dem historische und dogmatische Sachverhalte so verquickt wurden, dass die Diskussion auf der theologischen Ebene nicht mehr möglich war und die disziplinarische höchst verhängnisvoll und unangebracht weiter-

---

[78] OC.L S. 480–484. Deutsch in: PASCAL: *Briefe in die Provinz*, S. 457–473.
[79] Zitiert OC.L S. 480.
[80] »qui est notre véritable règle, qui nous distingue de tous les hérétiques du monde …« OC.L S. 481. dt. a.a.O., S. 463f.
[81] DH 2021–2065 (Alexander VII.), 2101–2167 (Innozenz XI.).

geführt wurde. Pascal wurde im Gefolge dieser Maßnahmen in eine äußerste Position geführt, die ihn in einen echten theologischen wie disziplinarischen Zwiespalt führte. Der Entwurf eines *Écrit sur la signature*[82] – zur Frage der vom Klerus und von den Nonnen von Port Royal geforderten Unterschrift unter die Verurteilungen des Buches von Jansenius – zeigt den entscheidenden Punkt: »D'où je conclus que ceux qui signent purement le formulaire sans restriction signent la condamnation de Jansénius, de saint Augustin, de la grâce efficace.«[83] Pascal zog sich aus der Auseinandersetzung zurück. Die einzelnen Fakten sind im Übrigen nicht eindeutig, da die Quellen z.T. nur tertiär sind.[84]

Aus den Polemiken wird man jedenfalls Pascals hohes Engagement für das Zentrum des christlichen Lebens in der Gnade festhalten müssen und sein Eintreten gegen theoretische wie praktische Aufweichungen dieser Zentrierung. Dass seine Position die historischen Probleme seiner Zeit mit sich schleppt, kann man bedauern. Es trifft nicht den Kern. Sein eigentliches Projekt liegt nicht in der Polemik, sosehr sie den Grundernst seiner Haltung deutlich machen kann und als Ganzes keinesfalls als Sektiererei oder auch nur als »Jansenismus« abgetan werden kann.

Warum wurden die *Provinciales* abgebrochen? Darüber lässt sich nur spekulieren. Dass Pascal selbst nicht die Schärfe für übertrieben hielt, ist aus der Fortsetzung der Schriften der Pfarrer von Paris und aus anderen Aufzeichnungen deutlich.

Dass anderseits manchen Frommen in Port Royal der Rummel nicht gefiel, den diese Schriften auslösten, ist auch bekannt. Schließlich war der Anlass – die Verteidigung Arnaulds – inzwischen auf diesem Wege nicht weiter zu verfolgen und das erste Sachthema – die augustinische Gnadenlehre – so auch nicht mehr zu verteidigen. Im Übrigen dürfte Pascal auch durchaus beunruhigt gemerkt haben, welche Spannung dieser Streit mit sich brachte.

Dazu kommt ein äußeres Ereignis.

---

[82] OC.L S. 368f.
[83] OC.L S. 369.
[84] Vgl. A. RAFFELT: Konflikt und Communio. Blaise Pascal zwischen der Liebe zur Wahrheit und dem Band der Kircheneinheit. In: Günther BIEMER (Hrsg.): *Gemeinsam Kirche sein*. Freiburg i.Br.: Herder, 1992, S. 189–206. – Digitale Version: <http://www.freidok.uni-freiburg.de/volltexte/349/>.

2.11 Das Wunder vom heiligen Dorn

Ein kleine Aufzeichnung lautet (Laf. 922) »Über das Wunder. – Da Gott keine Familie glücklicher gemacht hat, möge er auch bewirken, dass er keine dankbarere findet.« Die Stelle bezieht sich auf Pascals Familie und die Wunderheilung seiner Nichte Marguerite Périer am 24. März 1656 in Port Royal. In Laf. 854 heißt es:»Seht hier eine heilige Religion, seht hier einen Dorn aus der Krone des Heilands der Welt, über den der Fürst dieser Welt keine Macht hat, der Wunder tut durch die eigentümliche Macht dieses Blutes, das für uns vergossen wurde. Seht hier, dass Gott selbst dieses Haus erwählte, um in ihm seine Macht glanzvoll erscheinen zu lassen.« Das Ereignis erschütterte Pascal zutiefst. Es war eine Bestätigung der eigenen Sache und führte ihn wohl auch dazu, darüber nachzudenken, wie er auf andere Weise der Sache der Religion dienen könnte.

Über das Ereignis selbst brauchen wir hier nicht intensiver nachzudenken. Für die Familie Pascals hatte es große Bedeutung. Die Schwester Jacqueline durfte bei dieser Gelegenheit sogar ihr dichterisches Talent wieder aktivieren – in fünfundzwanzig Strophen, davon die zweite:

« Au fond de ce désert où, ne vivant qu'en toi,
Je goûte un saint repos exempt d'inquiétude.
Tes merveilles, Seigneur, pénétrant jusqu'à moi,
Ont agréablement troublé ma solitude.
J'apprends que par un coup de ta divine main.
Trompant l'art et l'espoir de tout esprit humain,
Un miracle nouveau signale ta puissance.
Ce prodige étonnant, dans un divin transport,
Me presse de parler par un si saint effort.
Que je ne puis sans crime être encore en silence. »

Die Nähe in Sprache und Bildern zu den weltlichen Versen der kleinen Jacqueline fällt auf.

3. Vorbereitung der Pensées[85]

3.1 Ein Gespräch mit Herrn de Sacy über Epiktet und Montaigne

Wir haben bislang die Biographie Pascals bis zum Ereignis der *Provinciales* und dem Wunder des heiligen Dorns verfolgt, von seiner »Wunderkindzeit« über die erste Bekehrung, den Eifer des »Bekehrten« gegenüber dem pastoral und theologisch zweifelhaften Sieur de Saint-Ange, dem missglückten Gespräch mit Herrn Rebours in Port Royal über seine apologetischen Absichten, seine »zweite Bekehrung«, die im *Mémorial* dokumentiert ist, und schließlich sein Freundesdienst in der Verteidigung des »großen Arnauld«, der sich zu einer Kampagne gegen die Morallehre der Jesuiten und für ein Leben in wahrer Gottesliebe ausweitet, aber gleichzeitig höchst negative mediale Aspekte auslöst.

Die einzelnen Schritte könnte man auch noch sachlich durchgehen. Der Streit mit dem Sieur de Saint-Ange, Forton, geht um ein pastorales und ein theologisches Problem. Das pastorale ist das Pfründenwesen, demgegenüber Pascal in der Port Royal'schen Tradition eine ganz andere Hochschätzung des Pfarrers und seiner seelsorgerlichen Aufgabe sieht. Das theologische ist die Gegnerschaft gegen eine »humanistische« Theologie, die ebenfalls auf ihre Weise das Christentum bürgerlich akkommodiert.

Das Gespräch mit Herrn Rebours ist schwieriger zu deuten, weil Pascal anscheinend eine *common-sense*-Theologie anpreist, die genau das zu sein scheint, was er vorher abgelehnt hat, sozusagen eine Art natürliche Theologie. In seiner brieflichen Selbstdarstellung gegenüber seiner älteren Schwester, aus der wir diese Episode kennen, weist er dies allerdings von sich und verlagert das Problem auf das der rechten Haltung: Äußerlich gesehen gleiche Handlungen können aus rechter Demut wie aus Stolz hervorgehen. Sein Programm erklärt er allerdings nicht. Das Problem der Argumentation auf der Ebene des »common sense« und der von da aus nicht zu leistenden Bekehrung, die ein Geschenk Gottes ist, bleibt auch in den kommenden Abschnitten für uns gegeben.

Bei der mit dem *Mémorial* bezeichneten Phase habe ich auf die Schrift *Über die Bekehrung des Sünders* hingewiesen. Der Text beinhaltet eine Bewegung des Lebens, darin aber ein Transzendenzbewegung

---

[85] Der spätere Titel *Pensées* steht hier für den gesamten Komplex der Apologie.

des Geistes, also durchaus ein »philosophisches« Moment. Das ist zu beachten, wenn man von dem antihumanistischen oder antiphilosophischen Zug Pascals spricht.

Die *Provinciales* beinhalten Reflexionen über die Gnadenlehre, genauer die Terminologie der Gnadensysteme, die problematisiert wird, dann vor allem aber über die negativen moralischen Auswirkungen bestimmter Haltungen. Der positive Sinn liegt wieder in einer Zentrierung des wahren christlichen Lebens auf ein echtes Verhältnis der Gottesliebe gegenüber einer bloß konventionellen Christlichkeit, die sich mit einem Billigprodukt Religion zufrieden gibt ...

Wenn man nun das Wunder vom heiligen Dorn als einen Punkt der Neubesinnung ansieht, von dem aus sich Pascal neue Aufgaben stellt, so darf man zum einen – wie eigentlich immer bei Pascal – den Bruch nicht zu scharf ziehen. Pascal stellt sich auch weiter der Aufgabe, für eine rechte christliche Lebensführung und ihre theologische Begleitung zu kämpfen. Er beteiligt sich an den entsprechenden Schriften der Pfarrer von Paris, formuliert einige davon selbst und erreicht wenigstens an diesem Punkt auch mittelfristig die nötigen kirchlichen Bestätigungen seiner Position. Wenn er rückblickend in einem Fragment schreibt, dass er die *Provinciales* durchaus nicht zurücknimmt, sondern eher schärfer schreiben würde, so würde ich dies auf diesen Komplex beziehen.

Seine große Aufgabe der letzten Jahre ist aber die Vorbereitung einer Apologie des Christentums.

Gewisse Grundgedanken der Apologie des Christentums lassen sich schon relativ früh entdecken – auch wenn man vom Wunder als einer Art »Initialzündung« für den aktualisierten Plan ausgeht –, spätestens kurz nach seiner sog. »zweiten Bekehrung« und somit möglicherweise noch vor dem Beginn der Abfassung der *Provinciales*. Pascal zieht sich nach Port Royal zurück und wird geistlich geleitet von Isaac Le Maistre de Sacy. Mit diesem führt er Gespräche über Dinge, die seine fromme Schwester nicht ganz für angemessen hält, womit sie sich aber täuscht. Der Sekretär de Sacys, Nicolas Fontaine (1625–1709), hat davon Aufzeichnungen hinterlassen.

Gehen wir zunächst einmal von seinem Text aus. Die *Memoires* Fontaines[86] sind ein Dokument der Geschichtsschreibung, sie berichten

---

[86] Der Originaltext der *Mémoires* ist erst vor kurzem wiederentdeckt worden. Der *Enttretien* Pascals mit de Sacy daraus ist in deutscher Übersetzung erstmals nach der Originalversion in KS, S. 111–147 ediert worden.

über die Solitaires Port Royals die gelehrten und – z.T. – vornehmen Herren, die sich im Umkreis des Klosters angesiedelt hatten und zu einem großen Teil auch zu seinem Ruhm beitrugen.

Isaac Le Maistre de Sacy (1613–1684) ist der Nachwelt vor allem als Bibelübersetzer bekannt.[87] Seine große Bibelübersetzung ist ganz dem Geist der Kirchenväter verpflichtet, deren Kommentare er beigibt. Sie gehört in der Übergangsphase des 17. Jahrhunderts noch der traditionellen Exegese zu, die schon bald von dem Oratorianer Richard Simon (1638–1712) aus den Angeln gehoben wurde zugunsten der historisch-kritischen Methode. Fontaine schildert allerdings anderes von Le Maistre de Sacy, der damals der geistliche Leiter der Solitaires war. Er schildert einmal seine Rigidität, mit der er sich auf seine Aufgabe konzentrierte, sich auch hohen Standespersonen verweigerte, aber für die Solitaires jederzeit eine offene Tür hatte. Schön ist die Skizze über seine Gespräche: »Herr de Sacy pflegte, wenn er sich mit Leuten unterhielt, sich denen anzupassen, mit welchen er sprach. Wenn er zum Beispiel Herrn de Champaigne traf, sprach er mit ihm über Malerei, wenn er Herrn Hamon begegnete, lief das Gespräch über Medizin, sah er den Chirurgen des Ortes, befragte er ihn über die Wundheilung. Die sich mit Weinbau, Baumzucht oder Getreidebau befassten, berichteten ihm alles, was es dort zu beachten gilt. Alles diente ihm, um alsbald zu Gott überzugehen und die andern auf diesem Weg mitzunehmen.«

De Sacy hatte aber auch seine festen Ansichten, wie bei Fontaine ebenfalls zu lesen. Dazu gehörte eine anticartesianische – wenn man will *antiphilosophische* – Haltung: »Gott hat die Welt wegen zweier Dinge gemacht, fügte er hinzu, zum einen, um eine große Idee von sich zu geben, zum anderen um die unsichtbaren Dinge in den sichtbaren abzubilden. Descartes zerstört das eine wie das andere. Die Sonne ist ein so schönes Werk, sagt man ihm. Keinesfalls, antwortet er, sie ist ein Materiehaufen. Statt die unsichtbaren Dinge in den Sichtbaren wiederzuerkennen, wie in der Sonne, die der Gott der Natur ist, und in allem, was sie in den Pflanzen hervorbringt das Bild der Gnade zu sehen, geben sie im Gegenteil vor, die Gründe von allem zu geben durch einige Häkchen, die sie sich eingebildet haben. Ich ver-

---

[87] *La Bible : Traduction de Louis-Isaac Lemaître de Sac* / Préface et texte d'introduction établis par Philippe Sellier. Paris: Laffont, 1990. Diese neueste Ausgabe der Übersetzung enthält allerdings nicht die ebenso wichtigen Kommentare aus den Kirchenvätern.

gleiche sie den Unwissenden, die ein wunderbares Bild sehen und statt es als Ganzes zu bewundert, sich bei jeder Farbe im Einzelnen aufhalten und sagen: ›Was ist das für ein Rot da? Woraus ist es zusammengesetzt? Das ist solches; nein, es ist etwas anderes‹; anstatt das ganze Bild zu betrachten, dessen Schönheit die Weisen, die es ansehen, bezaubert.«

Das mag sehr traditionalistisch klingen, aber man vergleiche Goethe gegen Newton hinsichtlich einer qualitativen Sicht auf die Natur und – wenn einem das auch noch zu alt ist – die Interpretation Heisenbergs dazu ... Oder – um es »modisch« zu belegen – auch die Romanze der *Wise Guys* »Sie trafen sich am Strand ...«[88]. Also so unaktuell ist Le Maistre de Sacy nicht!

Ein anderes Beispiel, das Fontaine ebenfalls berichtet, wäre deutlicher und brutaler: Descartes Sicht der Tiere als »Automaten«, was bei den Anhängern – von denen es auch in Port Royal viele gab – dazu führte, Vivisektionen vorzunehmen, um den Blutkreislauf der Tiere zu studieren.

Pascal wird durch Antoine Singlin (1607–1664), einen der anderen großen Seelenführer um Port Royal, zu Herrn de Sacy geschickt. Man könnte nach dem Obigen annehmen, dass sich de Sacy mit ihm über Mathematik und Physik unterhalten würde, für die eigentlich der Name Pascals stand, aber Fontaine schreibt: »Er glaubte also, Herrn Pascal auf ein ihm vertrautes Gebiet führen und ihn auf philosophische Bücher bringen zu sollen, mit denen er sich am meisten beschäftigte. Er brachte ihn bei den ersten Gesprächen, die sie miteinander führten, auf dieses Thema. Herr Pascal berichtete ihm, bisher seien seine meistgelesenen Bücher Epiktet und Montaigne gewesen, und er

---

[88] Romanze. Musik, Text & Arrangement: Daniel »Dän.« Dickkopf; Leadgesang: Clemens <http://wiseguys.de/songtexte/details/romanze/>:
Sie trafen sich am Strand kurz vor dem Sonnenuntergang / und lächelten und waren leicht verlegen. / Alles war so neu, sie kannten sich noch nicht sehr lang. / Er streckte ihr ’nen Rosenstrauß entgegen. / Sie sagte: »Rosen wecken so romantische Gefühle.« / Da nickte er und sprach: »Ja, zweifelsohne! / Da reichen in der Nase ein paar tausend Moleküle / der Duftstoffe mit Namen ›Pheromone‹.« / / *Und sie saßen eine ganze Weile schweigend beieinander / und blickten auf das weite Meer hinaus, / und blickten auf das weite Meer hinaus.* / / Da flüsterte sie: »Schau! Der Mond ist heute riesengroß! / Die Nacht ist viel zu schön, um je zu enden. / Es ist hier so romantisch, ich bin schon ganz atemlos!« / und sie faßte ihn ganz sanft an beiden Händen. / Er sagte: »Du, der Durchmesser des Monds am Firmament / ist konstant einunddreißig Bogenminuten, / also ungefähr ein halbes Grad, das ist ganz evident. / Es wär’ falsch, verschiedene Größen zu vermuten.« / ...

sprach großes Lob über diese beiden Geister aus. Herr de Sacy, der stets gemeint hatte, diese Autoren wenig lesen zu müssen, bat Herrn Pascal, ihn gründlich darüber zu belehren.« Nun ist de Sacy gewissermaßen ein *Antiphilosoph,* aber Pascal ist zumindest auch ein Anticartesianer – inutile et incertain heißt es Laf. 84 und 887 zu Descartes – und sogar im *Mémorial* findet sich ja ein antiphilosophischer Satz ... Doch schauen wir zunächst auf das Gespräch.

Es ist grob gesehen fünfteilig. Drei Gesprächseinheiten Pascals werden durch zwei Einschübe de Sacys unterbrochen.

Pascal rühmt zunächst Epiktet: »Epiktet«, erklärte er ihm, »ist einer der Philosophen der Welt, der die Pflichten des Menschen am besten erkannt hat. Von allen Dingen will er, dass [der Mensch] Gott als seinen vornehmsten Gegenstand ansehe und überzeugt sei, Gott führe alles mit Gerechtigkeit, dass er sich ihm von Herzen unterwerfe, ihm willig und in allem gehorche, da Gott nichts ohne große Weisheit vollbringt: so dass diese Einstellung allem Klagen und Murren Einhalt gebieten und seinen Geist vorbereiten wird, auch die widrigsten Ereignisse friedlichen Geistes zu erleiden. Sprecht niemals, so sagt er: Ich habe dies verloren, sagt vielmehr: ›Ich habe es zurückgegeben. Mein Sohn ist gestorben, ich habe ihn zurückgegeben. Meine Frau ist gestorben, ich habe sie zurückgegeben.‹ Ebenso beim Verlust von Gütern und allem Übrigen.«

Der Abschluss des Passus kehrt die Wertung dann aber um: »›Dies sind, mein Herr‹, sagte Herr Pascal zu Herrn de Sacy, ›die Erleuchtungen dieses großen Geistes, der die Pflichten des Menschen so trefflich erkannt hat. Ich wage zu sagen, er würde unsere höchste Verehrung verdient haben, falls er seine Ohnmacht ebenso gut erkannt hätte; denn man müsste ja Gott selber sein, um die Menschen beides zugleich zu lehren. So hat er, weil auch er Staub und Asche war, nachdem er so wohl erkannt hatte, was man soll, sich auf folgende Weise in die Überschätzung dessen verirrt, was man kann: Er behauptet, Gott habe dem Menschen die Mittel gegeben, alle seine Pflichten zu erfüllen: diese Mittel stünden zu unserer Verfügung; man müsse die Glückseligkeit mittels der Dinge suchen, die in unserer Macht liegen, da sie uns Gott ja zu diesem Zweck gegeben habe; man müsse erforschen, wo in uns die Freiheit sich befindet; Güter, Leben, Ansehen lägen nicht in unserer Verfügung, führten also nicht zu Gott; der Verstand aber könne nicht gezwungen werden, etwas zu glauben, wovon er weiß, dass es falsch ist, ebenso wenig der Wille, das zu lieben, wovon er spürt, dass es ihn unglücklich macht: diese beiden Mächte seien also frei, und durch sie könnten wir uns die Vollkommenheit erringen; durch diese Fähigkeiten könne der Mensch Gott durchaus erkennen, ihn lieben, ihm gehorchen, sich von allen Lastern heilen, alle Tugenden erwerben, sich heiligen und zum Freund und Gefährten Gottes machen. Diese Grundsätze von teuflischem Stolz führen ihn zu weiteren Irrtümern wie: die Seele sei ein Teil des göttlichen Wesens; Schmerz und Tod seien keine Übel; man dürfe sich töten, wenn man derart verfolgt wird, dass man annehmen muss, Gott rufe einen, und dergleichen mehr.«

Nebenbei: Es mag verwundern, dass man in einem solchen Gespräch als eine der wesentlichen Positionen einen antiken Philosophen († um 130) einführt. Zur Zeit Pascals ist allerdings der Neostoizismus eine der gängigen Moraltheorien. Justus Lipsius (1547–1606) steht etwa als Name dafür, ein humanistischer Denker, der zwischen den konfessionellen Fronten steht und schließlich Professor für Alte Geschichte und Latein in Löwen ist. Der Neostoizismus ist sicher eine der Wurzeln einer autonomen Moral, wie sie die neuzeitliche Philosophie zu denken sucht. Für Pascal ist das – theologisch gesehen – Pelagianismus.

Die zweite Position ist der Skeptizismus, diesmal nicht an einem antiken Denker sondern an Michel de Montaigne (1533–1592) exemplifiziert. »Was aber Montaigne anbetrifft, über den Sie, mein Herr, von mir ebenfalls Auskunft verlangen, so ist er in einem christlichen Land geboren und bekennt sich zur katholischen Religion; insoweit ist nichts Besonderes an ihm. Aber da er untersuchen wollte, welche Moral der Verstand uns ohne das Licht des Glaubens vorschreiben würde, nahm er seine Grundsätze von dieser Voraussetzung her; und indem er somit den Menschen außerhalb jeder Offenbarung betrachtet, überlegt er folgendermaßen. Er zieht alle Dinge in einen weltweiten und so allumfassenden Zweifel, dass dieser Zweifel sich selber aufhebt; das heißt: wenn er zweifelt, ob er zweifelt, und dabei sogar diesen letzten Satz bezweifelt, kreist seine Ungewissheit in einem unaufhörlichen ruhelosen Zirkel um sich selber, indem er sich gleicherweise denen entgegenstellt, die behaupten, alles sei ungewiss, wie denen, die versichern, nicht alles sei es; denn er will nichts für gewiss hinstellen. In diesem Zweifel, der sich selber bezweifelt, in dieser Unwissenheit, die um sich selber nicht weiß und die er seine ›bestimmende Form‹ nennt, liegt das Wesen seiner Weltsicht, für die er keinen positiven Ausdruck zu finden vermocht hat. Denn schon wenn er sagt, er zweifle, übt er an sich Verrat, da er wenigstens diesen Zweifel als sicher hinstellt; weil dies aber ausdrücklich gegen seine Absicht geht, durfte er sich nur in Frageform ausdrücken; da er also nicht behaupten will: Ich weiß nicht, sagt er: Was weiß ich?, und daraus macht er seinen Wahlspruch und setzt ihn unter zwei Waagschalen, welche, die Gegensätze abwägend, sie in vollständigem Gleichgewicht finden; das heißt, er ist reiner Skeptiker. Gemäß diesem Grundsatz verlaufen alle seine Reden und Essays; es ist das Einzige, was er hier durchführen will, obschon er sich seine Absicht nicht immer anmerken lässt. Er zerstört darin unmerklich alles, was bei den Menschen als das Sicherste gilt, nicht um mit Gewissheit, der er sich immerfort widersetzt, das Gegenteil aufzustellen; vielmehr um einfach zu zeigen, dass man, da der äußere Anschein beiderseits gleich ist, nicht weiß, worauf man seinen Glauben gründen soll.«

Um das inhaltlich noch etwas deutlicher zu machen, noch ein größeres Zitat: »Von diesem schwebenden und wankenden Standpunkt her bekämpft er mit unerschütterlicher Festigkeit die Häretiker seiner Zeit, insofern sie allein den Sinn der Heiligen Schrift zu kennen versichern, und von daher schleudert er noch gewaltigere Blitze gegen den abscheulichen Unglauben derer, die zu behaupten wagen, Gott existiere nicht. Er nimmt sie besonders in der Apologie des Raymond de Sebonde aufs Korn; da sie sich absichtlich jeder Offenbarung entblößt und ihren natürlichen Erleuchtungen überlassen, allen Glauben beiseitegesetzt hätten, fragt er sie, aufgrund welcher Autorität sie es unternähmen; über das allmächtige Wesen zu urteilen, das seinem Begriff gemäß unendlich ist, sie, die nicht einmal das Geringste von den Naturdingen verstehen! Er fragt sie, auf welche Prinzipien sie sich stützen; er drängt sie, diese herzuzeigen. Er untersucht alles, was sie vorbringen können, und dringt mit seiner meisterhaften Kunst so weit vor, dass er die Nichtigkeit aller Grundsätze, selbst der aufgeklärtesten und unerschütterlichsten, aufzeigt. Er fragt, ob die Seele etwas erkenne; ob sie sich selber erkenne; ob sie Substanz oder Akzidens sei, Leib oder Geist; was jedes dieser Dinge bedeute, ob es etwas außerhalb dieser beiden Ordnungen gebe; ob die Seele ihren eigenen Leib erkenne; was der Stoff sei; ob sie zwischen der unendlichen Vielfalt der Meinungen entscheiden könne, die man darüber vorgebracht hat; wieso die Seele denken könne, wenn sie stofflich sei; und wie sie mit einem besonderen Leib vereinigt sein und dessen Leidenschaften empfinden könne, wenn sie geistig sei; wann sie zu sein begonnen habe, mit dem Leib zusammen oder nicht; ob sie mit ihm zu Ende gehe oder nicht, ob sie sich nie täusche; ob sie wisse, wann sie irrt, da es ja zum Wesen des Irrtums gehöre, denselben nicht zu erkennen; ob sie in den Momenten ihrer Verdunkelung nicht ebenso überzeugt sei, zwei plus drei ergebe sechs, wie sie nachher weiß, dass es fünf ergibt; ob die Tiere überlegen, denken, sprechen; und wer darüber entscheiden könne, was die Zeit, was der Raum oder die Ausdehnung, was die Bewegung, was die Einheit sei, lauter Dinge, die uns umgeben und doch völlig unerklärbar sind; was Gesundheit sei, was Krankheit, Leben, Tod, Gutes, Böses, Gerechtigkeit, Sünde, wovon wir jederzeit sprechen; ob wir in uns Prinzipien der Wahrheit haben und ob die, woran wir glauben und die man Axiome oder Gemeinbegriffe nennt, weil sie in allen Menschen gleich sind, der wesentlichen Wahrheit entsprechen. Und da wir einzig durch den Glauben wissen, dass ein völlig gutes Wesen sie uns als wahre gegeben hat, da es uns schuf, um die Wahrheit zu erkennen: wer wollte dann ohne diese Erleuchtung wissen, ob sie nicht durch Zufall entstanden und deshalb gewiss sind, oder ob sie nicht, von einem falschen und bösen Wesen geschaffen, uns als falsche eingegeben wurden, um uns zu verführen. Damit will er zeigen, dass Gott und das Wahre unzertrennlich sind, und dass, wenn das eine ist oder nicht ist, wenn es gewiss oder ungewiss ist, das andere sich notwendigerweise entsprechend verhält. Wer weiß denn, ob der Gemeinsinn, den wir als Richter über das Wahre nehmen, in seinem Wesen dem entspricht, der ihn geschaffen hat? Wer weiß ferner, was Wahrheit ist, und wie kann man sicher sein, sie zu besitzen, ohne sie zu kennen. Wer weiß auch nur, was Sein ist, das unmöglich definiert werden kann, da es ja nichts Allgemeineres gibt, und man sich, um es zu erklären, immer schon dieses selben Wortes bedienen müsse, indem man sagt: Das ist, usf. ...?«

Fontaine schreibt »Herr de Sacy, der in einem neuen Land zu weilen und eine neue Zunge zu vernehmen meinte, sprach zu sich selbst [sic! berichtet der »Zeuge« des Gesprächs!?] die Worte des hl. Augustinus: »O Gott der Wahrheit, sind diese Leute, die sich auf solche Spitzfindigkeiten verstehen, Dir deswegen wohlgefälliger? *Numquid, Domine Deus veritatis, quisquis novit ista jam placet tibi?*« – Das ist *Confessiones* V, 7, dort zu den astronomischen Künsten der Manichäer gesagt. De Sacy zitiert also korrekt aus den *Confessiones* – und er tut das im Folgenden laufend.

Die Antwort ist zu Montaigne allerdings durchaus hintersinnig: »Ich bin Ihnen verpflichtet, mein Herr; bin ich doch sicher, wenn ich lange Zeit Montaigne gelesen hätte, wüsste ich nicht so viel von ihm wie durch diese Unterhaltung mit Ihnen. Dieser Mann müsste sich wünschen, nur durch Ihre Berichte über seine Schriften bekannt zu werden, so könnte er mit dem hl. Augustinus sagen: *Ibi me vide, ibi me attende!*[89] Ich bin überzeugt, dieser Mann hatte Geist, bin aber nicht sicher, ob Sie ihm nicht ein bisschen mehr zuschreiben, als er hat, indem Sie seine Grundsätze so folgerichtig untereinander verknüpfen. Sie verstehen nun auch, weshalb man mir, der ich mein Leben so verbrachte, wie ich es tat, kaum raten konnte, diesen Autor zu lesen, in dessen gesamtem Schrifttum sich nichts von dem findet, wonach wir bei unserer Lektüre nach Anweisung des hl. Augustinus vornehmlich suchen sollen, scheinen doch seine Äußerungen keiner tiefen Demut und Frömmigkeit zu entsteigen. Jenen Philosophen von dazumal, die sich Akademiker nannten, könnte man wohl verzeihen, wenn sie alles in Zweifel zogen. Wozu aber braucht Montaigne sich den Geist damit zu erheitern, eine Lehre aufzufrischen, die heute den Christen als Wahnwitz erscheint?« In der Beurteilung von Pascals Systematisierung hat er sicher recht. Immerhin bemerkt er auch, dass die Skepsis bei Augustin eine positive Funktion für die Glaubenssuche hatte (übrigens für die Deutung der *Pensées* keine unwichtige Sache; es gibt die Möglichkeit, die *Pensées* gedanklich sehr nahe an die *Confessiones* heranzurücken[90]). Ansonsten hält de Sacy ein augustinisches Plädoyer gegen Montaigne. Pascal nimmt das Lob für seine Montaigne-Deutung höflich umwendend auf, indem er die Augustinus-Deutung de Sacys um so höher stellt, die freilich dem »pauvre Montaigne« nicht gut bekomme. Der wird dann nach folgendem Lob auch von Pascal kritisiert:

»Ich gestehe Ihnen, mein Herr, dass ich bei diesem Autor nicht ohne Freude den überheblichen Verstand durch seine eigenen Waffen so unwiderleglich getroffen sehe, und diesen blutigen Aufstand des

---

[89] Aus Brief 231, die Aussage ist auf die *Confessiones* bezogen.

[90] Dies tut Philippe SELLIER in seinem schönen Aufsatz *Des Confessions aux Pensées.* In: Ph. SELLIER: *Port-Royal et la littérature.* Bd. 1: *Pascal.* Paris: Champion, 1999 (Lumière classique. 21), S. 195–222. Ein vermittelndes Glied ist die Übersetzung der *Confessiones* von Robert ARNAULD D'ANDILLY – einem der »solitaires« von Port Royal –, die das augustinische Latein in die spirituelle Sprache des 17. Jahrhunderts übersetzt, jetzt zugänglich unter Saint AUGUSTIN: *Confessions* / Traduction d'ARNAULD D'ANDILLY. Paris: Gallimard, 1993 (folio. 2465).

Menschen gegen den Menschen, der ihn aus der Gesellschaft Gottes, zu der er sich durch die Maximen seiner schwachen Vernunft erhob, zur Natur der Tiere hinabstürzt; auch hätte ich aus ganzem Herzen den Werker einer so großen Rache geliebt, falls er als ein glaubender Jünger der Kirche die Sittenregeln befolgt und die Menschen, die er so nützlich gedemütigt hat, dazu gebracht hätte, Gott nicht durch neue Untaten zu erzürnen, der allein sie von denen befreien kann, die sie – wie Gott ihnen zeigt – nicht einmal selber erkennen können. Er tut das aber, im Gegenteil, als Heide. Von diesem Grundsatz aus, sagt er, außerhalb des Glaubens sei alles ungewiss; und aus der Erwägung, wie viel Wahres und Gutes man ohne jeden beruhigenden Erfolg sucht, folgert er, dass man die Sorge dafür andern überlassen und sich unterdessen seine eigene Ruhe bewahren muss, leicht über die Fragen hinweggleitend, um nicht, indem man darauf beharrt, darin zu versinken. Man solle, meint er, das Wahre und Gute auf den ersten Anschein hin annehmen, ohne es zu pressen, denn es sei so wenig fest, dass es beim leichtesten Druck der Hand den Fingern entgleite und sie leer lasse.«

Der Witz der Pascal'schen Ausführungen liegt aber nicht in der Einzeldarstellung seiner beiden »Helden«, sondern in der Verknüpfung: »Ich kann Ihnen, mein Herr, nicht verhehlen, dass ich beim Lesen dieses Autors und bei dessen Vergleich mit Epiktet zum Ergebnis gekommen bin, dass sie sicherlich die beiden größten Verteidiger der zwei berühmtesten Sekten der Welt sind, den einzigen der Vernunft gemäßen, da man ja nur einem dieser beiden Wege folgen kann, nämlich: entweder gibt es einen Gott, und dann setzt der Mensch sein höchstes Gut in ihn; oder Gottes Dasein ist ungewiss, was dann auch vom wahren Guten gilt, da er dessen unfähig ist.

Mit großer Freude habe ich bei diesen verschiedenen Erörterungen festgestellt, worin sie beide zu einer gewissen Übereinstimmung mit der wahren Weisheit gelangt sind, nach deren Erkenntnis sie strebten. Denn wenn es schon erfreulich ist, das Bestreben der Natur zu beobachten, Gott in allen ihren Werken abzubilden, und man in ihr einige seiner Züge erkennt, denn sie sind seine Bilder: um wie viel richtiger ist es dann, in den Schöpfungen der Geister ihre Anstrengungen zu betrachten, die wesentliche Tugend nachzuahmen, selbst wenn sie vor ihr fliehen, und dabei festzustellen, wie weit es ihnen gelingt, und wie weit sie sich davon wegverirren, wie ich es in meinem Nachforschen zu tun versucht habe.

Sie haben mir freilich, mein Herr, vorhin deutlich gezeigt, wie wenig Nutzen die Christen aus solchen philosophischen Studien ziehen können. Ich möchte es aber, mit Ihrer Erlaubnis, nicht unterlassen, Ihnen noch etwas darüber zu sagen, obschon ich bereit bin, auf alle Einsichten zu verzichten, die nicht von Ihnen stammen. Damit gewinne ich den Vorteil, der Wahrheit entweder aus Zufall begegnet zu sein, oder sie mit Sicherheit von Ihnen zu empfangen. Mir scheint also, die Quelle der Irrtümer beider Sekten liege darin, dass sie nicht wussten, wie sehr sich der jetzige Zustand des Menschen von dem bei seiner Schöpfung unterscheidet. Deshalb hat der eine, der einige Spuren von der ursprünglichen Größe [des Menschen] wahrnahm, aber von seiner Verderbtheit nichts wusste, die Natur als gesund und ohne das Bedürfnis eines Erlösers geschildert, was ihn zum Gipfel des Hochmuts führt; während der andere, der das jetzige Elend empfindet und von der ursprünglichen Würde nichts weiß, die Natur als unausweichlich krank und unheilbar dargestellt hat, was ihn in die Verzweiflung stürzt, je zu einem wahren Gut gelangen zu können, und von da in äußerste Feigheit. Da diese beiden Zustände, die man zusammensehen muss, um die ganze Wahrheit zu erkennen, getrennt betrachtet wurden, führten sie notwendig zu einem dieser beiden Laster: Hochmut oder Trägheit; ihnen sind unfehlbar alle Menschen vor der Ankunft der Gnade verfallen; denn verharren sie nicht aus Feigheit in ihrer Unordnung, entgehen sie ihr nur aus Eitelkeit: so sehr stimmt das, was Sie mir soeben vom hl. Augustinus sagten, und was meines Erachtens weitreichende Folgen hat. Man ist seinen Worten in vielfältiger Hinsicht verpflichtet.«

De Sacy kommentiert laut Fontaine so: »Herr de Sacy konnte sich nicht enthalten, Herrn Pascal seine Überraschung darüber zu bezeugen, wie er die Dinge zu wenden wusste, gestand aber auch, nicht jeder besäße wie er das Geheimnis, anlässlich einer Lektüre so weise und tiefe Überlegungen anzustellen. Er gleiche, sagte er ihm, jenen fähigen Ärzten, die durch die geschickte Art, die stärksten Gifte zu mischen, daraus die besten Heilmittel zu erzielen verstünden. Er fügte bei, dass er durch das eben Gesagte wohl einsehe, dass diese Bücher ihm nützlich gewesen seien, doch nicht glauben könne, sie wären für viele Leute von Vorteil, deren Geist sich mühsamer hinschleppe und nicht genug Höhenflug habe, um solche Autoren zu lesen und zu beurteilen und die Perlen aus dem Mist aufzuklauben, *aurum ex stercore Tertulliani,* wie ein Kirchenvater sagte. Was sich sehr wohl auf diese Philosophen anwenden ließe, deren Dung durch seinen schwarzen Rauch den wankenden Glauben ihrer Leser verdunkeln könnte. Deshalb rate er solchen Leuten stets, sich nicht leichtfertig solcher Lektüre auszusetzen, um nicht mit diesen Philosophen auf Abwege zu geraten und wie diese zur Beute der bösen Geister und zum Fraß der Würmer zu werden, um die Sprache der Heiligen Schrift zu verwenden.«

So weit eine kurze Zitatenübersicht über die Unterhaltung. Nun einige Fragen dazu. Zunächst ganz kurz die *philologische:* Ist es der Bericht über eine reale Unterhaltung? Der Text ist so ausgefeilt und mit Zitaten gespickt – nicht nur die Confessiones-Zitate de Sacys, sondern auch Pascals anscheinend lockere Zusammenfassung besteht ganz exakt aus Zitaten aus Epiktets *Handbüchlein* vor allem und der Apologie des Raimundus Sabundus († 1436) aus Montaignes *Essais*. Fontaine berichtet zudem Gedanken [!] de Sacys ... Die einleuchtendste Erklärung ist, dass Fontaine sich auf Texte stützen konnte. Eine plausible Erklärung wäre, dass Pascal mit de Sacy zwar über diese Themen redete, aber ihm wohl ein Exposé vorgelegt hat, zu dem dann de Sacy irgendwie Stellung genommen hat. Die hohe Authentizität der Pascal-Teile wird jedenfalls praktisch seit der ersten Veröffentlichung im 18. Jahrhundert nicht bestritten.

Die zweite Frage ist die nach der Stellung des Gedankengangs in Pascals Leben und damit in seinem Werk. Hat er etwas zu tun mit den schon 1648 Herrn de Rebours angekündigten Überlegungen, mit Common-sense-Argumenten den Gegnern des augustinischen Christentums beizukommen? Eine solche Verbindung kann man durchaus ausbauen, wie Henri Gouhier dies tut. Wenn man nicht annimmt, dass Pascal hier Herrn de Rebours eine »humanistische« Art natürlicher Theologie antragen will, was ja bei ihm schon vorher nicht wahrscheinlich und für den Adressaten unmöglich ist, dann muss er an etwas anderes gedacht haben. Ein *nucleus* für das Spätere kann durchaus in seinem damaligen Denken vorhanden sein. Wenn man die *Écrits sur la grâce* früh datieren könnte, wäre eine Argumentation, wie sie dort vorgetragen wird, als Ziel denkbar. Aber man kann sie wohl nicht früh datieren.

Ein direkter Faden zur inhaltlichen Thematik der de-Sacy-Unterhaltung braucht aber ein Mittelglied, eben die beiden »berühmtesten Sekten der Welt«. Und ihr Gewicht dürfte Pascal doch wohl erst in seiner sogenannten mondänen Zeit, im Kreis des duc de Roannez, im

Gespräch mit Damien Mitton (ca. 1618–1690) und dem Chevalier de Méré (1607–1684), Freigeistern, Spielern, Gentlemen etc. gespürt haben.

Seine beiden Schulen lassen sich durchaus auch in die heutige Situation transponieren, in einerseits autonome Ethiken à la Apel und Habermas und andersseits postmoderne Beliebigkeitsphilosophien. Wobei Pascal allerdings ein wenig das Kind mit dem Bade auszuschütten scheint – oder vielleicht tut dies auch nur ein unvorsichtiger Leser. Denn man sollte doch wohl jeweils die positive Seite der Darstellung auch ernst nehmen. Wenn bei Epiktet nur der zu kritisierende Stolz bliebe, wie könnte dann die positive Darstellung überhaupt bestehen? Man muss also doch wohl eine theoretische und eine Handlungsebene hier unterscheiden und damit wird das Verhältnis der Philosophie zum Christentum natürlich wieder viel subtiler.

Vielleicht sollte man aber aus dem *Entretien* nur das Grundschema im Kopf behalten. Die Ausfaltung ist hier noch nicht geleistet.

3.2 Ein Vortrag in Port Royal

In das Jahr 1658 wird im Allgemeinen ein Vortrag Pascals vor den führenden Geistern Port Royals verlegt, von dem wir eine spätere Aufzeichnung von Jean Filleau de la Chaise (1631–1688) haben, dem Sekretär des Herzogs von Roannez. Die Aufzeichnung hat nicht die Qualität des *Entretien avec Monsieur de Sacy*. Vermutlich beruht sie nicht auf so hervorragenden Quellen für den Referierenden … Pascal hat nun immerhin schon zwei Jahre über sein Projekt meditieren können, der *Entretien* liegt drei Jahre zurück …[91] Filleau spricht von einem *Discours* von etwa zwei Stunden vor einigen Freunden, der wie ein Plan der Apologie war.[92] Er beginnt mit Betrachtungen über die Beweise und kommt auf die Bedeutung der moralischen und historischen zu sprechen, die in vielen Fällen die einzig richtigen sind und nicht weniger bindend als die geometrischen oder metaphysischen.

Pascal beginnt sodann nach Filleau mit einer *peinture de l'homme* zwischen Elend und Größe. Die disproportionierte menschliche Existenz führt zu einer Suchbewegung. Die Suche beginnt Pascal bei den Philosophen, die aber in ihrer Widersprüchlichkeit sich aufheben.

---

[91] Vgl. OC.LG 2, S. 1052–1082.
[92] OC.LG 2, S. 1055.

Sie führt weiter zu den Religionen, die aber wiederum beschränkt, auf Völker bezogen, mit ihnen vergehend, zufällig sind – mit einer Ausnahme: dem jüdischen Volk. Ein Blick nach außen – *Chine* – zeigt, wie lächerlich die Ursprungsfabeln der anderen Religionen sind ... Das jüdische Volk regiert sich aber mittels eines Buches, das seine Geschichte, Gesetz wie Religion umfasst.

Es folgt eine Interpretation des Genesis-Anfangs, des Urzustandes des Menschen als Bild Gottes – *ressemblance de Dieu* ... – und des Falls, des größten denkbaren Verbrechens, auf das die angemessene Strafe folgt. *Enfin il devint ce monstre incompréhensible qu'on appelle l'homme.* So ist die Bibel das einzige Buch der Welt, in dem der Mensch vollkommen dargestellt ist in seiner Größe und seinem Elend, zugleich das einzige, *qui ait dignement parlé de l'être souverain.* Und es leitet gleichzeitig zur wahren Gottesverehrung an, zur Liebe Gottes. Der Fall im dritten Kapitel der Genesis wird zum erklärenden Schlüssel für die Lage des Menschen. In Weiterführung wird die Providenz Gottes herangezogen, die die Scheidung der Menschen eschatologisch vornimmt. Damit ist die Widersprüchlichkeit der menschlichen Situation individuell wie historisch mit wenigen »Prinzipien« erklärt ...

Die Bibel kennt aber nicht nur das Elend des Menschen am besten, sondern weiß auch, worin sein wahres Gut besteht. Allerdings liegen die Mittel nicht in unserer Hand, sondern sind von Gott zu erbitten. – Hier liegt einer der klassischen Kritikpunkte der »jansenistischen« Gnadenlehre, dass nämlich faktisch der Urzustand ein naturalisierter Gnadenzustand sei, was aber wohl nicht so ohne weiteres als korrekte Deutung gelten darf. – Wörtlich: »Wie schön ist dieses System, was man auch davon sagen mag. Und es entspricht gleichzeitig dem Anschein wie der Vernunft selbst, soweit sie hier beteiligt sein kann! Betrachten wir gleichzeitig, um sie besser zu verstehen, die Größe und Majestät. Alle Dinge sind von einem Gott geschaffen, für den nichts unmöglich ist. Der Mensch tritt aus seinen Händen in einen der Majestät seines Schöpfers würdigen Zustand. Er revoltiert gegen ihn und verliert alle seine Ursprungsvorzüge. Verbrechen und Strafe gehen auf alle Menschen über und dadurch werden sie ungerecht und verdorben geboren, wie man ja auch sieht, dass sie es sind. Es bleibt ihnen ein dunkles Gefühl ihrer ersten Größe und es ist ihnen gesagt, dass sie wiederhergestellt werden können. Sie finden in sich dazu keine Kraft, und es ist ihnen gesagt, dass sie tatsächlich keines haben, aber sie sollen es von Gott erbitten. Sie finden sich in einer so schrecklichen Ferne von Gott, dass sie kein Mittel sehen, sich ihm zu nähern, und man verspricht einen Mittler, der diese große Versöhnung herbeibringen wird.«[93] Ob das System so »schön« ist, mag dahingestellt bleiben. Jedenfalls ist die Dialektik von Elend und Größe und die Erklärung des unmöglichen Zustands des Menschen durch den Fall – also unmythologisch durch die Freiheit – für den Gedankengang ausschlaggebend.

Die folgenden Ausführungen über die Bücher Moses sind etwas schwieriger zu assimilieren, da sie einen extremen vorkritischen »Historismus« beinhalten. Schöner wird es dann bei der Betrachtung der Propheten. »Es ist keine menschliche Kunst noch Zufall, wie mehrere Propheten und vor allem Jesaja so deutlich von Jesus Christus gesprochen haben und seine Geburt, sein Leben, seinen Tod beschrieben haben, dass sie nicht weniger Propheten als Evangelisten sind ...«[94].

Sehr schön ist auch die Verheißungsgeschichte vom »Protoevangelium« bis Jesaja 45,8 (»Tauet Himmel«)[95], die bis zum Erscheinen Jesu Christi in Niedrigkeit weitergeführt wird. Eindrucksvoll finde ich die Stelle: »Wenn es auch keine Prophetien für Jesus Christus gegeben hätte und er ohne Wunder gewesen wäre, so gibt es doch etwas so Göttliches in seiner Lehre und seinem Leben, dass man davon zumindest bezaubert (charmé) sein müsste; und wie es keine wahre Tugend noch Rechtheit des Herzens ohne die Liebe Jesu Christi gibt, so gibt es umso mehr Größe der Einsicht noch Feinheit der Empfindung ohne die Bewunderung Jesu Christi.«[96]

In der Folge geht es wieder um die Tugenden der Heiden, um Sokrates und Epiktet. Die menschliche »honnêteté« steht nicht im Vergleich mit der »divin vertu«, die Jesus Christus lehrt. »Es mangelt ihr etwas oder vielmehr es mangelt ihr alles, da sie nicht Gott zum einzigen Ziel hat.«[97] Die christliche Religion, Christus selbst wird letztlich in seiner unausdenkbaren Vollkommenheit zur Stütze seiner Wahrheit, zum Gottesbeweis.

---

[93] OC.LG 2, S. 1063f.
[94] OC.LG 2, S. 1069.
[95] OC.LG 2, S. 1071.
[96] OC.LG 2, S. 1072.
[97] OC.LG 2, S. 1073.

In dieser Richtung hatten die Erben nach dem Tode Pascals ein schon weit gediehenes Werk erwartet …

4. Die letzten Lebensjahre Blaise Pascals

In unserer an der Werkgeschichte orientierten Biographie haben wir uns zu wenig manchen persönlichen Aspekten zugewandt, zum Beispiel der körperlichen Konstitution Blaise Pascals. Wenn er sagte, dass er seit seinem 18. Lebensjahr keinen Tag ohne Schmerzen gelebt habe, so ist das ein wichtiges Datum. Seine letzten Lebensjahre sind intensiv durch Krankheit geprägt. Deswegen bleibt auch sein großes Projekt der Apologie stecken. Er ist nicht mehr imstande, daran zu arbeiten.[98]

Ebenso wichtig ist aber, dass in Zeiten, wo solche Arbeitsmöglichkeiten noch gegeben waren, er auch andere Projekte durchzog. So ist er bis zum Ende seiner Arbeitsmöglichkeiten auch mit mathematischen Projekten befasst. Seine Freundschaft mit dem Herzog von Roannez führt ihn auch zu wirtschaftlichen Unternehmungen. Am spektakulärsten sind die Erfindung und die erste Organistion des Pariser Nahverkehrs durch ein durchaus einträgliches Kutschenunternehmen, das als Aktiengesellschaft organisiert wurde.

Parallel dazu ist aber die äußerste Konsequenz einer strengen persönlichen Lebensführung, der Verzicht auf alle entbehrlichen Güter, die extrem aufwendige Unterstützung von Armen, denen auch die Gewinne aus dem Kutschenunternehmen zufließen sollten. Das *Gebet zu Gott um den rechten Gebrauch der Krankheiten* (1660)[99] ist ein Zeugnis dieser Spiritualität, ein anderes ist auch sein Testament[100].

Die persönliche Zuspitzung hinsichtlich der strengen Lebensführung steht im Rahmen der Auseinandersetzungen, an denen er teilhatte. Der Tod seiner Schwester Jacqueline, sicher mitbewirkt durch den politischen Druck, den man auf das Kloster und die Schwestern ausübte, verstärkt dies. Die kirchenpolitischen Geschehnisse, die zwar einen Sieg gegen die Auswüchse der Kasuistik, aber eine schwierig zu

---

[98] Die Frage nach der Krankheit Pascals ist behandelt in OC.M 4, S. 1469–1505 mit umfangreicher Literatur.

[99] KS, S. 351–364. An ihm ließen sich freilich auch problematische »leibverachtende« Seiten der Pascal'schen Frömmigkeit – und nicht nur seiner – zeigen.

[100] OC.M 4, S. 1504–1507 und PK.

durchschauende Situation hinsichtlich der Kämpfe um die Gnadenlehre schufen – all dies hat sicher nicht zur Gemütsberuhigung beige-
tragen. Und so wird man den letzten Lebensabschnitt nicht idyllisie-
ren und auch nicht idealisieren dürfen. Die Haltung Pascals ist aber
eindrucksvoll. »Ein Heiliger wie viele« überschreibt Jean Steinman
das entsprechende Kapitel seiner Biographie. Man wird ergänzen
dürfen »aber in ganz persönlicher und besonderer Weise«[101].

[101] Anders Romano GUARDINI: *Christliches Bewußtsein*, a.a.O., S. 9: »Pascal war wohl
kein Heiliger.« Er sieht in ihm statt dessen einen Menschen, »in welchem die Entscheidung für Christus und wirkliche Größe von der Welt her in bitterem Kampfe
lagen. ... Gerade in seinem religiösen Schaffen und Kämpfen hat sich Pascals Dämon
erhoben.« Ich sehe darin eine durch Jansenistenphobie verschattete Optik.

II. Pascals Apologie des Christentums

1. Vorbemerkungen

1.1 Zur Einordnung

Wir haben uns der Gestalt Pascals über seine Biographie angenähert. Wir nehmen den Faden dort wieder auf, wo er in seinen letzten Lebensjahren an einer Apologie des Christentums arbeitete. Pascal hat sich gedanklich mit dem Problem einer Verteidigung des Christentums auf verschiedene Weise auseinandergesetzt. Die sogenannte »erste Bekehrung« ist ein Auslöser, die Affäre Forton / Saint-Ange erlaubt einen Blick auf seine damalige theologische Position, das Gespräch mit Herrn Rebours zeigt, dass er schon früher apologetische Absichten hatte. Das Gespräch mit Herrn de Sacy wiederum beweist, dass er kurz nach der sogenannten »zweiten Bekehrung« wesentliche Grundgedanken seines späteren Plans formulieren konnte. Die Initialzündung dürfte aber doch das Wunder des heiligen Dorns sein. Die Notiz Laf. 922 »Über das Wunder. Da Gott keine Familie glücklicher gemacht hat, möge er auch bewirken, dass er keine dankbarere findet« zeigt das an.

Und – was noch wichtig ist – in die jetzt skizzierte Apologie gehen *alle* Erfahrungen Pascals aus verschiedenen Feldern – von der Mathematik wie zur feinen Lebenskunst höfischer Art – ein.

1.2 Das philologische Problem

Aber um was für einen Text handelt es sich? Die Edition der »Pensées« von Blaise Pascal ist von Anfang an eine schwierige Aufgabe gewesen. Die Erben fanden von seinem bekanntermaßen geplanten Projekt einer Apologie des Christentums diverse Papiere in anscheinend vollständiger Unordnung, aber in einzelnen Bündeln vor (»On les trouva tous ensemble, enfiléz en diverses liasses, mais sans aucun ordre & sans aucune suite ...«), wie sein Neffe Etienne Périer im Vorwort der sog. Port-Royal-Ausgabe (1670) schreibt.[102] Man ließ zunächst

---

[102] B. PASCAL: *Pensees ...*, Faksimile-Nachdruck Saint-Étienne: Universités de la région Rhône-Alpes, 1971 (Images et témoins de l'âge classique.2), S. 68, auch in OC.LG 2, S. 908.

diese Manuskripte so kopieren, wie man sie vorgefunden hatte. Für die schwierige Frage, wie sie zu edieren seien, boten sich mehrere Lösungsmöglichkeiten an. Auch darüber berichtet Périer: Sie in der Form, wie sie überkommen waren, zu veröffentlichen, würde sie jeder daraus zu ziehenden Frucht beraubt haben, glaubten die Nachlassverwalter. Den Versuch, die Fragmente auszuführen und zu vollenden, hat man glücklicherweise aufgegeben, weil er nicht das Werk des verstorbenen Autors, sondern ein völlig anderes ergeben hätte. So hat man sich für ein »entre deux«[103] entschieden, die ausgearbeiteten Stücke übernommen, »ohne etwas hinzuzufügen oder zu ändern« (»sans y rien adjoûter ny changer«, ebd., was freilich nicht ganz stimmt), gewisse Verbindungen eingefügt und das Ganze geordnet. Sieht man genauer hin, so lassen sich Prinzipien dieser Ausgabe entdecken: Allzu gewagte Formulierungen wurden doch geglättet, Polemik – die den erreichten Kirchenfrieden zur Zeit der Veröffentlichung gestört hätte – wurde eliminiert etc. Insgesamt war dies sicher eine akzeptable Lösung unter den Bedingungen der Zeit. – Die weitere Editionsgeschichte bietet zunächst in diesem Rahmen Ergänzungen und Anreicherungen (z.B. noch im 18. Jh. durch Condorcet das *Mémorial*). – Dass man aber alles aufbewahrt hat und nicht in einer Weiterarbeit die Zusammenhänge verdunkelt hat, bleibt ein großes Verdienst der Nachlassverwalter. In erster Linie muss man hier wohl Pascals ältere Schwester Gilberte nennen.

Der Bericht des Philosophen Victor Cousin (1792–1867) von 1842 für die französische Akademie bedeutet den Beginn einer neuen Periode der *Pensées*-Ausgaben. Cousin verglich erstmals genauer den Text der Port Royal-Ausgabe, dem man bisher im Wesentlichen gefolgt war, mit dem Manuskript der *Pensées* in der *Bibliothèque Nationale*. Das Ergebnis war ein Aufschrei ob der Fehler, Verstümmelungen und sonstigen Eingriffe in das Original und die Forderung einer bereinigten Neuausgabe. Eine solche versuchte dann Prosper Faugère (1844). Sie wurde verdeutscht von Friedrich Merschmann (1865).

Gegen Ende des 19. Jahrhunderts sind zwei Ausgaben zu nennen: Gustave Michaut publizierte die Pensées einfach in der Ordnung des Original-Manuskripts (Freiburg/Schweiz 1896); Léon Brunschvicg gestaltete seine auch textkritisch in ihren verschiedenen Auflagen und Ausgaben wichtige Edition dagegen in der Absicht, die Fragmente in

---

[103] Ebd. S. 73 bzw. 909.

einer Folge zu bieten, die dem modernen Leser ein leichtes Verständnis ermöglicht durch eine systematische Anordnung, aber ohne Rücksicht auf den Plan Pascals, auf die apologetische Absicht und die tatsächliche Ordnung der nachgelassenen Manuskripte (1897 und außer in der großen Werkausgabe von 1904 in kaum zählbaren Übernahmen vorliegend; die fast klassisch zu nennende deutsche Ausgabe von Ewald Wasmuth[104] folgt dieser Edition).

Im 20. Jahrhundert gibt es einerseits wiederum Versuche, die Apologie Pascals möglichst originär zu rekonstruieren. Editorisch am erfolgreichsten war Jacques Chevalier (1925, ab 1954/1963 auch in seiner Gesamtausgabe der Werke Pascals in der Pléiade-Reihe), der seiner Anordnung den Bericht Filleau de la Chaises über einen Vortrag Pascals vor den Herren von Port Royal ca. 1658 über seine geplante Apologie zugrunde legte.[105]

Die – inzwischen weitgehend angenommene – Lösung des Problems bieten aber zwei in der *Bibliothèque Nationale* aufbewahrte zeitgenössische Kopien der Pascal'schen *Pensées*. Ihre Existenz war zwar auch im 18. und 19. Jahrhundert bekannt, nicht aber ihre Bedeutung. Erst Zacharie Tourneur, Paul-Louis Couchoud und schlussendlich Louis Lafuma ist es zu verdanken, dass man sie mit den durch die Nachlassverwalter veranlassten Kopien der Papierbündel aus dem Nachlass, die nach Périer in sich völlig ungeordnet waren, identifiziert hat und vor allem: sie zur Grundlage einer Edition genommen hat.[106] Somit konnte man jetzt den Zustand des Pascal'schen Nachlasses selbst beurteilen. Es zeigte sich dabei, dass die in sich ungeordneten Papierbündel doch als solche eine deutliche Gliederung des Materials bedeuten. Lafuma unterteilte zwei Serien: 27 betitelte und grob geordnete und 34 unbetitelte, wozu noch einige von den Kopien nicht erfasste Fragmente kamen. In einem ersten Versuch edierte Lafuma die Pensées in der Weise, dass er die Fragmente der zweiten Serie in die Reihenfolge der 27 Kapitel einfügte (1948), in einem zweiten Ver-

---

[104] Berlin: L. Schneider, 1937, Heidelberg: L. Schneider, [8]1978.

[105] Abgedruckt in B. PASCAL: *Œuvres complètes* / éd. Jacques CHEVALIER. Repr. Paris: Gallimard 1980 (Bibliothèque de la Pléiade. 34), S. 1474–1501; H. U. v. BALTHASARS Übersetzung, B. PASCAL: *Schriften zur Religion*. Einsiedeln: Johannes-Verlag, 1982 (Christliche Meister. 17), beruht auf Chevaliers Ausgabe

[106] In aller Komplexität nach heutigem Wissensstand mit möglichen (verloren gegangenen) Zwischengliedern ist das dargestellt bei Gilles PROUST: Les Copies des *Pensées*. In: *Courrier du Centre international Blaise Pascal* Nr. 32 (2010), S. 4–47.

such folgte er exakt der Ordnung der Kopie.[107] – Bei Einzelkorrekturen an Lafuma ist das Ergebnis seiner Forschungen inzwischen breit rezipiert und auch in verschiedenen Übersetzungen verbreitet worden.[108] Jean Mesnard, der die »Édition du Tricentenaire« des Gesamtwerks von Blaise Pascal herausgibt, hat in Einzeluntersuchungen die These Lafumas wesentlich erhärten können.[109] Philippe Sellier hat in seiner Ausgabe[110] wohl am besten den Stand der Forschung und die Möglichkeit einer chronologischen Sedimentierung der Fragmente in einer praktischen Leseausgabe nutzbar gemacht (gegenüber den anderen Herausgebern dieser Textform legt er die sog. »zweite« der beiden Kopien zugrunde). Auch die durch ihre breiten Quellenbelege äußerst nützliche Ausgabe von Michel Le Guern[111], jetzt nochmals in der Kommentierung überarbeitet in seiner Gesamtausgabe in der *Bibliothèque de la Pléiade*[112], beruht auf Lafumas Prinzipien. Versuche, die Apologie entgegen diesen philologischen Voraussetzungen nach inneren Kriterien zu ordnen – so Francis Kaplan[113] nach den in den Manuskripten enthaltenen Verweisen – oder nach dem Zusammenhang der Fragmente, bevor diese Blätter zerschnitten wurden und dann in die Pascal'sche Anordnung eingingen – so Emmanuel Martineau[114] –, können m.E. diesen Stand der Philologie nicht erschüttern.

Auf zwei Möglichkeiten ist allerdings hinzuweisen: Anders als Martineau hat Pol Ernst[115] die Untersuchung der Texte anhand philologischer Kriterien vorgenommen (Wasserzeichen) und damit die Genese des Materials verdeutlichen können. Einen möglichen Kompromiss zwischen der streng objektiven Darbietung des Nachlassmaterials

---

[107] 1951, so auch in seiner Pascal-Gesamtausgabe OC.L.
[108] Z.B. Harmondsworth: Penguin 1966, und in der ausgezeichneten zweisprachigen Ausgabe von E. BALMAS, PASCAL: *Frammenti*. Milano: Rizzoli 1983; die entsprechende deutsche Ausgabe wurde erst 1987 durch Ulrich KUNZMANN bei Reclam in der DDR [Leipzig] vorgelegt
[109] Vgl. von ihm zusammenfassend: *Les Pensées de Pascal*. Paris: SEDES 1976.
[110] Paris: Mercure de France 1976.
[111] Paris: Gallimard 1977 (Folio. 936/937).
[112] OC.LG 2.
[113] Paris: Éd. du Cerf, 1982 und 2005.
[114] B. PASCAL: *Discours sur la religion et sur quelques autres sujets qui ont été trouvés après sa mort parmi ses papiers*. Paris: Fayard – Armand Colin, 1992.
[115] Pol ERNST: *Les pensées de Pascal. Géologie et stratigraphie*. Paris: Universitas, 1996 (Bibliographica. 2).

und der durch interne Hinweise Pascals angezeigten Zuordnungen mancher Fragmente hat Philipp Sellier in einer auf den objektiven Kriterien beruhenden Ausgabe vorgenommen, die aber die größeren Fragmente, die von Pascal so bezeichnet sind, in der »Kapitelanordnung« ein- bzw. vorgeschoben hat.[116] Für eine solche Anordnung genügt aber eigentlich auch ein zusätzlicher Hinweis in einer »objektiven« Ausgabe, die weiterhin als Standard anzusehen ist.

Man muss wohl nicht vernarrt in philologische Spezialitäten sein, um die Geschichte der Erarbeitung einer angemessenen, die Intentionen Pascals wie die widrigen objektiven Gegebenheiten des Nachlasses respektierenden Ausgabe von Pascals Apologie für eine editorische Glanzleistung der Beteiligten anzusehen. Es ist bedauerlich, dass die deutschen Übersetzungen immer noch dem Stand hinterherhinken.[117]

1.3 Der Aufriss der geplanten Apologie

Durch den *Entretien* Pascals mit M. de Sacy und den Bericht von Filleau de la Chaise über Pascals Referat seiner geplanten Apologie wissen wir einiges über die Systematik seines Denkens. Die *Pensées* sind aber knapp zweihundert Jahre nicht *so* wahrgenommen worden, sondern als geistreiche Fragmente und Aphorismen eines begnadeten Schriftstellers über die Religion und einige andere Dinge gesehen worden – worin natürlich *auch* die apologetische Thematik enthalten war, zumal einige der Fragmente ja stärker ausgeführt sind oder gar – wie die »Wette« – Elemente einer Apologie im Kleinen darstellen. Durch die neuere Philologie kommt man aber endgültig nicht mehr daran vorbei, die Fragmente im Rahmen der geplanten Apologie Pascals zu sehen.

---

[116] Bezeichnet als »Édition établie d'après l'›ordre pascalien‹«. Paris: Pocket, 2003 (Agora. 241).

[117] Die seinerzeit noch in der DDR erschienene Übersetzung von Ulrich Kunzmann nach Lafuma, auch in PK, hat das große Verdienst, erstmals Lafumas Edition auf Deutsch zugänglich zu machen. Leider ist die editorische Ausstattung der inzwischen vielfach nachgedruckten Ausgabe unzureichend (sie enthält z.b. keine Konkordanz) und hat die Übersetzung einige diskussionswürdige Seiten, vgl. A. Raffelt: Pendent opera interrupta. Zu einer neuen Übersetzung von Pascals »Pensées«, mit Bemerkungen zur Übersetzungsgeschichte und einer Bibliographie der bisherigen Übersetzungen der »Pensées« ins Deutsche. In: *Freiburger Zeitschrift für Philosophie und Theologie* 35 (1988), S. 507–526. – Digitale Publikation: <http://www.freidok.uni-freiburg.de/volltexte/345>. Eine Übersetzung nach Sellier mit einer ausführlicheren Kommentierung wäre sinnvoll.

Einen Aufriss geben die Überschriften der geplanten Kapitel, die in einer Übersicht überliefert sind, die zwar nicht von der Hand Pascals stammt, sondern dem Kopisten angehört, aber sicher nach einer autographen Vorlage gestaltet ist. Wie sollte man sonst erklären, dass eine Überschrift enthalten ist, zu der kein Fragment gehört?

1	Ordnung	11	A. P. R.
		12	Beginn
2	Nichtigkeit	13	Unterwerfung und Gebrauch der Vernunft
		14	Vortrefflichkeit [Gott durch Jesus Christus
3	Elend		zu beweisen]
		15	Übergang
4	Langeweile		[von der Erkenntnis des Menschen
			zu der Gottes]
5	Ursachen	15a	Die Natur ist verderbt
			[Titel ohne zugehörige Fragmente]
6	Größe	16	Falschheit der anderen Religionen
		17	Die Religion liebenswert machen
7	Gegensätze	18	Grundlagen
		19	Bildliches Gesetz
8	Zerstreuung	20	Rabbinismus
		21	Beständigkeit
9	Philosophen	22	Beweise des Moses
		23	Beweise Jesu Christi
10	Das höchste Gut	24	Prophetien
		25	Besondere Bilder
		26	Christliches Leben
		27	Beschluss

Wenn man so will, steht eine Phänomenologie des menschlichen Daseins am Anfang von Pascals Überlegungen, an die sich dann eine Reflexion auf diese Gehalte anschließt, die zu erkenntnis- oder methodenkritischen Überlegungen führt und dann mit einer damit verknüpften Bibelhermeneutik und Dogmatik weitergeführt wird. Der erste Teil ist sozusagen der philosophische, der zweite der theologische. Fragment 6 erläutert das so:

»(1.) Teil. Elend des Menschen ohne Gott.

(2.) Teil. Glückseligkeit des Menschen mit Gott.

In anderer Form
(1.) Teil. Dass die Natur verderbt ist, anhand der Natur selbst.
(2.) Teil. Dass es einen Versöhner gibt, anhand der Heiligen Schrift.« Die erste Serie der Fragmente *Ordnung/ordre* enthält sowohl Überlegungen zum Aufbau – insbesondere die Zweigliedrigkeit der Sachargumentation, wie gerade zitiert –, Überlegungen zu Form (Brief, Dialog ...), aber durchaus auch zum Inhalt, wie gleich in der Nummer 1: »Die Psalmen werden von der ganzen Erde gesungen. / Wer gibt Zeugnis von Mohammed? Er selbst. / Jesus Christus will, dass sein eigenes Zeugnis nichts gelte. / Ihre Eigenschaft als Zeugen bewirkt, dass sie stets überall und auch elend sein müssen. Er[118] ist allein.« Ob sie eine Skizzensammlung für den Autor oder auch Teil eines Kapitels des Werks ist, das kann man unterschiedlich sehen.

2. Die Anthropologie

2.1 Nichtigkeit – die Grenzen der Vernunft

Wenn man von einigen der größeren Fragmente absieht, so liegt das Packende der Pascal'schen Texte vor allem in diesem Bereich. Es sind Beobachtungen, die durchaus nicht immer originell sind und in vielem ja Montaignes *Essais* und anderen Quellen entnommen sind: »Man behaupte nicht, dass ich nichts Neues gesagt habe; die Anordnung der Themen ist neu. Wenn man Ball spielt, so ist es ein und derselbe Ball, mit dem der eine wie der andere spielt, aber der eine schlägt ihn treffsicherer« (Laf. 696). Nehmen wir das erste Fragment im zweiten Kapitel *Nichtigkeit* – ich deute Vanité im Sinne des Kohelet, des sog. Predigers Salomon: vanitas, vanitatum vanitas ... Eitelkeit hat heute ja vor allem einen anderen Sinnbereich. Es ist ein gutes Beispiel: »Zwei ähnliche Gesichter, von denen keines für sich allein lächerlich wirkt, reizen gemeinsam durch ihre Ähnlichkeit zum Lachen« (Laf. 13). Eine Bemerkung, die wirklich nichts mit Apologetik und Religion zu tun hat oder zumindest zu haben scheint. Bergsons Theorie des Lachens in *Le rire* führt das ausführlich aus. Vielleicht kennen Sie den Film von Jacques Tati mit Monsieur Hulot, in dem auf einer mehr-

---

[118] Das ist Mohammed. Der Originalsammlung zufolge lauten diese beiden Sätze: »Ihre Eigenschaft als Zeugen bewirkt, dass sie stets und überall elend sein müssen, er ist allein.«

spurigen Straße Autokolonnen bei Regen nebeneinander herfahren, deren Scheibenwischer synchronisiert gleichmäßig wischen. Das ist harmlos, aber umwerfend komisch.

Fragment 16 ist inhaltlicher: »Nichtigkeit. – Dass etwas so Augenfälliges wie die Eitelkeit der Welt so wenig bekannt ist, dass es seltsam und überraschend ist, wenn man sagt, es sei dumm, nach Größe zu streben. Das ist erstaunlich.« Hier kann man die Argumentation Epiktets im Hintergrund sehen ...

Vanité/Nichtigkeit kann man nicht nur mit der biblischen Tradition des Kohelet zusammenbringen. Mesnard kommt von *vanité* auf *vide*, die Leere, das Nichts[119] und von da aus auf barockes Lebensgefühl. Auf der anderen Seite steht die »Renaissance-Quelle« Montaigne mit dem Essai III,9 über die Einbildung.[120] Das größere Fragment 44 über die Einbildung stützt sich darauf. Es ist eigentlich erstaunlich, dass man eine solche Philippika auf die Vernunft mit Zustimmung lesen kann, wenn man ein einigermaßen rationaler Mensch ist, und es ist doch wohl nicht nur die stilistische Meisterschaft, die dies bewirkt. Die Einbildung *imagination* wird als der beherrschende Teil des Menschen gesehen. Sie gebietet über den Anschein von Wahrheit und Irrtum, aber sie tut es ohne Kriterium. Bewirkte sie immer den Irrtum, wäre sie gleichzeitig ein unfehlbares Kriterium für die Wahrheit. Das ist sie aber nicht. Sie legt den Dingen ihren Wert zu, was eben die Vernunft nicht kann.

Pascal schreibt geradezu rauschhaft über diese Gegnerin der Vernunft: »Diese stolze, der Vernunft feindliche Macht, die sich darin gefällt, sie zu überwachen und zu beherrschen, um so zu zeigen, wie viel sie in allen Dingen vermag, hat im Menschen eine zweite Natur begründet. Sie hat ihre Glücklichen und ihre Unglücklichen, ihre Gesunden und ihre Kranken, ihre Reichen und ihre Armen. Sie lässt glauben, zweifeln, die Vernunft leugnen. Sie setzt die Sinne außer Kraft, sie macht sie wahrnehmbar. Sie hat ihre Narren und ihre Weisen. Und nichts bekümmert uns mehr, als zu sehen, dass sie diejenigen, die sie beherbergen, mit weitaus vollständigerer und uneinge-

---

[119] *Les Pensées de Pascal*, S. 181.

[120] Die *Essais* liegen inzwischen in zwei Gesamtausgaben vor, einer literarisch schönen Ausgabe von Hans STILETT. Frankfurt am Main: Eichborn, 1998, die allerdings für die wissenschaftlich-philologische Arbeit mit den Texten problematisch ist (Reimübersetzungen von lateinischen Zitaten u.a.m.), und der Nachdruck einer Ausgabe des 18. Jahrhunderts von Johann Daniel TIETZ in drei Bänden Zürich: Diogenes-Verlag, 1992.

schränkterer Zufriedenheit als die Vernunft erfüllt. Die Menschen, die sich in ihrer Einbildung für klug halten, gefallen sich selbst viel mehr, als die Besonnenen sich vernünftigerweise gefallen können. Sie sehen die Leute mit Herrscherstolz an, sie streiten kühn und zuversichtlich – die anderen furchtsam und unsicher –, und dieser heitere Gesichtsausdruck gibt ihnen in der Meinung der Hörer oft die Überlegenheit, in so großer Gunst stehen die eingebildeten Weisen bei wesensgleichen Richtern. Sie kann die Narren nicht weise machen, doch sie macht sie glücklich, im Wettstreit mit der Vernunft, die ihre Freunde nur elend machen kann, und so überhäuft die eine sie mit Ruhm, die andere mit Schande.«

Pascal führt Beispiele aus, wie die Einbildung den ehrwürdigen Senator von seinen würdigen und christlichen Absichten bei der Predigt abbringt, wenn der Prediger nur schlecht rasiert, heiser oder gar schmutzig ist ... Der größte Philosoph wird auf einer ausreichend breiten Planke über einem Abgrund von seiner Einbildungskraft übermannt, manche schon von der bloßen Vorstellung. Von den äußeren Beeinflussungen – es gibt viel einfachere, der Kratzton einer Scherbe kann unerträglich sein etc. – geht Pascal zu den Stimmungen weiter, die das Urteil trüben: Zuneigung und Hass, Zufriedenheit – der im Voraus wohlbezahlte Anwalt finde die zu vertretende Sache viel gerechter ...

Der Text ist nicht durchredigiert. Pascal möchte hier zu grundlegenderen Überlegungen ansetzen, streicht sie dann aber wieder: »Wer nur der Vernunft folgen wollte, wäre ein ausgemachter Narr.« Das böte die Möglichkeit, die Einbildung nochmals in vernünftiges Handeln zu integrieren. Schon in Fragment 14 stand über die Christen, dass sie sich den Torheiten beugen, weil sie diese von ihrem Glaubenswissen her als Strafen Gottes sehen, mit einer aus Röm 8,20f. kontrahierten Stelle: *Omnis creatura subjecta est vanitati, liberabitur ...*[121] Aber das ist etwas vorgegriffen. Es zeigt nur, dass Pascal seine *pensée de derrière*, seinen Hintergedanken (Laf. 90) von Anfang an hat.

---

[121] 8,20 vanitati enim creatura subiecta est non volens sed propter eum qui subiecit in spem 8,21 quia et ipsa creatura liberabitur a servitute corruptionis in libertatem gloriae filiorum Dei – Einheitsübersetzung: 8,20 Die Schöpfung ist der Vergänglichkeit unterworfen, nicht aus eigenem Willen, sondern durch den, der sie unterworfen hat; aber zugleich gab er ihr Hoffnung: 8,21 Auch die Schöpfung soll von der Sklaverei und Verlorenheit befreit werden zur Freiheit und Herrlichkeit der Kinder Gottes.

Pascal geht wieder zu den äußeren Beeinflussungen über: »Unsere Justizbeamten haben dieses Geheimnis genau erkannt. Ihre roten Talare, ihr Hermelin, worin sie sich wie mit Pelzstreifen geschmückte Katzen einwickeln, die Paläste, in denen sie Recht sprechen, die Lilienwappen, diese ganze erhabene Pracht war sehr notwendig, und wenn die Ärzte keine Leibröcke und Pantoffeln hätten und die Rechtsgelehrten keine viereckigen Barette und vierteilige, viel zu weite Roben, so hätten sie nie die Welt betrogen, die dieser so glaubwürdigen Zurschaustellung nicht widerstehen kann. Wenn sie das wahre Recht sprächen und wenn die Ärzte die wirkliche Heilkunst beherrschten, hätten sie keine viereckigen Barette nötig.«

Das Thema wird zwischen Schein und realer Macht weitergespielt und kulminiert rhetorisch in dem Ausruf: »Ich möchte von Herzen gern das italienische Buch sehen, von dem ich nur den Titel kenne, der für sich allein sehr viele Bücher aufwiegt, *Dell'opinione regina del mondo* (»Über die Meinung, die Königin der Welt«). Dem stimme ich zu, ohne es zu kennen, von dem Schlechten abgesehen, falls sich solches darin findet« – im Übrigen ein Rätsel, da es dieses Buch nicht gibt. Man findet es auch in den Zigmillionen Titeln des elektronischen *WorldCat* nicht. Man hat nach Parallelen gesucht, die Pascal etwa aus dem Gedächtnis zitiert haben könnte, oder diesen Spruch auf dem Titelblatt von Erasmus *ΜΩΡΙΑΣ ΕΓΚΩΜΙΟΝ sive Laus Stultitiae*, dem *Lob der Torheit*, gefunden, was ich allerdings an mir bekannten Ausgaben nicht verifizieren konnte.

Der Gedanke wird dann weitergeführt. Nicht nur alte Eindrücke täuschen uns, auch neue Reize. Verfestigte Kindheitseindrücke ebenso wie gelernte Meinungen. Krankheiten können das Urteilsvermögen verderben. Der Eigennutz kann es und die Eigenliebe usw. Das Fragment bricht dann hier ab ...

Der Pascal-Text ist vergleichbar anderen Untersuchungen der Zeit, die methodische Vorklärungen über die Erkenntnis anstellen. Man könnte etwa an Francis Bacons Idolenlehre (Instauratio magna II: *Novum Organum*. 1620) denken, in der die Trugbilder des Stammes, der Höhle, des Marktes und des Theaters als die Verschattungen der Erkenntnis demaskiert werden, eine Vorstufe der Ideologie-Lehren seit dem 19. Jahrhundert. Natürlich auch an Descartes oder Spinoza. Aber Pascal zieht diese Linie nicht aus, sei es in Richtung der Sinne und des Empirismus wie die englische Tradition, sei es in Richtung des Rationalismus der französischen, sondern spielt im Grunde mit der Dialektik von Vernunft und Einbildungskraft. Die Absicht ist auch eine völlig andere. Zum einen ist ein allgemeineres Publikum angesprochen. Pascal ist hier kein Wissenschaftsschriftsteller für ein akademisches Publikum. Pascals stilistische Eleganz steht im Dienste der apologetischen Absicht. Er schreibt keine Fachprosa. Zweitens geht es zwar doch um die Grundlegung einer wahren Einsicht, aber nicht in der einlinigen Weise. Man müsste hier die stärker erkenntnis- oder wissenschaftstheoretischen Überlegungen heranziehen, die Unterscheidung von *esprit géométrique* und *esprit de finesse,* von mathematisch-beweisendem Denken und taktvollem Unterscheidungsvermögen, wie es die ästhetischen wie ethischen Fragen erfordern. Schließlich wäre auch von den Erkenntnisgegenständen her die richtige Zugangsart zu bestimmen: Analyse oder Zeugnis ...

Das Kapitel *vanité* hat im Übrigen einen vorbereitenden Charakter. Es macht auf grundlegende Sachverhalte aufmerksam. Die Idee der richtigen Perspektive etwa taucht vielfach auf, verblüffend z.B. Laf. 31: »In den Städten, die man als Durchreisender betritt, kümmert man sich nicht darum, geachtet zu werden. Doch wenn man dort einige Zeit bleiben muss, kümmert man sich darum. Wie viel Zeit ist nötig? Eine Zeit, die im Verhältnis zu unserer nichtigen und erbärmlichen Lebensdauer steht.« Hier wird die Zeit zum Kriterium. Laf. 21 ist es der Raum: »Wie bei den Bildern, die man aus zu großer oder zu kleiner Entfernung betrachtet. Und es gibt nur einen unteilbaren Punkt, der die richtige Stelle ist.« Wo ist dieser richtige Punkt »bei der Wahrheit und bei der Moral?«, fragt Pascal ... Ein Punkt, den die Moralphilosophie und Erkenntnistheorie etwa bei Scheler aufnimmt oder – gegenüber Scheler nicht sehr originell – in *Erkenntnis und Interesse* Jürgen Habermas.

Quellenanalytische Betrachtungen zu diesem Kapitel haben manche Parallelen herausgefischt aus theologischen und philosophischen Schriftstellern der Zeit. Ob Pascal sie wirklich benutzt hat, ist jeweils eine weitere Frage. So wird z.B. zum Anfang von Laf. 44 »Imagination. C'est cette partie dominante dans l'homme, cette maîtresse d'erreur et de fausseté, et d'autant plus fourbe qu'elle ne l'est pas toujours ... / Einbildung. Dieser beherrschende Bestandteil des Menschen, diese Gebieterin über Irrtum und Falschheit – und sie ist noch weitaus trügerischer, da sie dies nicht immer ist ...«. Louis Bails *Théologie affective* von 1654 herangezogen : »... la partie inférieure se rend maîtresse et dominante de celle qui devrait commander / der niedere Teil macht sich zum Meister und Herrscher dessen, der befehlen müsste« und zum Folgenden »car elle serait règle infaillible de vérité, si elle l'était infaillible du mensonge / denn sie wäre ja eine unfehlbare Richtschnur der Wahrheit, wenn sie es unfehlbar für die Lüge wäre«; oder auf Jean-Pierre Camus *Les diversités* »Souvent le vrai et le faux entrent dans notre esprit par une même porte / Häufig treten das Wahre und das Falsche durch dieselbe Tür in unseren Geist ein«. So verblüffend ähnlich sind die Texte aber nicht, und zumindest ist bei diesen Autoren nicht die Eleganz des Stils zu finden; und schließlich ist es ziemlich belanglos, ob Pascal gerade von hier seine Anregung hergeholt hat. Anders sind die Parallelen zu Montaigne, die sich hier auch in reichem Maße finden. Aus dieser Quelle hat Pascal wirklich geschöpft. Sie ist auch wie eine Art Steinbruch verwendbar, da die Struktur der *Essais* in der lockeren Aneinanderreihung besteht. Die Interpretation kann man freilich von hier aus nicht leiten lassen, da die Montaigne-Exzerpte verwandelt in einen neuen Kontext gestellt werden. Nicht die lockere und ernüchterte Gelassenheit des Skeptikers, sondern ein Pathos des Ungenügens, mindestens der Verwunderung, aber gegebenenfalls auch des Entsetzens über diese Lage des Menschen steht hinter Pascals Ausführungen.

2.2 Elend usw. – die pars destruens

Das zweite Kapitel (bzw. Serie III) verschärft die Beschreibung. Schon im vorigen wären freilich Beispiele heranzuziehen, etwa Laf. 51: »Warum tötet Ihr mich, da Ihr mir doch überlegen seid? Ich habe keine Waffen. – Was denn, wohnt Ihr nicht jenseits des Wassers?« (»Pourquoi me tuez-vous …?« »Et quoi, ne demeurez-vous pas de l'autre côté de l'eau?«).
Das schon zitierte Fragment über die Unbeständigkeit steht hier.
Das Thema der Tyrannei wird in mehreren Fragmenten behandelt und übergreifend das Thema des Rechts. Dahinter stehen zum Teil zeitgeschichtliche Erfahrungen: Laf. 59 »Wenn es um die Entscheidung geht, ob man Krieg führen und so viele Menschen umbringen, so viel Spanier zum Tode verurteilen soll, entscheidet ein einziger Mensch darüber, der auch noch im eigenen Interesse handelt: Das müsste ein unbeteiligter Dritter sein« – von Richelieus Kriegsentscheidungen initiiert. Oder die Warnung, die Ordnung von der Einsicht in die Gerechtigkeit der Gesetze abhängig zu machen, was zur

Empörung führen würde. Die Erfahrung der Bürgerkriege, die Pascal an anderer Stelle deutlicher anspricht (Laf. 94: »Das größte Übel sind die Bürgerkriege«). Das Thema selbst wird in *Raisons des effets* wieder herangezogen, wobei der pragmatische Aspekt noch verstärkt wird: Die »gesunden Meinungen« des Volkes sind nicht deshalb gesund, weil sie wahr sind, sondern weil sie besser sind als die Halbwahrheiten vermeintlichen Wissens. Das gibt der *Gewohnheit* ihr Recht (ein Grundthema französischer Philosophie bis zu Ravaissons *De l'habitude,* Maurice Blondel und zur neueren Phänomenologie). Auf theoretische Weise wird das mit den zwei Unwissenheiten durchgespielt: »Die Welt beurteilt die Dinge gut, denn sie befindet sich in natürlicher Unwissenheit, die der wahre Wesensgrund des Menschen ist. Die Wissenschaften haben zwei Extreme, die einander berühren, das erste ist die reine natürliche Unwissenheit, in der sich alle Menschen bei der Geburt befinden, das andere Extrem ist jenes, zu dem die großen Geister gelangen, die, nachdem sie alles hinter sich gebracht haben, was die Menschen wissen können, erkennen, dass sie nichts wissen und sich wieder in der gleichen Unwissenheit befinden, von der sie ausgegangen waren; das aber ist eine kluge Unwissenheit, die sich selbst kennt. Diejenigen zwischen den beiden Extremen, die aus der natürlichen Unwissenheit hervorgetreten sind und nicht zu der anderen gelangen konnten, haben eine oberflächliche Kenntnis dieser ausreichenden Wissenschaft und spielen die Klugen. Diese bringen die Welt in Aufruhr und urteilen über alles schlecht. Das Volk und die Klugen bestimmen den Lauf der Welt; jene anderen verachten sie und werden verachtet. Sie urteilen schlecht über alle Dinge, und die Welt urteilt darüber gut.«
Es kommt also auf einen Hintergedanken an: Laf. 90 »Ursache der Wirkungen. Abstufung. Das Volk ehrt die Hochgeborenen, die Halbgebildeten verachten sie, indem sie sagen, die Geburt sei kein Vorzug der Person, sondern des Zufalls. Die Gebildeten ehren sie, nicht, weil sie wie das Volk denken, sondern, weil sie einen Hintergedanken haben. Die Gläubigen, die mehr Eifer als Wissenschaft haben, verachten sie trotz dieser Erwägung, die bewirkt, dass die Gebildeten sie ehren, weil sie darüber mit einer andersartigen Einsicht urteilen, die ihnen die Frömmigkeit verleiht, die vollkommenen Christen jedoch ehren sie wegen einer weiteren, höheren Einsicht. So folgen die befürwortenden und ablehnenden Meinungen immer weiter aufeinander, je nachdem, welche Einsicht man hat.«

Wir gehen nicht die Kapitel dieser *pars destruens* der Anthropologie einzeln durch. Sie sind stilistisch die interessantesten in den *Pensées*. Aber die Destruktion geschieht nicht um ihrer selbst willen. Sie ist Teil einer Dialektik ... Die skeptische Haltung hat ihre Funktion. Es ist eine Durchgangsposition wie in Augustins *Confessiones,* wo auch die Skepsis die Auflösung falscher Vorstellungen bewirkt.

2.3 Größe

Wenn man freilich erwartet, unter diesem Titel ein strahlendes Bild des Menschen zu finden, etwa einem Epiktet folgend, so wird man enttäuscht sein. Das Lob der Größe ist sehr durchwachsen, wie Laf. 106 »die Größe, des Menschen, aus der Begierde eine so schöne Ordnung gewonnen zu haben«. Die eigentliche Stoßrichtung geht aber auf anderes, nicht auf die äußere Ordnung: Laf. 108: »Was empfindet Vergnügen in uns? Ist es die Hand, ist es der Arm, ist es das Fleisch, ist es das Blut? Man wird erkennen, daß es etwas Immaterielles sein muss.« Oder dann noch deutlicher Laf. 111: »Ich kann mir wohl einen Menschen ohne Hände, Füße oder Kopf vorstellen, denn nur die Erfahrung lehrt uns, dass der Kopf notwendiger als die Füße ist. Aber ich kann mir den Menschen nicht ohne Gedanken vorstellen. Das wäre ein Stein oder ein unvernünftiges Tier.« Und besonders schön dann Laf. 113: »Denkendes Schilfrohr. Nicht im Raum muss ich meine Würde suchen, sondern in der Ordnung meines Denkens. Ich werde keinen Vorteil davon haben, wenn ich Grund und Boden besitze. Durch den Raum erfasst und verschlingt das Universum mich wie einen Punkt: Durch das Denken erfasse ich es.«

Die Größe dieses Vernunftwesens ist aber ganz anders als bei Epiktet, der seinen ruhigen Stand in diesem Bewusstsein findet, dem nichts Äußeres etwas anhaben kann und dies übrigens auch ganz egozentrisch denkt und denken muss. Die Erkenntnis der Größe ist bei Pascal »dialektisch«. Laf. 114: »Die Größe des Menschen zeigt sich darin groß, dass er sich als elend erkennt; ein Baum erkennt sich nicht als elend. Es bedeutet also, elend zu sein, wenn man (sich) als elend erkennt, aber es bedeutet, groß zu sein, wenn man erkennt, dass man elend ist.«

Auch an dieser Stelle finden sich nun erkenntnistheoretische Überlegungen. Die Vernunft ist nicht so einlinig bei Pascal wie bei Descartes, bei dem sie auch dem fundierenden Cogito gewissermaßen al-

les ableitet. Grundlegung und Folgerung sind anders. Laf. 110: »Wir erkennen die Wahrheit nicht nur mit der Vernunft, sondern auch mit dem Herzen« – wobei man jede affektive oder gar romantische Deutung erst einmal beiseiteschieben muss. »Gerade auf diese letzte Art erkennen wir die ersten Prinzipien, und vergebens trachtet die vernünftige Überlegung, die nicht daran beteiligt ist, jene zu bekämpfen. Die Skeptiker, die nur das zum Ziel haben, mühen sich nutzlos damit ab. Wir wissen, dass wir nicht träumen. Wie ohnmächtig wir auch sind, es mit der Vernunft zu beweisen, so ist doch aus dieser Ohnmacht nichts anderes als die Schwäche unserer Vernunft zu schließen, nicht aber die Ungewissheit all unserer Erkenntnisse, wie sie es behaupten.« ... »Das Herz fühlt, dass es im Raum drei Dimensionen gibt und dass die Zahlen unendlich sind, und die Vernunft beweist hierauf, dass es keine zwei Quadratzahlen gibt, von denen die eine das Doppelte der anderen ist. Die Prinzipien fühlt man, die Lehrsätze werden gefolgert, und das Ganze mit Gewissheit, wenn auch auf unterschiedlichen Wegen – und es ist ebenso unnütz und ebenso lächerlich, dass die Vernunft vom Herzen Beweise für seine ersten Prinzipien verlangt, wenn sie ihnen zustimmen will, wie es lächerlich wäre, dass das Herz von der Vernunft ein Gefühl für alle Lehrsätze verlangte, die diese beweist, wenn es sie annehmen will.« ... Pascal ist also keinesfalls ein Skeptiker, auch wenn er gewissermaßen die skeptische Dogmatik ausschlachtet: »Diese Ohnmacht soll also nur dazu dienen, die Vernunft zu demütigen – die über alles urteilen möchte –, nicht aber, um unsere Gewissheit zu bekämpfen.«
An dieser Stelle findet sich dann auch eine interessante Anwendung auf die Apologetik: »Und darum sind jene, denen Gott die Religion durch das Gefühl des Herzens gegeben hat, glückselig und ganz zu Recht überzeugt, doch jenen, die sie nicht haben, können wir sie nur durch vernünftige Überlegung geben, solange wir darauf warten, dass Gott sie ihnen durch das Gefühl des Herzens gibt, sonst ist der Glaube nur menschlich und unnütz für das Heil.« Die Apologetik ist also gewissermaßen ein unmögliches Unterfangen. Sie hat höchst vorläufigen Charakter und höchst begrenzte Möglichkeiten und kann nicht zum Ziel kommen. Aber sie ist dennoch notwendig ...

2.4 Widersprüche und Verdrängungsmöglichkeiten

Die Größe des Menschen ist nur sehr kurz skizziert. Die eigentlich interessante Problematik liegt in der Gleichzeitigkeit von Größe und Elend. Laf. 121: »Es ist gefährlich, dem Menschen zu eindringlich vor Augen zu führen, wie sehr er den Tieren gleicht, ohne ihm seine Größe zu zeigen. Und es ist weiter gefährlich, ihm zu eindringlich seine Größe ohne seine Niedrigkeit vor Augen zu führen. Es ist noch gefährlicher, ihn in Unkenntnis des einen und des anderen zu lassen, aber es ist sehr vorteilhaft, ihm das eine und das andere darzulegen.« Die gespaltene Situation des Menschen führt ihn dazu, Mechanismen zu ersinnen, wie er darüber hinwegkommen kann. Es ist nicht erfreulich – selbst wenn es Kennzeichen der Größe ist –, sein Elend zu erkennen. Laf. 136: »Als ich es zuweilen unternommen habe, die ruhelose Geschäftigkeit der Menschen zu betrachten, wie auch die Gefahren und die Strapazen, denen sie sich bei Hofe und im Kriege aussetzen, woraus so viele Streitigkeiten, Leidenschaften, kühne und oft unheilvolle Unternehmungen usw. erwachsen, habe ich häufig gesagt, dass das ganze Unglück der Menschen aus einem einzigen Umstand herrühre, nämlich, dass sie nicht ruhig in einem Zimmer bleiben können« (oder darin: »Einem Menschen zu sagen, er solle ausruhen, bedeutet, ihm zu sagen, er solle glücklich leben«).

2.5 Die ernsthafte Suche nach dem höchsten Gut

Die eigentliche Kritik an der so hehren Philosophie Epiktets findet sich in Laf. 141: »Das ist etwas Rechtes, einem Menschen, der sich selbst nicht kennt, zuzurufen, er solle von sich aus zu Gott finden. Und das ist auch etwas Rechtes, dies einem Menschen zu sagen, der sich selbst kennt.« Laf. 143 würde ich auch heute für höchst aktuell ansehen: »Wir sind voller Dinge, die uns nach außen stoßen. Unser Instinkt lässt uns fühlen, dass wir unser Glück außerhalb von uns selbst suchen müssen. Unsere Leidenschaften drängen uns nach außen, selbst wenn die Gegenstände, mit denen sie erregt werden, sich nicht darböten. Die Gegenstände der Außenwelt führen uns von selbst in Versuchung und rufen uns, selbst wenn wir nicht an sie denken. Und daher haben die Philosophen gut reden: Haltet Einkehr in euch selbst, dort werdet ihr euer Glück finden. Man glaubt ihnen nicht, und diejenigen, die ihnen glauben, sind die Gedankenlosesten und Einfältigsten.«

Oder mit dem augustinischen Gedanken der dreifachen Konkupiszenz (nach 1 Joh 2,16[122]), concupiscentia carnis, concupiscentia oculorum, ambitio saeculi, also Sinnlichkeit, Wissen, Macht ... »Die drei Begierden haben drei Schulen hervorgebracht, und die Philosophen haben nichts anderes getan, als einer der drei Begierden zu folgen« (Laf. 145).

Etwas unvermittelt für unsere Blickrichtung – aber im Übrigen auch gut augustinisch – ist die Einführung Jesu Christi an diesem Punkt: »Wenn Epiktet den Weg auch ganz deutlich gesehen hätte, sagt er doch den Menschen: Ihr geht einen falschen Weg. Er beweist, dass es einen anderen gibt, aber er führt nicht zu ihm hin. Es ist derjenige, zu wollen, was Gott will. Jesus Christus allein führt auf diesen Weg. *Via veritas*« (Laf. 140). Einen argumentativen Zusammenhang gibt es an dieser Stelle nicht.

Die Frage spitzt sich auf das höchste Gut zu. Mit der Antike und mit Augustin sagt auch Pascal: »Alle Menschen suchen nach dem Glück« – wohlgemerkt mit Augustin, obwohl ein extremer protestantischer Augustinismus sogar noch diese Voraussetzung bestreitet. Ganz deutlich geht es Laf. 148 weiter: »Alle Menschen suchen nach dem Glück. Das gilt ohne Ausnahme, wie unterschiedlich auch die Mittel sein mögen, die sie dafür benutzen. Sie streben alle diesem Ziel zu. Was bewirkt, dass die einen in den Krieg ziehen und die anderen nicht, ist dieses gleiche Verlangen, das bei allen beiden mit unterschiedlichen Auffassungen verbunden ist. Die geringste Willensregung ist immer nur auf diesen Zweck gerichtet. Das ist bei allen Menschen der Beweggrund aller Handlungen, selbst bei jenen, die sich erhängen wollen.«

Der Text fährt fort:

»Und dennoch ist niemand seit so vielen Jahren jemals ohne den Glauben zu diesem Punkt gelangt, nach dem alle beständig streben. Alle beklagen sich, Fürsten, Untertanen, Adlige, Gemeine, Greise, Jünglinge, Starke, Schwache, Gelehrte, Unwissende, Gesunde, Kranke aller Länder, aller Zeiten, aller Lebensalter und aller Stellungen. Eine so lange, so beständige und so einheitliche Probe sollte uns doch von unserer Unfähigkeit überzeugen, das Glück durch unsere eigene Anstrengung zu erreichen. Doch das Beispiel ist für uns wenig lehr-

---

[122] »Denn alles, was in der Welt ist, die Begierde des Fleisches, die Begierde der Augen und das Prahlen mit dem Besitz, ist nicht vom Vater, sondern von der Welt.«

reich. Es ist nie so vollkommen gleichartig, dass es nicht irgendeinen feinen Unterschied gäbe, und gerade deshalb erwarten wir, dass unsere Hoffnung bei dieser Gelegenheit nicht wie bei der früheren getäuscht wird, und da uns die Gegenwart deshalb nicht zufriedenstellt, betrügt uns die Erfahrung und führt uns von Unglück zu Unglück, bis zum Tode, der dessen ewiger Gipfelpunkt ist. .... Gott allein ist das wahre Glück des Menschen. Und seitdem er Gott verlassen hat, gibt es seltsamerweise nichts in der Natur, was nicht geeignet gewesen wäre, seinen Platz beim Menschen einzunehmen: Sterne, Himmel, Erde, Elemente, Pflanzen, Kohl, Lauch, Tiere, Insekten, Kälber, Schlangen, Fieber, Pest, Krieg, Hungersnot, Laster, Ehebruch, Blutschande. Und seitdem er das wahre Glück verloren hat, kann ihm alles gleichermaßen als solches erscheinen, sogar seine eigene Vernichtung, obwohl sie doch Gott, der Vernunft und der Natur zugleich so sehr widerspricht.

Die einen suchen es in der Machtvollkommenheit, die anderen in Raritätensammlungen und Wissenschaften, wieder andere in sinnlichen Vergnügen« [wieder die drei Arten der Konkupiszenz!].

Das Fragment führt noch kurz zu denen, die das wahre Glück in seiner Allgemeinheit gesehen haben, dass es niemand ausschließen darf etc., bricht dann aber ab.

Die Suche nach Gott ist hier wiederum nur thetisch als Ziel angegeben. Sie ist hier erst zu beginnen. Wie, ist noch nicht gesagt.

3. Die Suche nach Gott und der wahren Gottesverehrung

3.1 Von der Erkenntnis des Menschen zur Erkenntnis Gottes

»Es gibt nur drei Arten von Menschen: Die einen dienen Gott, da sie ihn gefunden haben, die anderen bemühen sich, ihn zu suchen, da sie ihn nicht gefunden haben, und die dritten leben dahin, ohne ihn zu suchen und ohne ihn gefunden zu haben. Die ersten sind vernünftig und glücklich, die letzten sind töricht und unglücklich. Die mittleren sind unglücklich und vernünftig« (Laf. 160), heißt es im Kapitel »Beginn«. Die Glücksfrage ist hier mit der Gottesfrage verknüpft. Das Kapitel geht von der phänomenologischen Beschreibung der Situation des Menschen weiter zur Notwendigkeit der Suche. Auch diese ist sozusagen phänomenologisch fundiert: »Wir eilen sorglos dem Abgrund entgegen, nachdem wir etwas vor uns aufgerichtet haben, um uns davon abzuhalten, ihn zu sehen« (Laf. 166) – oder dramatischer: »Der letzte Akt ist blutig, so schön die Komödie auch in allem Übrigen sein mag. Schließlich wirft man uns Erde aufs Haupt, und das ist für immer« (Laf. 165).

Die rechte Suche fordert eine Überlegung über die Reichweite der Vernunft: »Unterordnung und Gebrauch der Vernunft [raison]« heißt das Kapitel. »Die Führung Gottes, der alle Dinge mit Milde lenkt, besteht darin, die Religion in den Geist durch Vernunftgründe und in das Herz durch die Gnade einzulassen, wollte man sie aber in den Geist und in das Herz durch Gewalt und Drohungen einlassen, so bedeutet das, nicht die Religion, sondern den Schrecken einzulassen. *Terrorem potius quam religionem*« (Laf. 172).

Das Fragment enthält – wenn man so will – eine antiaugustinische Spitze (Gewalt). Für den apologetischen Gesamtplan ist jedenfalls wichtig, dass die Vernunftgründe ihren eigenen Sinn haben. Bei aller Vernunftkritik darf man nicht vergessen, dass Pascal ein Sohn des rationalistischen Zeitalters ist und dass seine Vernunftkritik höchst rational ist – wie auch der Aufbau seiner Apologie. Laf. 173 sagt: »Wenn man alles der Vernunft unterordnet, wird unsere Religion nichts Geheimnisvolles und Übernatürliches haben. – Wenn man gegen die Prinzipien der Vernunft verstößt, wird unsere Religion absurd und lächerlich sein.« Das gegenseitige vorangehende Verhältnis von Glaube und Vernunft wird im nächsten Fragment mit Berufung auf Augustinus ausgesagt: »Sankt Augustinus. Die Vernunft würde sich niemals unterordnen, wenn sie nicht meinte, dass es Umstände gibt, bei denen sie sich unterordnen muss. – Es ist also richtig, dass sie sich unterordnet, wenn sie meint, dass sie sich unterordnen muss« (Laf. 174). Und schließlich Laf. 188: »Der letzte Schritt der Vernunft ist anzuerkennen, dass es unendlich viele Dinge gibt, die über sie hinausgehen. Sie ist nur schwach, wenn sie nicht so weit geht, das anzuerkennen. – Wenn die natürlichen Dinge schon über sie hinausgehen sollen, was wird man dann von den übernatürlichen sagen?«

Die Zitate sollen Pascal aus dem Geruch des Obskurantismus nehmen. Sehr schön ist es auch Laf. 185 gesagt: »Der Glaube teilt wohl etwas mit, was die Sinne nicht mitteilen, doch er sagt nicht das Gegenteil von dem, was sie wahrnehmen; er steht über ihnen und nicht gegen sie.«

Schwieriger ist das nächste Kapitel in diesem Gedankengang unterzubringen, dass die sogenannte natürliche Gotteserkenntnis, die metaphysischen Gottesbeweise anscheinend sehr negativ behandelt. Sie werden als unnütz, dem menschlichen Denken fernliegend, zum Hochmut führend – ohne die gleichzeitige Erkenntnis des Elends etc. – angesehen. Demgegenüber steht die Erkenntnis durch Jesus Christus, so in Laf. 189: »Wir erkennen Gott allein durch Jesus Christus. Ohne diesen Mittler wird jede Gemeinschaft mit Gott aufgehoben.« Die Anbindung an die vorherigen Gedanken geschieht im Fragment Laf. 192: »Die Erkenntnis Gottes ohne die Erkenntnis des eigenen Elends führt zu Hochmut. – Die Erkenntnis des eigenen Elends ohne die Erkenntnis Gottes führt zu Verzweiflung. – Die Erkenntnis Jesu Christi steht in der Mitte, weil wir in ihr sowohl Gott wie auch unser Elend finden.«

Vielleicht ist hier schon ein Gedankenschritt einzufügen: Die einzig konsistente Deutung der Situation des Menschen, die Pascal bei den Religionen finden wird, ist die des Christentums: »Die Erbsünde ist den Menschen eine Torheit, aber man stellt sie auch als solche dar. Ihr dürft mir also nicht vorwerfen, dieser Lehre fehle es an Vernunft, denn ich stelle ja dar, dass sie ohne Vernunft ist. Aber diese Torheit ist weiser als alle Weisheit der Menschen, *sapientius est hominibus* (»[Denn die göttliche Torheit ist] weiser, als die Menschen sind«, 1 Kor 1,25). Denn was wird man ohne dies sagen, dass der Mensch sei? Sein ganzer Zustand hängt von diesem unerkennbaren Punkt ab. Und wie hätte er diesen Punkt mit seiner Vernunft wahrgenommen, da er doch etwas ist, das der Vernunft widerspricht, und da seine Vernunft doch, weit davon entfernt, ihn auf ihren Wegen zu finden, sich von ihm entfernt, wenn man ihn ihr vorführt?« (Laf. 695). In der Bibelhermeneutik ist das ein weiteres positives Argument, für uns allerdings wenig überzeugend.[123]

Ich möchte das hier an dieser Stelle gewissermaßen dogmatisch stehen lassen. Die Denkbewegung führt nun von der Erkenntnis des Menschen – das große Fragment Disproportion de l'homme (Laf. 199) gehört hierhin – zur Suche nach Gott.

---

[123] Pascals Belege Laf. 278: »Den Juden zufolge gibt es eine umfassende Weitergabe der Erbsünde …«. Laf. 315: »Moses lehrt als Erster die Trinität, die Erbsünde, den Messias.«

3.2 Die Religionen

Wir können hier Pascals Religionshermeneutik nicht ausführlicher behandeln. Wichtig ist, dass er für seine Möglichkeiten gut informiert ist und sich insbesondere um das Judentum, das eine zentrale Rolle im positiv-historischen Teil seiner Apologie spielt – bemüht. – So hat er den *Pugio fidei*, den *Dolch des Glaubens*, des Dominikaners Ramón bzw. Raimundus Martí durchgearbeitet.[124] Das klingt zwar martialisch, ist aber doch für die damalige Zeit eine gute Quelle.

Religionen im Erfahrungsraum Pascals – jedenfalls im geistigen – sind das Judentum und der Islam. China kommt nicht eigentlich wegen der Religion, sondern wegen seiner von der biblischen Chronologie nicht gedeckten Geschichte vor.

Die Frage nach einer Heilsbedeutsamkeit außerchristlicher Religionen – abgesehen vom Judentum – lag für Pascal außerhalb des Reflexionshorizontes.

Zum Judentum: Attali bestreitet, dass Pascal Juden überhaupt konkret gekannt hat. Rouen war eine Handelsstadt und hatte schon im Mittelalter eine größere Judenkolonie,[125] die allerdings den Kreuzzügen (weitgehend?) zum Opfer fiel. Aber auch in nachmittelalterlicher Zeit sind Juden am Handel beteiligt. Man wird also eine entfernte konkrete Kenntnis Pascals nicht unbedingt abstreiten können. Anders sicher mit dem Islam.

Das Judentum ist wichtig als das Volk der Überlieferung. Die Juden sind die Zeugen für Christus. Sie verbinden seine Geschichte mit der Schöpfung. Wir kommen bei der Schrifthermeneutik noch darauf.

Die Wertung des Islam ist rein negativ: keine Zeugen für Mohammed, »er ist allein«, er hat keine angemessene Moral und eine grob-sinnliche Eschatologie. Er kommt für die Suche nach der wahren Religion nicht in Frage.

---

[124] Raimundus Martí OP, Theologe und Orientalist, * um 1220 in Subirats/Katalonien, † im Sommer 1284 in Barcelona.
[125] Hannah ADAMS: *Die Geschichte der Juden.* Leipzig: Baumgartner, 1819, 1. Bd., S. 254f.

4. Die Schrift und der Rest – Pascal und die Bibel von Port Royal

4.1 Die Bibel von Port Royal

Isaac Le Maistre de Sacys Hauptwerk ist die Bibelübersetzung von Port Royal. Für den französischen Sprachraum wird ihre Bedeutung mit der der Luther-Bibel oder der King-James-Version für den englischen Sprachraum verglichen. Sie ist schon die Übersetzung, die die gleichzeitigen französischen Klassiker der Literatur benutzt haben.[126] – die Übersetzung der Bibel in die Volkssprache lag in der Zielrichtung der pastoralen Arbeit Port Royals. Sie ist kein protestantischer Zug im Sinne eines *sola*. Dass auch solche Arbeit suspekt war (die Übersetzung des NT, das Nouveau Testament de Mons, konnte nicht in Frankreich erscheinen und wurde später indiziert), gehört zur Tragik Port Royals.

Das Vorwort (Préface) zum Genesisband Sacys ist ausführlich. Es beginnt mit einem Lob der Heiligen Schrift und wendet sich dann der Person des Moses zu. Moses ist für Sacy der Autor des Pentateuch. Seine Bibelauffassung ist von der gleichzeitig mit dem Oratorianer Richard Simon (1638–1712) in Paris entstehenden historisch-kritischen Bibelforschung weit entfernt bzw. in vollem Gegensatz dazu. Die Autorität des Moses wird mit Herkunft und Wundertaten, dann umgekehrt durch die Zeugnisse Jesu Christi und der Apostel hervorgehoben. Außer der Schrift dient Augustin als Beleg (De civitate Dei). Danach wendet sich Sacy den Beweisen der Göttlichkeit Jesu und dem »établissement miraculeux de son Église« zu. Der erste Teil des Vorworts schließt mit einem Hinweis auf Pascal: »Ainsi ce qu'à dit un Auteur de ce dernier siècle [in späteren Drucken: Mr. Pascal], est très-véritable. Tout est digne d'une souveraine vénération dans Jésus-Christ, & du dernier mépris dans Mahomet. Il n'y a point d'imposteur habile qui ne puisse faire ce qu'a fait Mahomet : mais il n'a ni homme, ni démon, ni Ange, qui puisse faire ce que Jesus-Christ a fait.«[127]

---

[126] Neuauflage des Textes ohne die exegetischen Beifügungen Le Maistre de Sacy: *La Bibel. Traduction de Louis-Isaac Lemaître de Sacy* / Préface et textes d'introduction établis par Philippe Sellier. Paris: Laffont, 1990. Die für unseren Zusammenhang wichtige Genesis-Übersetzung ist auch einzeln neu erschienen, allerdings ebenfalls ohne die Kommentare: *Genèse*. Trad. de l'hébreu par Louis-Isaac Lemaître de Sacy. Paris: Éd. Mille et une Nuits, 1998 (Mille et une nuits. 199).

[127] Wohl ein verschärfendes Echo auf Laf. 321: »Jeder Mensch kann tun, was Mohammed getan hat. Denn er hat keine Wunder getan, und er ist nicht vorausgesagt worden. Kein Mensch kann tun, was Jesus Christus getan hat.«

Vor- und Zuname

Beruf

Straße/Hausnummer

PLZ/Ort

E-Mail

Ich interessiere mich vor allem für Literatur aus den Bereichen

☐ Religion/Theologie   ☐ Gemeindearbeit/Pastoral
☐ Franken/Bayern   ☐ Lebenshilfe/Meditation

Schicken Sie Ihren Katalog auch an:

Vor- und Zuname

Straße/Hausnummer

PLZ/Ort

Antwort

Echter Verlag
Dominikanerplatz 8

D-97070 Würzburg

Ihre Meinung ist uns wichtig!

Welchem Buch haben Sie diese Karte entnommen?

_____

Erfüllt das Buch inhaltlich Ihre Erwartungen?

_____

Wie gefällt Ihnen die Gestaltung des Buches?

_____

Was würden Sie an diesem Buch gerne anders wünschen?

_____

☐ Senden Sie mir bitte Ihren Neuerscheinungsprospekt
   ☐ einmalig   ☐ regelmäßig
☐ Informieren Sie mich bitte per E-Mail über Ihre
   Neuerscheinungen

www.echter.de

Wie sind Sie auf das Buch aufmerksam geworden?

☐ Prospekt
☐ Rezension
☐ Anzeige in Zeitschrift
☐ Empfehlung des Buchhändlers
☐ Homepage des Verlages
☐ Internet allgemein
☐ Andere _____

Die eigentliche uns interessierende Argumentation findet sich im zweiten Teil über die Prinzipien der Genesis-Auslegung. Die Voraussetzungen der Autorschaft Moses ergibt sich aus dem Vorangehenden. In diesem Teil geht es vor allem um die historische Glaubwürdigkeit der Genesis. Und die wird in einer uns befremdlichen Weise gelöst – die auch schon zu ihrer Zeit verwunderlich ist, gerade auch bei Pascal, der sie teilt und der doch in seinem naturwissenschaftlichen Denken alle Probleme, die hier entstehen, hätte sehen können. Die Zeitvorstellung des Exegeten liest sich so, dass es zwischen Isaak und Adam nur zwei Personen gibt: Methusalem und Sem, die benötigt werden, um die Überlieferung zu sichern. Zwischen Isaak und dem Vater des Moses braucht es nur Levi: »Derart dass – menschlich geredet und ohne Rückgriff auf die übernatürlichen Beweise – niemals eine Geschichte berechtigter ein so große Vertrauen bei den Menschen zu finden verdiente wie die der Genesis.«[128]

Dem Buch ist eine »Table chronologique de la Genèse« beigegeben. Die beginnt mit dem Jahr 1 der Schöpfung, 128 tötet Kain den Abel, 1656 besteigt Noe die Arche usw. Es folgt eine »Übersicht nicht der Zeugungen, sondern der Erbtradition der Patriarchen, die einander gesehen und gegenseitig unterrichtet haben von Adam bis Moses«[129]. Das rechnet sich so: Adam ist 930 gestorben, Methusalem 687 geboren, hat also 243 Jahre mit Adam gelebt. Sem ist 1558 geboren, Methusalem 1656 gestorben; 98 Jahre hatten sie also gemeinsam. Isaak ist 2108 geboren und hatte noch 50 Jahre mit Sem gemeinsam, Levi hatte 33 gemeinsame Jahre mit Isaak, bevor er 2288 starb. Amram, der Vater des Moses, hat aber lange mit Levi und lange mit Moses gelebt. Somit hat Moses die volle Kenntnis der Überlieferung seit Erschaffung der Welt.[130]

Sodann wendet sich Sacy dem Verhältnis von *Buchstabe und Geist in der Genesis* zu. Nachdem er kurz die Notwendigkeit der Erklärung des Ersteren aus der Originalsprache erläutert hat, folgt der Hinweis, dass man sich über den geistlichen und moralischen Sinn, der dem Buchstaben hinzugefügt ist, eine richtige Vorstellung machen muss,

---

[128] S. LXI. »De sorte qu'à parler humainement, & sans avoir recours aux preuves sur-naturelles, jamais histoire n'a merité de trouver une si grande créance dans l'esprit des hommes que celle de la Genèse.«

[129] »Table non de la generation, mais de la tradition héréditaire des Patriarches qui se sont vûs & instruits les uns les autres depuis Adam jusqu'à Moïse.«

[130] S. XCIII.

da es Leute gibt, die die Meinung haben, dass jede nicht rein literarische Erläuterung der Schrift »eine erfundene und willkürliche Sache« sei, »wo man unter dem Namen des mystischen und allegorischen Sinns Sachen sagt, die keinen Bezug zum Text haben«[131]. Die Berechtigung des geistlichen Sinns wird aus den Zeugnissen des Neuen Testaments selbst abgeleitet und dann mit Augustinus begründet. Augustinus mit *De Genesi ad litteram* und seinen anderen Genesis-Erklärungen (gegen die Manichäer, auch in den Confessiones) ist für Sacy die große Autorität, daneben auch Chrsyostomus mit seinen Genesis-Homilien.

Als Hintergrund für Pascals Bibelverständnis ist dies wichtig.

4.2 Pascals Bibelhermeneutik I

In den Kapiteln 19–25 »Bildliches Gesetz«, »Rabbinismus«, »Beständigkeit«, »Beweise für Moses«, »Beweise für Jesus Christus«, »Prophezeiungen« und »Besondere Bilder« hat Pascal Fragmente zu seiner Hermeneutik zusammengestellt. Es gibt in den angehängten, nicht in die Ordnung eingepassten Serien große Mengen biblischer Zitate, die er sich zusammengestellt hat. Dieser Teil der Apologie ist am allerwenigsten fertig geworden. Vielleicht kann man sagen: glücklicherweise, denn die exegetischen Voraussetzungen waren damals höchst problematisch und sind danach in der Bibelwissenschaft gänzlich verlassen worden, wobei man allerdings bedenken muss, dass noch Anfang des letzten Jahrhunderts die Verfasserschaft des Moses durch das päpstliche Lehramt verteidigt wurde und erst Pius XII. diese Bastion hat räumen lassen. – Die Wiedergewinnung gar des Sinns der altkirchlichen Schriftauslegung hat praktisch auch erst zur gleichen Zeit begonnen: Während Pius XII. die historisch-kritische Methode approbierte, schrieb Henri de Lubac über den Sinn der geistlichen Schriftauslegung der Kirchenväter.

Die Voraussetzungen der exegetischen Kapitel liegen schon im Religionskapitel (Laf. 243): Die heidnische Religion ist ohne Grundlage, der Islam hat keine Prophetien und Wunder, keine angemessene Moral und keine angemessene Vorstellung von der Seligkeit, das Judentum ist in der Volksüberlieferung unzulänglich, bewundernswert in

---

[131] S: LXII: »une chose inventée & arbitraire« ... »où sous le nom de sens mystique & allegorique, on dit des choses qui n'ont nul rapport avec le texte«.

derjenigen ihrer Heiligen – bei den Christen gibt es im Übrigen auch die negative Folie (die Kasuisten). Aber:»Unsere Religion ist so göttlich, dass eine andere göttliche Religion nur deren Grundlage gebildet hat.« Das »bildliche Gesetz« liest Pascal sozusagen wie eine Geheimschrift (Laf. 249), diese dient dazu, den Messias den Guten erkennbar und den Bösen unkenntlich zu machen (Laf. 255). Die Thematik des verborgenen Gottes, die für den augustinischen Jansenismus zentral ist und die wir ganz übergangen haben, da wir ja die jansenistische Theologie nicht dargestellt haben, wäre hier zu nennen. Somit ist die Bibelhermeneutik wieder ganz nahe an die moralische Perspektive gerückt. Um die Bibel richtig zu lesen, muss man »gut« sein: 269: »Es gibt einige, die recht gut erkennen, dass der Mensch keinen anderen Feind als die Begierde hat, die ihn von Gott abwendet, und er hat sonst keine (Feinde) und kein anderes Gut als Gott und nicht: ein fruchtbares Land. Jene, die glauben, das Glück des Menschen bestehe im Fleischlichen und das Übel in dem, was sie von den Sinnesfreuden abwende, sollen sich daran berauschen und daran sterben. Jene aber, die Gott von ganzem Herzen suchen, die kein anderes Leid haben, als seines Anblicks beraubt zu sein, die keinen anderen Wunsch haben, als dass sie ihn besitzen möchten, und keine anderen Feinde als jene, die sie von ihm abwenden, die es bekümmert, dass sie sich von solchen Feinden umringt und beherrscht sehen, sie sollen sich trösten, ich verkündige ihnen eine frohe Botschaft; es gibt für sie einen Erlöser; ihn werde ich ihnen kundtun; ich werde ihnen zeigen, dass es für sie einen Gott gibt; den anderen werde ich ihn nicht kundtun. Ich werde kundtun, dass ein Messias verheißen ist, von den Feinden zu erlösen, und dass ein solcher gekommen ist, von der Ungerechtigkeit zu erlösen, nicht aber von den Feinden.« Dass Pascal in seinen hermeneutischen Regeln aber nicht nur absonderlich ist, mag Laf. 257 zeigen, wobei das Verhältnis Judentum/ Christentum natürlich noch differenziert werden muss: »Widerspruch.

Man kann nur eine gute Charakterbeschreibung geben, wenn man alle unsere Widersprüchlichkeiten miteinander in Einklang bringt, und es genügt nicht, sich an eine Reihe übereinstimmender Eigenschaften zu halten, ohne die entgegengesetzten damit in Einklang zu bringen; um den Sinn eines Autors zu verstehen, muss man alle gegensätzlichen Stellen in Einklang bringen.

So muss man, um die Heilige Schrift zu verstehen, einen Sinn gefunden haben, in dem alle gegensätzlichen Stellen übereinstimmen; es genügt nicht, einen gefunden zu haben, der zu mehreren übereinstimmenden Stellen passt, man muss vielmehr einen gefunden haben, der selbst die gegensätzlichen Stellen miteinander in Einklang bringt. Jeder Autor hat einen Sinn, in dem alle gegensätzlichen Stellen übereinstimmen, oder er hat überhaupt keinen Sinn. Dies kann man nun nicht von der Heiligen Schrift und den Propheten sagen: Sie hatten gewiss übergenug des rechten Sinnes. Man muss also einen suchen, der alle Widersprüche in Einklang bringt.

Der wahre Sinn ist daher nicht jener der Juden, vielmehr sind in Jesus Christus alle Widersprüche in Einklang gebracht.

Die Juden können das Erlöschen des Königtums und der Fürstenherrschaft (Hos 3,4), das Hosea vorausgesagt hat, nicht mit der Weissagung Jakobs in Einklang bringen.

Wenn man das Gesetz, die Opfer und das Königreich als etwas Wirkliches annimmt, kann man nicht alle Stellen in Einklang bringen; also folgt daraus notwendig, dass sie nur Bilder sind. Man kann selbst nicht die Stellen ein und desselben Autors, nicht einmal desselben Buches, ja zuweilen nicht einmal desselben Kapitels in Einklang bringen, was nur zu deutlich bezeichnet, an welchen Sinn der Autor dachte; wie etwa, wenn Hesekiel im Kapitel 20 sagt, dass man nach den Geboten Gottes leben solle und nicht nach ihnen leben solle.«

Unbedingt zu nennen ist noch das Fragment Laf. 270 »Bilder«. Es handelt von den »fleischlichen Irrtümern«, den »irdischen Gedanken«, die die wahre Sicht auf die geistliche Wirklichkeit verstellen. In dem Fragment stehen dann die hermeneutisch zentralen Sätze: »Alles, was nicht offen zur christlichen Liebe führt, ist ein Bild. Der einzige Gegenstand der Heiligen Schrift ist die Liebe.

Alles, was nicht offen zu dem einzigen Gut führt, ist dessen Bild. Denn da es ja nur ein Ziel gibt, ist alles, was nicht offen mit seinen eigentlichen Worten zu ihm führt, ein Bild.

Gott spricht so dieses einzige Gebot der christlichen Liebe in vielfältiger Form aus, um unsere Neugier, welche die Vielfalt sucht, durch diese Vielfalt zu befriedigen, die uns stets zu dem einzig für uns Notwendigen führt. Denn nur eine einzige Sache ist notwendig, und wir lieben die Vielfalt, und Gott lässt beidem Genüge durch diese Vielfalt geschehen, die zu dem allein Notwendigen führt.«

Im Kapitel »Rabbinismus« legt Pascal die *Pugio fidei*, den *Dolch des*

Glaubens, die 1278 für die Judenmission der Dominikaner geschriebene Studie des Katalanen Ramón Martí, zugrunde. Martí hatte gute Kenntnis der jüdischen Originalschriften und verblüffte bei den Zwangsdisputationen die damals in Spanien stattfanden, die »Gegner«. Dass dabei kein wirkliches Religionsgespräch herauskommen konnte, hat der gleichzeitige katalanische Theologe Raimundus Lullus schon über dreihundert Jahre vor Pascal festgestellt. Aber das Werk Martís ist immerhin kenntnisreich. Und Pascal nutzt es in diesem Kapitel eigentlich sehr positiv, indem er sozusagen christliche Implikationen in den jüdischen Traditionen feststellt, z.b. die – für ihn zentrale – Theologie der Erbsünde hieraus untermauert: Laf. 278: »Den Juden zufolge gibt es eine umfassende Weitergabe der Erbsünde. Nach dem Ausspruch im 1. Buch Mose 8 ist das Dichten des menschlichen Herzens böse von Jugend auf.

Rabbi Moses Hadarschan[132]. Dieser schlechte Sauerteig ist in den Menschen schon seit der Stunde gelegt, da er geschaffen wird.

Massechet[133] Sukka[134]. Dieser schlechte Sauerteig hat sieben Namen: In der Heiligen Schrift wird er Übel, Vorhaut, Unreines, Feind, Ärgernis, steinernes Herz, Mitternacht genannt, dies alles bedeutet die Bosheit, die im menschlichen Herzen verborgen und eingewurzelt ist.

Die Midrasch Tehillim[135] sagt das Gleiche und auch, dass Gott die gute Natur des Menschen von der schlechten befreien werde.«

Das folgende Kapitel »Beständigkeit« führt dies weiter mit einer Religionstheologie des Altertums: Laf. 281:

»Beständigkeit.

Diese Religion, die auf dem Glaubenssatz beruht, dass der Mensch aus einem Zustand der Herrlichkeit und der Gottesgemeinschaft in einen Zustand der Trübsal, der Reue und der Gottesferne herabgesunken ist, dass aber nach diesem Leben ein Messias, der da kommen sollte, uns wieder erhöhen wird, diese Religion hat es auf Erden immer gegeben.

Alle Dinge sind vergangen, und sie, durch die alle Dinge sind, hat überdauert.

Die Menschen haben sich im ersten Zeitalter der Welt zu allen Arten

---

[132] Bibelexeget des 11. Jahrhunderts; seine beispielgebende Methode der Talmudwissenschaft brachte ihm den Beinamen Hadarschan (»der Prediger«) ein.
[133] (»Gewebe«), Talmudtraktat.
[134] (»Hütte«), Talmudtraktat über das Laubhüttenfest.
[135] Auslegungsmidrasch zu den Psalmen.

von Ausschweifungen hinreißen lassen, und es gab dennoch Heilige wie Henoch, Lamech und andere, die geduldig den vom Anbeginn der Welt verheißenen Christus erwarteten. Noah hat die Bosheit der Menschen auf ihrer höchsten Stufe gesehen, und er war würdig, in seiner Person, durch die Erwartung des Messias, der in ihm vorgebildet war, die Welt zu erretten. Abraham war von Götzendienern umgeben, als Gott ihm das Geheimnis des Messias, den er von ferne gegrüßt hat, kundtat; in der Zeit Isaaks und Jakobs waren die Gräuel über die ganze Erde verbreitet, diese Heiligen aber lebten ihres Glaubens, und als Jakob im Sterben liegt und seine Söhne segnet, ruft er in Verzückung, die ihn seine Rede unterbrechen lässt: »O mein Gott, ich erwarte den Heiland, den du verheißen hast: *Salutare tuum expectabo domine.*« (»Herr, ich warte auf dein Heil!« 1 Mose 49,18) – oder 284: »Die einzige Religion gegen die Natur, gegen den gesunden Menschenverstand, gegen unsere Vergnügungen ist auch die einzige, die immer bestanden hat« – oder 286 zu der doppelten »Belegschaft«, die es in allen (!) Religionen gibt (auch bei den Heiden kennt Pascal die, die in einer »natürlichen Religion einen einzigen Gott angebetet« haben ...).

Das Kapitel »Beweise für Moses« kennen wir – in noch stärker historisierender Form – schon aus Sacy.

Die »Beweise für Jesus Christus« enthalten Reflexionen über die Ordnung der Schrift (»das Herz ...«), die Heiligkeit, die Wunder, die historischen Zusammenhänge (in der bekannten Betrachtungsart, aber auch den grandiosen Text über die Ordnungen Laf. 308:

»Der unendliche Abstand der Körper von den Geistern gibt ein Bild von dem unendlich viel unendlicheren Abstand der Geister von der christlichen Liebe, denn diese ist übernatürlich.

Die ganze Pracht der Größe hat für jene Leute keinen Glanz, die ihr Leben geistiger Suche widmen.

Die Größe der Geistesmenschen ist den Königen, den Reichen und den Feldherren, allen diesen Großen des Fleisches, unsichtbar.

Die Größe der Weisheit, die nur etwas gilt, wenn sie von Gott kommt, ist den fleischlichen und den Geistesmenschen unsichtbar. Das sind drei verschiedenartige Ordnungen.

Die großen Genies haben ihren Bereich, ihren Glanz, ihre Größe, ihren Triumph und ihren Ruhm, und sie haben durchaus keine fleischliche Größe nötig, zu der sie in keiner Beziehung stehen. Man sieht sie nicht mit den Augen, sondern mit dem Geist. Das ist genug.

Die Heiligen haben ihren Bereich, ihren Glanz, ihren Triumph und ihren Ruhm, und sie haben durchaus keine fleischliche oder geistige Größe nötig, zu der sie in überhaupt keiner Beziehung stehen, denn diese fügt ihrer eigenen Größe nichts hinzu und entzieht ihr auch nichts. Sie werden von Gott und den Engeln, nicht von den Körpern oder den wissbegierigen Geistern gesehen. Gott ist ihnen genug.

Archimedes würde auch ohne allen Glanz ebenso verehrt. Er hat keine aufsehenerregenden Schlachten geliefert, doch er hat allen Geistern seine Erfindungen vermacht. Oh, welchen Glanz hat er für die Geister erworben!

Jesus Christus hat keinen Besitz und keine Leistungen hinterlassen, er bleibt außerhalb der Wissenschaft und in seiner eigenen Ordnung der Heiligkeit. Er hat keine Erfindungen gemacht. Er hat nicht regiert, sondern war demütig, geduldig, heilig, heilig, heilig vor Gott, den Dämonen ein Schrecken, ohne alle Sünde. Oh, in welch großer Pracht und welch wunderbarer Herrlichkeit für die Augen des Herzens, welche die Weisheit sehen, er gekommen ist!

Es wäre für Archimedes unnütz gewesen, in seinen geometrischen Schriften als Fürst aufzutreten, obwohl er es war.

Es wäre für unseren Herrn Jesus Christus unnütz gewesen, wenn er, um in seinem Reich der Heiligkeit zu glänzen, als König gekommen wäre, doch er ist sehr wohl mit dem Glanz seiner eigenen Ordnung in dieses eingegangen.

Es ist vollkommen lächerlich, Anstoß an der Niedrigkeit Jesu Christi zu nehmen, als ob diese Niedrigkeit zu derselben Ordnung wie die Größe gehörte, die er mit seinem Kommen offenbarte.

Man betrachte doch diese Größe in seinem Leben, in seinem Leidensweg, in seiner Verborgenheit, in seinem Tod, in der Berufung der Seinen, in ihrer Verlassenheit, in seiner geheimen Auferstehung und in allem Übrigen. Man wird sie als so erhaben erkennen, dass man keinen Grund haben wird, Anstoß an einer Niedrigkeit zu nehmen, die es bei ihm nicht gibt.

Doch es gibt manche, die nur fleischliche Größe bewundern können, als gäbe es keine geistige Größe. Und es gibt andere, die nur geistige Größe bewundern, als gäbe es in der Weisheit nicht unendlich viel erhabenere Größe.

Alle Körper, das Himmelsgewölbe, die Sterne, die Erde und ihre Reiche wiegen nicht den geringsten der Geister auf. Denn der Geist erkennt dies alles und sich selbst, und die Körper erkennen nichts.

Alle Körper zusammen und alle Geister zusammen und alle ihre Werke wiegen nicht die geringste Regung der christlichen Liebe auf. Dies gehört zu einer unendlich viel erhabeneren Ordnung.

Aus allen Körpern zusammen kann man nicht einen kleinen Gedanken hervorbringen. Das ist unmöglich und gehört zu einer anderen Ordnung. Aus allen Körpern und Geistern kann man keine Regung wahrer christlicher Liebe gewinnen, das ist unmöglich und gehört zu einer anderen, übernatürlichen Ordnung.«

Der Gedanke der Ordnungen ist m.E. der hermeneutische Schlüssel für Pascal. Wir wollen ihm deshalb noch einen Exkurs widmen.

4.3 Exkurs: Die Ordnungen

Pascal ist ein Denker der Anschaulichkeit. Er ist ein Denker, der Analogien sieht. Solch eine Analogie gibt es zwischen einem mathematischen Phänomen und dem Gedanken der aufeinander irreduziblen Ordnungen, von denen das Fragment Laf. 308 handelt.[136]

Das Pascal'sche Dreieck ist im *Traité du triangle arithmétique* (1654) beschrieben. Es ist aus der Aufgabenstellung des Abbruchs eines Glücksspiels und der Verteilung der Gewinne erwachsen. Unter »Binomialkoeffizient« lässt sich die Sache mathematisch angehen. Es geht um die Anzahl der Möglichkeiten, aus einer Menge mit n Elementen k Elemente auszuwählen. Der Binomialkoeffizient »49 über 6« entspricht damit beispielsweise der Anzahl der möglichen Ziehungen beim Lotto (ohne Berücksichtigung der Zusatzzahl).[137]

$$
\begin{array}{ccccccccc}
 & & & & 1 & & & & \\
 & & & 1 & & 1 & & & \\
 & & 1 & & 2 & & 1 & & \\
 & 1 & & 3 & & 3 & & 1 & \\
1 & & 4 & & 6 & & 4 & & 1 \\
\end{array}
$$

1   5   10   10   5   1

1   6   15   20   15   6   1

1   7   21   35   35   21   7   1

bzw.

---

[136] Gute Darstellung und Anwendung in: <http://www.arndt-bruenner.de/mathe/scripts/pascalmod.htm>.

[137] *Traité du triangle arithmétique* (1654). OC.L, S. 50ff. Vgl. den schönen Kommentar bei Arthur Rich: *Pascals Bild vom Menschen*. Zürich: Zwingli-Verlag, 1953 (Studien zur Dogmengeschichte und systematischen Theologie. 3), S. 22ff.

		1	2	3	4	5	etc.
Unités	–	Ordre 1	1	1	1	1	1	etc.
Naturels	–	Ordre 2	1	2	3	4	5	etc.
Triangul	–	Ordre 3	1	3	6	10	15	etc.
Pyramid	–	Ordre 4	1	4	10	20	35	etc.
etc.

Die einzelnen Zahlenreihen lassen sich bis zur vierten geometrisch darstellen. Man benötigt dazu die erste, zweite bzw. dritte Dimension (bzw. Punkt/Linie, Fläche, Raum). Dann schwindet die Anschaulichkeit ... Frappierend ist, dass hier Reihen bzw. Ordnungen entstehen, die miteinander inkommensurabel sind.[138] Die geometrische Darstellung veranschaulicht das besonders schön.

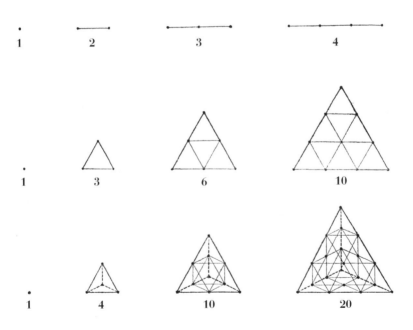

[138] Vgl. RICH, a.a.O., S. 25: »Diese Triangularsumme ist nur ein Indivisibles im Hinblick auf die Pyramidalsummen, da sie eine Dimension weniger hat, und so ist sie dasselbe wie ein Punkt im Verhältnis zur Linie, oder eine Linie im Verhältnis zum Körper, oder schließlich ein Endliches im Verhältnis zum Unendlichen.« Die Abbildungen sind von RICH übernommen.

Das Verblüffende bei Pascal ist immer wieder, wie er Übereinstimmungen verschiedener Gegenstandsbereiche sieht und den Zusammenhang verschiedener Zugänge zur Wirklichkeit erfasst. So ist im Zusammenhang des Wettfragments nicht von ungefähr auch der berühmte kleine Text notiert, nach dem das Herz seine Vernunftgründe hat, die die Vernunft nicht kennt (Laf. 423). Hier werden wir auf eine andere Art von inkommensurablen Ordnungen aufmerksam. Wir wollen diesen Faden später weiterverfolgen.

Es ist nicht uninteressant, dass der Gedanke aufeinander irreduzibler Ordnungen der Wirklichkeit schon mehrere Jahre früher bei Pascal auftaucht, und zwar in dem Brief von 1652, mit dem er Königin Christine von Schweden seine Rechenmaschine widmet.[139]

Die gewissermaßen endgültige Formulierung – wenn man bei Pascals fragmentarischem Nachlass überhaupt davon sprechen kann – des Gedankens findet sich im genannten Fragment Laf. 308 der *Pensées*. Nochmals dessen Schluss: »Aus allen Körpern zusammen kann man nicht einen kleinen Gedanken hervorbringen. Das ist unmöglich und gehört zu einer anderen Ordnung. Aus allen Körpern und Geistern kann man keine Regung wahrer christlicher Liebe gewinnen, das ist unmöglich und gehört zu einer anderen, übernatürlichen Ordnung.« Angesichts des heute grassierenden Naturalismus eine zentrale und aktuelle Einsicht.

Von hier zur Gestalt Jesu ist es gewissermaßen ein sehr schneller Schritt, wenn auch kein unvermittelter. Er hat hier im vorhin zitierten Fragment eher appellativen Charakter. Für die »Augen des Glaubens« (Pierre Rousselot) ist diese Sicht von hier aus möglich. Eine apologetische Argumentation braucht weitere Schritte.

4.4 Pascals Bibelhermeneutik II

Die »Prophezeiungen« sind für Pascal ein zentrales Element. Laf. 335: »Der größte Beweis für Jesus Christus besteht in den Prophezei-

---

[139] Deutsch von Wolfgang Rüttenauer in B. Pascal: *Briefe*, S. 117ff., hier 119: »... Im Bereich des Geistes gibt es die gleichen Abstufungen wie bei den Ständen, und ich glaube, daß die Macht der Könige über ihre Untertanen nur ein Gleichnis ist für die Macht der Geister über die ihnen untergeordneten Geister, über die sie das Recht der Überzeugung ausüben, welches bei ihnen das gleiche ist wie das Recht des Befehlens in der politischen Herrschaft. Dieses zweite Reich scheint mir sogar von einer ebensoviel höheren Ordnung zu sein, als die Geister einer höheren Ordnung angehören als die Körper ...«

ungen. Dafür hat Gott am meisten Sorge getragen, denn das Ereignis, das sie in Erfüllung gehen ließ, ist ein Wunder, das seit der Geburt der Kirche bis zum Ende fortbesteht. Daher hat Gott eintausendsechshundert Jahre lang Propheten erweckt, und danach hat er während vierhundert Jahren all jene Prophezeiungen zusammen mit allen Juden zerstreut, die jene zu allen Orten der Welt trugen. Derart ist die Vorbereitung auf die Geburt Jesu Christi gewesen, und weil sein Evangelium von aller Welt geglaubt werden sollte, war es nicht nur notwendig, dass es Prophezeiungen gegeben hat, die zum Glauben führen sollten, sondern auch, dass diese Prophezeiungen in aller Welt verbreitet würden; damit alle Welt es annehmen sollte.«

Auch wenn wir Pascals Aussagen positiv nicht so ohne weiteres übernehmen können, so ist es doch sinnvoll, eine theologische Geschichtshermeneutik zu betreiben. Im letzten Jahrhundert ist man auf die Bedeutung der Achsenzeit aufmerksam geworden (Karl Jaspers), in der sich in vielen Kulturen die Frage nach der Sinnhaftigkeit geschichtlicher Existenz stellte. Ich denke, eine Traditionshermeneutik der biblischen Überlieferung ist ein wichtiger Beitrag zum menschlichen Selbstverständnis. Wir können sie nicht aus Pascal gewinnen wegen der Art der Historisierung, die im Gefolge der Schriftauslegung Port Royals bei Pascal gegeben ist, aber sie gehört in diesen Zusammenhang.

Das die Bibelexegese abschließende Kapitel der »Besonderen Bilder« ist praktisch gar nicht ausgeführt.

Die Texte Pascals zur Bibelhermeneutik werden immer da problematisch, wo eine rationalisierende Historisierung der Heilsgeschichte versucht wird, sind immer da eindrucksvoll, wo sie sozusagen eine Hintergrundmethodologie abgeben, sozusagen generelle Auslegungsprinzipien der Schrift überlegen, wie etwa das zitierte Fragment 257 »Widerspruch« oder vor allem das Fragment 270 »Bilder« mit dem zentralen hermeneutischen Prinzip.

Eine subtilere Interpretation müsste versuchen, die augustinischen Implikationen deutlicher von den historisierenden Elementen zu scheiden.

5. Das christliche Leben

Wir kommen nun zum Abschluss des Aufrisses der Pascal'schen Apologie. Wir haben die Bibel-Hermeneutik kurz betrachtet. Wesentlicher als deren materiale Einzelaussagen, die in manchem befremdlich wirken, ist die Tendenz des Ganzen, die Selbstvergewisserung des Glaubens aus seiner historischen Tradition.

Das I. Vatikanum hat darauf hingewiesen, dass der christliche Glaube über das Zeugnis der Offenbarung zu sich kommt (DH 3009). Auch Pascals Argumentieren zielt nicht auf ein Hinüberphilosophieren in den Glauben. Wir haben als ersten Schritt die Suchbewegung genannt [Elend des Menschen ohne Gott]; eine erkenntnistheoretisch vermittelnde Überlegung von einer Phänomenologie der menschlichen Wirklichkeit war uns im Gedanken der verschiedenen Ordnungen der Wirklichkeit begegnet. Wir kommen aber nicht weiter, wenn wir die Geschichte überspringen. Wir müssen auf die Antworten hören, die uns die verschiedenen Traditionen anbieten. Pascal ist hier ein Hermeneutiker. Er sucht bei den Philosophen – Arten des Glücks – und bei den Religionen.

Seine Antwort hat in ihrem Argumentationsgang von hier an – wie nun schon mehrfach gesagt – etwas Befremdliches für uns. Wir müssen uns klarmachen, dass Pascal zu einer Zeit schreibt, als die historisch-kritische Bearbeitung der Heiligen Schrift erst begann. Sein historisierender Zugang über die Perennität der jüdischen Religion, ihren Zeugnischarakter von Anbeginn der Welt, ihr indirektes Zeugnis für Jesus in ihrer »Verstockung« und das direkte der Prophetie, bestätigt durch Wunder, sind so keine Argumentationszüge für uns. Sie müssten vermittelt werden. Dann allerdings – aus einem vordergründig kruden Historismus herausgenommen – sind sie nicht verfehlt. Wesentlicher ist aber, dass Pascal eine inhaltliche Hermeneutik der Schrift anzielt. Sie gipfelt in dem Satz, dass der einzige Gegenstand der Schrift die Liebe ist und alles, was sich nicht darauf bezieht, nur Figur, Gleichnisbild ist (Laf. 270). Wenn wir zurückdenken an die Pascal'sche Lehre von den Ordnungen, dann wird klar, dass hier eine Hermeneutik im Blick ist, die den Gehalt der klassischen Schriftauslegung mit ihrer Lehre von den verschiedenen Schriftsinnen – die Pascal durch seine Augustinusstudien wie durch Port Royals Schriftauslegung, besonders in der Gestalt Le Maistre de Sacys – auf eine neue Ebene transponieren kann. Insofern ist der kleine Text sicher nicht beiläufig.

Auch die Gestalt Jesu – das ist ja im Text über die Ordnungen schon angeklungen – wird nicht nur äußerlich bestätigt – durch Vorhersagen und Wunder. Sie ist gleichsam selbstevident. Der Bericht über einen Vortrag aus dem Jahre 1658 – vielleicht spätere Kenntnis etwas rückspiegelnd – schreibt:»Wenn es keine Prophetien über Jesus Christus gäbe und wenn er ohne Wunder aufgetreten wäre, so gibt es doch etwas so Göttliches in seiner Lehre und in seinem Leben, dass man davon zumindest beeindruckt sein muss ...«[140] Die Erkenntnis der Gestalt Jesu ist aber gleichzeitig die Antwort auf die Lage des Menschen. Wir haben Pascals Sicht der Erbsünde bei unserem Aufriss ein wenig in den Hintergrund gestellt – vielleicht ein wenig zu sehr. Fall und Erlösung sind für Pascal die Schlüssel zur Deutung der Zwiespältigkeit des Wesens des Menschen. Und die Erbsünde ist gewissermaßen die dogmatische Erläuterung der phänomenologisch-anthropologischen Befunde. Immerhin ist aber die Erbsünde im phänomenologischen Teil der Pensées eigentlich nur hintergründig anwesend; sie taucht erst im Fragment 131 (Les principales forces des pyrrhoniens) auf.[141] Von einer modernen Theologie der Konkupiszenz und der Erbsünde aus wäre der Gehalt des Pascal'schen Argumentationsgangs jedoch durchaus aufzunehmen in einer Art existentialen Interpretation der Erbsünde – nebenbei: Das geschieht in etwa bei Heidegger in *Sein und Zeit* mit Anknüpfung an die gleiche Quelle: Augustinus. Dass die Aufklärung – Voltaire insbeson-

---

[140] Hier nach B. PASCAL: *Die Mitte*. Mainz: Matthias-Grünewald-Verlag, 1990 (Topos-Taschenbücher. 198), Nr. 45, S. 100, vgl. dort die Nr. 44 (Laf. 499, Nr. 792): »Welcher Mensch hat je eine solche Strahlkraft besessen? Das ganze jüdische Volk sagt ihn vor seinem Kommen voraus. Das heidnische Volk betet ihn nach seiner Ankunft an. Beide Völker, das jüdische und das heidnische, anerkennen in ihm ihren Mittelpunkt. Und doch: welcher Mensch hat sich je an dieser Strahlkraft weniger erfreuen können? Von dreiunddreißig Jahren lebt er dreißig ohne in Erscheinung zu treten. Während drei Jahren wird er für einen Betrüger gehalten; die Priester und Volksführer verwerfen ihn; seine Freunde und nächsten Verwandten verachten ihn. Schließlich stirbt er, von einem der Seinigen verraten, von einem andern verleugnet und von allen verlassen. Was hat er somit von seiner Strahlkraft? Nie hat ein Mensch solche Ausstrahlung gehabt; nie ist einem Menschen soviel Schmach widerfahren. Der ganze Glanz hat uns allen gedient, um ihn uns erkennbar zu machen; er selber hatte nichts davon.«

[141] »Begreifen wir also, dass der Mensch unendlich über den Menschen hinausgeht und dass er ohne den Beistand des Glaubens sich selbst unbegreiflich wäre. Denn wer sieht nicht, dass man ohne die Erkenntnis dieser zwiefachen Lage der Natur in unüberwindlichem Unwissen über seine wahre Natur wäre? ... So kommt es, dass der Mensch sich ohne dieses Mysterium noch schwerer begreifen lässt, als dieses Mysterium dem Menschen begreiflich ist.«

dere – damit nichts anfangen konnte, ist historisch verständlich, wenn auch nicht unbedingt sachlich notwendig (vgl. etwa Kants Beschäftigung mit dem Problem des Bösen).

Das letzte Kapitel des Aufrisses der Pensées führt von der historischen Selbstvergewisserung des Glaubens weiter zum aktiven Überschritt, zur Konversion.

War Pascal ein »sectaire«, wie der liberale Ernest Havet im 19. Jahrhundert meinte, oder Rebell, wie man auf konservativer Seite wollte? Die *Pensées* laufen auf das Problem der Bekehrung zu. Der vorletzte Abschnitt handelt aber von der Kirche. Pascal greift hier das paulinische Bild des Leibes auf.

»Moral. – Als Gott den Himmel und die Erde geschaffen hatte, die das Glück ihres Daseins nicht empfinden, wollte er Wesen schaffen, die ihn erkennen und gemeinsam einen Leib von denkenden Gliedern bilden sollten. Denn unsere Glieder empfinden ja nicht das Glück ihrer Gemeinschaft, ihres bewundernswerten Einvernehmens, der Sorgfalt, mit der die Natur ihnen Fähigkeiten eingibt und sie wachsen und dauern lässt. Wie glücklich wären sie, wenn sie es empfänden, wenn sie es sähen, doch sie brauchten einen eigenen Verstand, um das zu erkennen, und guten Willen, um sich dem Willen der allumfassenden Seele anzuschließen. Wenn sie Verstand erhalten hätten und sich seiner bedienten, um die Nahrung in sich selbst zurückzuhalten, ohne sie an die übrigen Glieder weiterzuleiten, so wären sie nicht nur ungerecht, sondern auch elend, und sie würden sich eher hassen als lieben, da ja ihr Glück wie auch ihre Pflicht darin besteht, in die Führung durch die allumfassende Seele einzuwilligen, der sie angehören, denn diese liebt sie mehr, als sie sich selbst lieben« (Laf. 360[142])«.

Es ist ein harmonistisches Bild, das hier gezeichnet wird. Es ist sozusagen das Bild der herrschaftsfreien Kommunikation auf dem Raster des Absolutismus, wenn man diese etwas widersprüchliche Konstruktion versuchen will ... Es ist das Ziel der Apologie. In dem Fragment lassen sich die Stufen abbreviaturhaft nochmals zusammensuchen: Das grundlegende Glücksstreben, Entwicklung und Entfaltung, die Leitung der Vernunft, die – letzter Satz – hier wohl als Bild der göttlichen Gnade genommen wird, als die übergeordnete Liebe, die mehr ist als die Selbstliebe ...

---

[142] Der Text beginnt meist mit einer Randbemerkung von P. Nicole in den Ausgaben: »Anfang der denkenden Glieder«.

Nach der Kirchenkritik Pascals kann man auf eine eher äußerliche Art fragen, indem man seine Stellung in der jansenistischen Kontroverse befragt. Eine ausgearbeitete Institutionenkritik gibt es bei ihm nicht, wiewohl natürlich Bemerkungen dazu, die auf der Ebene des harmonischen Kirchenbildes einordenbar sind.[143] Und natürlich lassen sich die *Provinciales* auch als eine Kritik von Formen kirchlichen Umgangs miteinander lesen ... Die eigentliche Kirchenkritik liegt auf einer tieferen Ebene. Und sie liegt auch jenseits der Kontroverse von kirchlichen Gruppen gegeneinander. Pascal hat hier seinen Part gespielt und auch einen Rückzug von unfruchtbaren Positionen vorgenommen, wie in der nach seinem Tod entstandenen Auseinandersetzung um seine letzte Haltung im jansenistischen Streit letztlich hervorgeht. Die Kirchenkritik Pascals ist nur die andere Seite seiner persönlichen Frömmigkeit.

Dem Schlusskapitel hat Pascal noch einen Beschluss, eine *Conclusion* angehängt: »Wie weit ist es doch von der Gotteserkenntnis bis zur Gottesliebe« (377). Das Kapitel wendet sich gegen den Gedanken, dass die Wunder ein Weg zur Bekehrung seien. Die Bekehrung erfolgt dadurch, dass das Herz geneigt wird: Inclina cor meum in testimonia tua ... Ps 119,36 [118,36 Vg]. Die *Pensées* schließen nicht mit einem argumentierenden Teil, sondern mit einem Gebet, jedenfalls vom sachlichen Duktus her.

---

[143] Laf. 567 zu den Papisten. Laf. 569 zu den Gefahren der päpstlichen Stellung: »Qu'il était aisé de faire dégénérer cela en tyrannie.«

III. Die Wette[144]

Nach dem Durchgang durch die Apologie Pascals soll nun ein Einzeltext interpretiert werden. Er wird gewöhnlich als »die Wette« bezeichnet, trägt aber bei Pascal eine Überschrift (»unendlich – nichts« / »infini – rien«) und ist anderswo als »Rede über die Maschine« bezeichnet (Laf. 11). Philipp Sellier ordnet ihn in seiner Ausgabe »D'après l'›ordre‹ pascalien« hinter dem Vorwort,[145] dem »Brief, dass man Gott suchen muss«[146], ein. Er steht also dort vor der eigentlichen Durchführung der Apologie, ist einerseits eine Apologie im Kleinen, hat aber anderseits eben vorläufigen Charakter.

1. Über den Text

Liest man in einer gängigen Ausgabe das Fragment *infini rien*, die sogenannte »Wette« aus Blaise Pascals *Pensées* (Laf. 418), so hat man den Eindruck eines fortlaufenden Textes, dessen Absätze zwar nicht ganz bruchlos aneinander anschließen, der aber doch ein abgeschlossenes Denk- bzw. Schreibprodukt suggeriert, zumal wenn es in typographischer Vollendung bibliophil in modernen Druckausgaben dargeboten wird. Schaut man dagegen in ein Faksimile des Manuskripts, so sieht man einen Textentwurf – in sich durch Striche unterbrochen, durch Überschreibungen korrigiert, durch an die Ränder geschriebene Zusätze ergänzt, vermutlich durch eine ungewöhnliche Schreibsituation teilweise schräg angelegt, nicht immer klar aufzulösen etc. Kurz: eine Skizze, nur für den Schreibenden bestimmt.
Der Ausleger des Fragments muss sich dessen bewusst sein, dass er kein durchredigiertes Manuskript, nicht einmal unbedingt einen stimmigen Zusammenhang in *allen* Punkten vor sich hat. Die Interpretation des Fragments *infini rien* ist daher *auch* ein textkritisch-philologisches Thema!

---

[144] Der folgende Text ist erstveröffentlicht in der Festschrift für Karl Kardinal Lehmann: *Weg und Weite* / Hrsg. von Albert RAFFELT und Barbara NICHTWEISS. Freiburg i.Br.: Herder, 2001. S. 207–220. Dort finden sich ausführlichere Belege.

[145] Nebenbei: Schon die Ersteditoren haben diesen Text an den Anfang gestellt. OC.LG 2, S. 915ff.

[146] So Laf. 11. Es handelt sich um die Serie III bei Lafuma, Laf. 427–431.

Im Gegensatz zu anderen Fragmenten Pascals bietet der Text aber einen Vorteil, den man bei vielen anderen bestenfalls durch philologische Verfahren wie die Wasserzeichenanalyse rekonstruierend gewinnen kann: Der Schreib-Zusammenhang der unterschiedlichen Absätze ist einigermaßen klar. Sie sind – wenn auch nicht in einem Wurf, sondern ersichtlich in mehreren Anläufen – auf zwei großen Blättern notiert worden, die Pascal wohl zusammengefaltet längere Zeit mit sich herumgetragen hat. Es stehen noch andere apologetische Überlegungen auf diesen Blättern, die *scheinbar* keine direkte Beziehung zu dem Wett-Argument haben.

Der Zeitpunkt der Entstehung wiederum ist leider nicht klar. Es spricht einiges dafür, ihn parallel mit Pascals mathematischer Beschäftigung mit den Fragen des Glücksspiels anzusetzen – nach 1654, aber es sind auch andere Hypothesen denkbar, und eine Sicherheit lässt sich hier kaum gewinnen.

Während Pascal die übrigen Notizblätter für seine Apologie des Christentums weitgehend zerschnitten und einem Gliederungsschema zugeordnet hat, blieb dieser Text beieinander. Das lässt sich auf verschiedene Weise deuten: Entweder ist der Autor nicht so weit gekommen, die Zuordnung vorzunehmen – oder der Text sollte als solcher in die geplante Apologie eingeordnet werden[147] – oder das Material diente als Gedächtnisstütze, um seinen Inhalt parat zu haben und an passender Stelle unterzubringen (bis auf das Wett-Argument im engsten Sinn finden sich die anderen Gedanken auch im übrigen Material: vielleicht nochmals ein Hinweis zur Vorsicht bei der Interpretation hinsichtlich der Wertigkeit des speziellen Arguments für Pascal selbst). Weitere Möglichkeiten ließen sich natürlich ausdenken ...

Die folgenden Überlegungen suchen einen Weg, mit diesen Fragmenten zu skizzieren, der auf den philologischen Gegebenheiten aufzubauen sucht, aber den Assoziationsreichtum des Textes nicht auf seinen genetischen Kontext beschränkt, sondern bedeutsame Stationen der Rezeptionsgeschichte dieses Fragments miteinzubeziehen sucht. Die Ausführungen können hier nur Andeutungen bleiben. Sie sind insoweit selbst »fragmentarisch«.

---

[147] So wie oben gesagt in Selliers neuster Ausgabe.

2. Aufbau und Inhalt

Wenigstens kurz müssen wir uns über den Inhalt verständigen. Es handelt sich um einen Text mit einer Überschrift – *unendlich nichts* [1][148]. Sie wird in zwei Richtungen weitergeführt: Der Eingangsabschnitt beschränkt die Reichweite menschlichen Erkennens auf die Endlichkeit [2]. Es wird sodann behauptet, dass das Endliche vor dem Unendlichen zu einem Nichts wird [3]. Die folgenden Abschnitte [– sieht man von den Streichungen ab – 6f.] reflektieren über die Grenzen unserer Erkenntnismöglichkeiten: Die Erkenntnis der Existenz und der Natur des Endlichen ist uns angemessen, weil wir selbst endlich und ausgedehnt sind; die *Existenz* des Unendlichen ist uns zugänglich, weil es Ausdehnung hat wie wir; nicht aber sein *Wesen*, weil es keine Grenzen hat wie wir; *Existenz und Wesen* Gottes sind uns unzugänglich, weil er weder Ausdehnung noch Grenzen hat. Es folgt eine den Zusammenhang erweiternde Bemerkung über die Erkenntnis der Existenz Gottes, die der *Glaube* ermöglicht, und über die eschatologische Erkenntnis des *Wesens* Gottes [8]. Der Schreiber sieht aber von der Glaubenserkenntnis ab und argumentiert auf dem Boden der natürlichen Einsicht [10ff.]; dort aber gilt: »Wir kennen weder die Existenz noch die Natur Gottes« [wie in 7 gesagt]. Die *theoretische* Vernunft kann also den Punkt »Gott ist oder er ist nicht« nicht entscheiden.

An dieser Stelle beginnt ein Dialog um Gott von einer agnostischen Position aus. Dass es die Position Pascals ist, sollte man nicht von vornherein voraussetzen. Der Dialog ist zunächst einmal eine literarische Fiktion. – Wer sich auf das Wett-Argument im engeren Sinn bezieht, beginnt im Allgemeinen hier seine Analyse.

Angesichts des Scheiterns der theoretischen Vernunft in der Gottesfrage wird zu einer *Wahl* aufgerufen [10]. Die Spielmetaphorik wird bemüht (Bild oder Schrift, wie beim Münzenwerfen). Der Einwand, richtig wäre es, überhaupt nicht zu wählen, wird damit beantwortet, dass *immer* eine Wahl getroffen wird: »Sie sind im Boot.« Die Wahl kann zweierlei verlieren: Das Wahre und das Gute; sie setzt zweierlei ein: die Vernunft und den Willen, die Erkenntnis und die Seligkeit. Die [theo-

---

[148] Die Ziffern in eckigen Klammern bezeichnen die Abschnitte des Textes. Nach einer neueren Ausgabe sollten sie leicht zuordenbar sein, vgl. sonst A. Raffelt: *Spiritualität und Philosophie. Zur Vermittlung geist-religiöser Erfahrung in Maurice Blondels »L'Action« (1893)*. Freiburg i.Br.: Herder, 1978 (Freiburger Theologische Studien. 110), S. 224–230, digital unter <http://www.freidok.uni-freiburg.de/volltexte/5/>.

retische] Vernunft kommt bei keiner der Entscheidungen zu größerem Schaden. Aber die Glückseligkeit (béatitude)? »... falls Sie gewinnen, gewinnen Sie *alles*; falls Sie verlieren, verlieren Sie *nichts*. Wetten Sie also ohne Zaudern, dass er [Gott] ist« ... Das ist ein Überrumpelungsargument. Es wird im Text sozusagen beklatscht (»Das ist wunderbar ...« [12]). Aber die Frage stellt sich, ist der Einsatz nicht zu hoch? – Vernunft und Wille waren als »Einsatz« bezeichnet. Im Folgenden wird aber das »Leben« als Einsatz genommen und mit ihm gewissermaßen gerechnet. Es werden die Gewinnchancen wie in einem Glücksspiel kalkuliert; unter der Voraussetzung, dass das Spielen nicht frei ist, ergibt sich daher ein sinnhafter Handlungszwang, wenn für eine Seite die Chancen ungleich besser werden. Die Chancen werden aber unvergleichlich besser, wenn das Unendliche ins Spiel kommt: »Das hebt jedes Verhältnis auf: überall, wo das Unendliche ist und wo keine Unendlichkeit von Verlustchancen gegen die Gewinnchance steht, darf man nicht zögern und muss alles einsetzen.« Brechen wir hier die Bemerkungen zum Inhalt des Fragments – in der Mitte der beiden Blätter – vorerst ab.

3. Eine gespaltene Rezeption

Kaum ein Fragment Pascals hat eine solche Irritation ausgelöst. Schon die frommen Herausgeber der Erstausgabe aus Port Royal beziehungsweise der Familie haben sich an diesem Text gestoßen, der anscheinend empfiehlt, eine Wette auf Gott und das ewige Leben einzugehen, weil dies vorteilhafter als die Gegenposition sei. Sie haben eine Bemerkung vorangestellt, in der mitgeteilt wird, dass das meiste aus dem Fragment nur für gewisse in ihrer Zuneigung zu einer gläubigen *oder* atheistischen Haltung schwankende Personen gelte.[149] Schon der erste Kommentator, der Abbé Villars, fand den Text skandalös, Voltaire schlicht kindisch und so geht es weiter bis in unsere Tage etwa zu Kardinal Journet[150] – für viele »the most discredited theistic argument«[151].

[149] Vgl. OC.LG 2, S. 935.
[150] Charles JOURNET: *Vérité de Pascal. Essai sur la valeur apologétique des Pensées.* Saint Maurice: Éd. de l'Œuvre St. Augustin, 1951, S. 47.
[151] ... in der Formulierung – nicht Meinung – von George N. SCHLESINGER: *New perspectives on old-time religion.* Oxford: Clarendon, 1988, S. 149.

Eine andere Rezeptionslinie findet dagegen im Text fruchtbare Anstöße zum Weiterdenken, von Empiristen wie Locke an; aber auch bei Kant findet sich der Wettgedanke – wohl nicht ohne Vermittlung Pascals –, Maurice Blondel bedenkt ein Leben lang den Text – mit unterschiedlichen Wertungen –, der Wissenschaftstheoretiker Nicholas Rescher schließlich kommentiert ihn ausführlich[152] und nennt in seiner Autobiographie bei der Darstellung seiner eigenen Konversion auch diesen Text[153]. Ein Lexikonartikel hält ihn mit Anselms ontologischem Gottesbeweis gar für »the most famous argument in the philosophy of religion« (A. Hájek[154]) ...

Doch welcher Text wird hier zurückgewiesen oder positiv aufgenommen? Die Rede von der »Wette« Pascals kann ja durchaus Verschiedenes bedeuten: Es kann der gesamte Textzusammenhang der zwei Blätter damit gemeint sein, auf denen der Text notiert ist (Laf. 418–426); es kann der Haupttext daraus (Laf. 418) gemeint sein oder man kann sich in diesem Text nur auf das formale Wettargument, ggf. auch nur auf dieses Argument in seiner mathematischen Form beziehen.

Eine Flut von Sekundärliteratur lässt sich auf diese Möglichkeiten verteilen. Dabei gibt es nationale Vorlieben. So ist die angelsächsische Literatur meist auf den formalistischen Teil bezogen,[155] während die (neuere) französische den Komplex eher als solchen, auch in seiner historischen Bedingtheit betrachtet[156] – von originären systematischen Zugriffen, die sich nicht so leicht auf die Philologie beziehen lassen, ganz abgesehen.

4. Nützlichkeitsdenken, Spielmotiv, Wahrscheinlichkeit

Nützlichkeitserwägungen haben bei der Betrachtung ethischer und religiöser Themen immer eine peinliche Seite. Auch bei Pascals Argu-

---

[152] Nicholas Rescher: Pascal's Wager. A study of practical reasoning in philosophical theology. Notre Dame, Indiana: University of Notre Dame Press, 1985.

[153] N. Rescher: Instructive journey. Lanham: University Press of America, 1997, S. 225f.

[154] Pascal's wager. In: Stanford encyclopedia of philosophy = <http://plato.stanford.edu/entries/pascal-wager/> – Online-Publikation.

[155] Vgl. etwa die Sammlung von Jeffrey Jordan (Hrsg.): Gambling on God. Essays on Pascal's wager. Lanham: Rowman & Littlefield, 1994, Bibliographie S. 161–164.

[156] Die Literatur bis 1980 ist aufgearbeitet bei Per Lønning: Cet effrayant pari. Paris: Vrin, 1980, Bibliographie S. 187–193.

mentation ist der Hauptanstoß das anscheinend vorausgesetzte Nütz-
lichkeitsdenken. Kardinal Journet sagt von Pascals Wettendem, er
scheine gierig auf Gewinn, sei niedrig gesinnt und ohne Großherzig-
keit ... Muss man den Text Pascals als solch engen »Nützlichkeitstext« lesen?
Es würde auf eigentümliche Weise das Leben und die Theologie dieses Denkers der Gottesliebe konterkarieren, wenn dem so wäre, auch
wenn die Deutung *verbal* möglich scheint: Ein geschriebener Text
lebt auf eine eigene, objektive Weise. Der Autor kann sich nicht gegen Auslegungen wehren. Ich möchte aber an dieser Stelle die hermeneutische Voraussetzung reklamieren, dass ein Text nicht beliebig for-
malisiert und kontextlos interpretiert werden darf, wenn man seine
Intention erheben will und von *ihr* aus weiterdenken will. Die Lektüre des Wett-Fragments als *Pascal*-Text setzt zudem voraus, dass dieses nicht für die Veröffentlichung freigegebene Fragment aus seinem
genetischen Zusammenhang und aus Kenntnis des übrigen Werks
Pascals gelesen, wenn auch nicht darauf beschränkt wird. Dass man es
aus anderen Erkenntnisinteressen auch in andere, Pascals Intention
fremde Kontexte stellen kann, sei unbestritten.
Die Ersteditoren von Port Royal haben m.E. richtig gesehen, wenn
sie den Text zunächst einmal in eine bestimmte Situation gestellt und
als auf bestimmte Adressaten bezogen gelesen haben. Der literarische
Reiz der Schriften Pascals besteht ja darin,
– dass er auf außergewöhnlich vielfältige Weise anlassbezogen die
  Register wechseln kann – die *Provinciales* sind dafür ein Beispiel –,
– dass er seine Gedanken mit Bildern aus verschiedensten Lebensbereichen visualisieren kann – Mersennes Probleme der Orgelstim-
  mung etwa zur Veranschaulichung der Anthropologie (Laf. 55)
  nimmt –,
– dass er von mathematischen Problemen zu Fragen der Ontologie
  vordringt – die »Dimensionen« im Pascal'schen Dreieck und die
  Frage der »Ordnungen« (Laf. 308) – usw.
So auch hier: Mathematische Probleme des Glücksspiels bieten mindestens den »metaphorischen« Hintergrund. Zu ernste Interpreten
wie Journet können diesen spielerischen Zug nicht nachvollziehen.
Die Adressierung des Fragments und die Beachtung der literarischen
Form entheben aber nicht der Frage, wie stichhaltig der strikt argu-
mentative Teil in sich ist. Hierzu ist eine Fülle vor allem angelsächsi-
scher Literatur erschienen. Ian Hacking hat Pascals Überlegungen als

frühes Beispiel eines entscheidungstheoretischen Kalküls analysiert.[157] Er sucht die Logik dreier Argumentationsfiguren zu erheben, die im Pascaltext vorkommen, und unterscheidet dabei drei »Wetten«, deren erste vom klaren Übergewicht einer der beiden Alternativen ausgeht: Die zweite Alternative ist so angesetzt, dass ihr Ergebnis nie günstiger ist als das der ersten. Sprich: Der Ungläubige kommt auch im Falle, dass er recht hat, nicht besser weg als der Gläubige (»Wenn Sie gewinnen, gewinnen sie *alles*, wenn Sie verlieren, verlieren Sie *nichts*«). Ein *argument from dominance*.

Die zweite Form reagiert auf den Einwand, »vielleicht setze ich zu viel«. Hier ist der Nutzenerwartungswert beider Alternativen zu vergleichen und die Handlung mit dem größten Erwartungswert zu vollziehen. Also muss Pascal den Erwartungswert maximieren. Und wenn gleiche Chancen für Gottes Existenz oder Nichtexistenz gegeben sind, ist der Erwartungswert der positiven Wahl angesichts der Verheißung von »mehr Leben« (Pascal spielt mit der merkwürdigen Wendung von »zwei Leben« und »drei Leben« gegen das weltliche Leben des *libertin*) eindeutig der negativen überlegen: »Sie wären unklug – da Sie ja genötigt sind zu spielen –, wenn Sie nicht in einem Spiel, wo die Chance für Verlust und Gewinn gleich ist, Ihr Leben einsetzen.« Ein *argument from expectation*.

Nach Hacking setzt dieses Argument die »monströse Prämisse der gleichen Chance« voraus, die nur wenige Agnostiker teilen – genau diejenigen allerdings, die die Erstherausgeber als Adressaten genannt haben. Das Argument muss in der Weise erweitert werden, dass der Erwartungswert so hoch ist, dass auch bei einer geringeren Chance die religiöse Alternative die irreligiöse so dominiert, dass sie die Wahl quasi erzwingt: Dies geschieht im dritten Argument, wenn das Unendliche – wie oben zitiert – ins Spiel kommt ... Ein *argument from dominating expectation*.

Die Analyse lässt sich teilweise bestreiten; die dialektische Verbindung von Argument zwei und drei ist hier wohl zu scharf getrennt. Außerdem trägt Hacking Inhalte in die Argumentation ein, die sich dort gar nicht finden, wie das »Höllen«-Argument – obwohl diese Vorstellung zu Pascals »Dogmatik« gehört (vgl. Laf. 419), wird sie in

---

[157] The logic of Pascal's wager. In: *American philosophical quarterly* 9 (1972), S. 186–192, hier nach dem Wiederabdruck in Jeff JORDAN (Hrsg.): *Gambling on God*, S. 21–29.

seiner »Apologetik« im Wett-Argument im engeren Sinn nicht benötigt. Hacking findet in allen drei Fällen die Prämissen unhaltbar oder gar absurd und kann sich bestenfalls vorstellen, dass es tatsächlich vor (gut) dreihundert Jahren Individuen gegeben haben mag, die sie geteilt haben ... Interessant ist aber, dass Hacking die *Logik* des Gedankengangs in sich für konsistent hält und dass er das Argument für eine geniale Anwendung der Entscheidungstheorie *avant la lettre* nimmt. Aber die Prämissen ...!

Klar ist, dass Pascals Argument von *Voraussetzungen* ausgeht. Es setzt voraus, dass man sinnvoll über Gott sprechen kann und dass er *möglicherweise* ist. Könnte man dagegen die Möglichkeit der Existenz Gottes apriori ausschließen, so käme es zu keiner möglichen Wette. Die theoretische Vernunft hätte entschieden. Die von Pascal formulierte Gesprächsvoraussetzung wäre nicht gegeben.

Deutlich ist auch, dass ein bestimmtes Gottesbild – eine »Theologie« – vorausgesetzt wird. In der angelsächsischen Literatur wird etwa das *many gods*-Argument als Gegenbeweis diskutiert; ein postmoderner Indifferenzgott, der meine Lebenshaltung nicht betrifft, u.a.m. ließen sich auch nennen. Es lassen sich durchaus auch absurde Theologien konstruieren, unter deren Voraussetzung die Wette nicht greifen könnte. Aber das kann eigentlich weniger beeindrucken; es zeigt nur, dass es keine Universalisierbarkeit des rein formalen Arguments für alle Kontexte gibt ... Wenigstens anmerkungsweise sei aber darauf hingewiesen, dass gerade die Isolation des formalen Arguments von Pascals Kontext Probleme schafft, die sich im Gesamt von Pascals Denken so nicht stellen.

Die spielerisch kalkulierende Durchführung der Argumentation formuliert jedenfalls ein ernsthaftes Problem, die Frage nämlich, wie Entscheidungen sinnhaft (Pascal: »haben sie auch keine Beweise, so ermangeln sie doch nicht des Sinns ...«) gefällt werden können angesichts einer nicht völligen Durchreflektierbarkeit, angesichts einer offenen Erwartungssituation und im Blick auf die möglichen Risiken. Pascal hat dabei eine Formalisierung solcher Entscheidungssituationen vorgenommen, indem er Chancen rechnerisch zu fassen sucht. Das hatte er vorher mathematisch für Glücksspielsituationen durchgeführt. Hierauf spielt der Gedankengang an. Er führt einen heute in anderen Lebensbereichen klassisch gewordenen Argumentationsstil in die Apologetik ein. Wie man sieht, nicht völlig wirkungslos, aber mit Voraussetzungen, die aufgeschlüsselt werden müssen, will man dem Argument einen auch heute nachvollziehbaren Inhalt abgewinnen.

5. Die existentielle Dimension der Wette

Der Gedankengang gewinnt größeres Gewicht, wenn man das Glücksspielmotiv relativiert. Henri Gouhier hat z.b. auf existentiell relevante Vorzugsentscheidungen hinsichtlich der Lebensführung angesichts möglicher – positiver oder negativer – Zukunftserwartungen hingewiesen; eine Entscheidung wird hier notwendig getroffen.[158] Ein ärztlicher Rat in einer gravierenden Situation und die Stellung dazu kann ein solches Beispiel sein. Das – natürlich auf einer anderen Ebene angesiedelte – Beispiel nimmt das notwendige Involviertsein – *vous êtes embarqués* – auf. Der Alternative ist nicht zu entgehen. Die indifferente Haltung ist eine negative Stellungnahme.

Wir verlassen hier noch nicht das Gebiet der Entscheidungskalkulation – wohl aber des Glücksspiels und seiner Gewinnerwartung. Die Abschätzung möglicher Folgen kommt auch hier »*ins Spiel*« (wie wir ja immerhin auch sagen).

Aber gerade auf dieser Ebene stellte sich ja das Problem: »Vielleicht setze ich zu viel!« Was sind die Kosten der Wette? Für den *libertin*, den Pascal im Blick hat, ist es ein selbstzentriertes Leben in mondäner Annehmlichkeit, das zugunsten der Praxis und der sittlichen Forderungen, die ein religiöses Leben ausmachen, aufgegeben wird. Pascal spielt dies, wie gerade gesehen, mit der Gedankenfigur von mehreren Leben und von ewigem Leben als Erwartung durch (an dieser Stelle merkwürdig »blass« formuliert). Die formale Schlüssigkeit dieser Rechnung – »wenn die Menschen irgendeiner Wahrheit fähig sind, dann dieser« – führt aber auch bei Pascal nicht weiter. Das formale Wett-Argument im Fragment *infini rien* bleibt zwiespältig: Es führt zu keiner theoretischen Einsicht – *voraussetzungsgemäß* nicht! Es führt aber auch nicht zwingend zu einem neuen Handeln. Auch wenn man es verstanden hat, muss man – »*wetten*«. Es ist ein *Beunruhigungsargument*. Es führt bestenfalls zur Frage nach der Bewertung der Prämissen – ohnehin das eigentliche Problem entscheidungstheoretischer Überlegungen – und der Verständnisschwierigkeiten gegen-

---

[158] H. GOUHIER: *Blaise Pascal. Commentaires.* Paris: Vrin, ²1971, S. 261.

über dem glänzenden Argument: »lernen Sie wenigstens, dass Ihre Unfähigkeit zu glauben ... von Ihren Leidenschaften herrührt«, wie Pascal moralisierend formuliert.

6. Autosuggestion des Handelns?

Der eigentliche Wett-Text endet mit der Frage, ob es nicht eine Möglichkeit gebe, hinter das Spiel zu sehen. Es sind die Heilige Schrift und der Glaube. Darauf kommen wir noch. Was ist aber mit dem, der nicht glauben kann? Pascal hält diese Situation als Ergebnis des Dialogs fest: Es ist für ihn klar, dass ein noch so gutes Argument weder Glauben schafft noch diesen ersetzt.

Hier folgt ein Textsplitter, den auch die Erstherausgeber nicht ganz zu veröffentlichen wagten: Pascal rät, den Weg der Häufung von Argumenten zu verlassen und es zu machen wie die Gläubigen: die religiöse Praxis zu übernehmen, und zwar in ziemlich kruder Form – Weihwasser nehmen, Messen lesen lassen –: »Ganz von selbst wird Sie dies zum Glauben führen und verdummen (abêtir).«

Die Provokation dieser Formulierung hat man relativierend aufzulösen versucht – als Anspielung auf den Automatismus des Körpers in der cartesianischen Anthropologie, der dementsprechend zu manipulieren ist, wie ein Pianist mechanische Abläufe trainiert, um frei gestalten zu können[159] – so etwa Étienne Gilson – oder als Anspielung auf eine bestimmte Dialogsituation (genauer dazu bei Lønning[160]). Diese Relativierung sollte jedenfalls nicht so weit führen, die bewusste Provokation der Formulierung – die ja immerhin die Zeitgenossen auch als solche verstanden haben – zu eliminieren (Pascal dürfte an die schon vorher im Fragment angedeutete *stultitia* von 1 Kor 1,18 denken). Wie dem auch sei: Während dem formalen Wett-Argument von Kritikern der niedrig gesinnte Spekulant zugeordnet wurde, wäre es hier anscheinend der reflexionsscheue Anpassungskünstler, der mit dem Einhalten von Sozialnormen seine Bequemlichkeit pflegt und sich noch eine Lohnerwartung damit sichert.

Man wird nachdenklicher, wenn Nicholas Rescher in seiner Autobio-

---

[159] *abêtir* als das »Tier« (*bête*) dressieren ...
[160] Vgl. P. Lønning: *Cet effrayant pari*, S. 96ff. Dort ist auch die ältere Literatur genannt.

graphie gerade diesen Gedankengang der gemeinsamen gläubigen Praxis positiv heranzieht; allerdings geht es dabei nicht um äußere Riten. Vielleicht kann man an das Scheler zugeschriebene Diktum erinnern, Philosophieren könne man nur für Freunde, das ja auch die Reflexionskraft der Philosophie nicht beeinträchtigen will, aber auf die notwendige gemeinsame Bemühung als Voraussetzung des Verstehens verweist.

Ein wenig rätselhaft und unbefriedigt bleibt man aber auch an diesem Punkt. Vielleicht sollte man sich spätestens hier nochmals klarmachen, dass der »Rohzustand« und die literarische Form des gesamten Textes nicht zu vernachlässigen sind. Schon der Einsatz oben enthielt Begrifflichkeiten, die nicht ganz deckungsgleich sind: Wahl, Spiel, Wette ... Das signalisiert deutlich, dass hier *Metaphern* verwendet werden, die vom Bildgehalt her nicht zu sehr zu zwingen sind. Auch im eben genannten Textsplitter geht man in die Irre, wenn man den Weihwasserkessel sucht; es geht um ein praktisches Tun, das seine Evidenz mit sich bringt. Die Aufschlüsselung unten im Fragment »Sie werden treu, rechtschaffen .... sein« bringt andere Elemente dafür bei.

7. Fragment und System

Ist mit der aus dem Pragmatismus herkommenden bzw. von diesem unterstrichenen Interpretationslinie eine befriedigende und umfassende Deutung erreichbar – »Rechnen« und »Trainieren« als die beiden Eckpunkte? Die Übergabe der Argumentation an die praktische Vernunft wird zu niedrig eingestuft, wenn man nur das *rechnende, konsequentionalistische* Denken im Blick hat. Es ist zwar kein Zweifel, dass das isolierte Wett-Argument so auslegbar ist. Die Prämissen – Gott, ewiges Leben etc. – scheinen dann aber willkürlich und beliebig; aus bloßer Dogmatik genommen.

Ein kurzer Blick auf Immanuel Kant kann hier nützlich sein. In dem Teil des *Kanons der reinen Vernunft*, in dem er vom *letzten Zwecke des reinen Gebrauchs unserer Vernunft* handelt, heißt es: »Die Endabsicht, worauf die Speculation der Vernunft im transscendentalen Gebrauche zuletzt hinausläuft, betrifft drei Gegenstände: die Freiheit des Willens, die Unsterblichkeit der Seele und das Dasein Gottes« (KrV B 826). Wie das Problem bei ihm aus der Aporie der theoretischen an die praktische Vernunft übergeben wird, sei mit einem weiteren Zitat über den »moralischen Glauben« aus dem dritten Abschnitt des *Kanons* verdeutlicht. Dass wir diesen Text hier heranziehen, ist nicht beliebig. Kurz vorher spricht Kant das »Wetten« als »Probierstein« einer Überzeugung an (KrV B 853); es ist anzunehmen, dass hier ein Pascal'scher Zusammenhang besteht. Dabei ist allerdings die Glücksspielmetaphorik gleich ausgeschaltet. Der Text lautet:

»Zwar wird freilich sich niemand rühmen können: er *wisse,* dass ein Gott und dass ein künftig Leben sei; denn wenn er das weiß, so ist er gerade der Mann, den ich längst gesucht habe. Alles Wissen (wenn es einen Gegenstand der bloßen Vernunft betrifft) kann man mitteilen, und ich würde also auch hoffen können, durch seine Belehrung mein Wissen in so bewunderungswürdigem Maße ausgedehnt zu sehen. Nein, die Überzeugung ist nicht *logische,* sondern *moralische* Gewissheit, und da sie auf subjektiven Gründen (der moralischen Gesinnung) beruht, so muss ich nicht einmal sagen: *es ist* moralisch gewiss, dass ein Gott sei etc., sondern*: ich bin* moralisch gewiss etc. Das heißt: der Glaube an einen Gott und eine andere Welt ist mit meiner moralischen Gesinnung so verwebt, dass, so wenig ich Gefahr laufe, die letztere einzubüßen, eben so wenig besorge ich, dass mir der erste jemals entrissen werden könne« (B 856f.).

Vorher heißt es:

»... so werde ich unausbleiblich ein Dasein Gottes und ein künftiges Leben glauben und bin sicher, daß diesen Glauben nichts wankend machen könne, weil dadurch meine sittliche [sic] Grundsätze selbst umgestürzt werden würden, denen ich nicht entsagen kann, ohne in meinen eigenen Augen verabscheuungswürdig zu sein« (KrV B 856). Darauf »wettet« auch Kant! – Die Reminiszenz ist eingeflochten, um zu zeigen, dass es durchaus – selbst mit dem hier in eine andere Richtung gewendeten Wett-Motiv – Möglichkeiten gibt, die Pascalsche »Wahl« positiv zu werten. (Die Kant'sche Prämisse – die »sittlichen Grundsätze« – ist an dieser Stelle nicht zu entfalten.) Gegenüber der pragmatischen Lesart ist nicht konsequentialistisch nach den Folgen, sondern transzendental nach den Voraussetzungen gefragt. Das »Autoritätsargument Kant« soll nicht verfolgt, sondern vielmehr auf einen Denker verwiesen werden, der in wesentlich engerem Anschluss an Pascal argumentiert hat: Maurice Blondel. Dabei hat Blondel Pascals Argument zunächst einen Vorwurf gemacht, diesen aber gleichzeitig produktiv umgewendet. Der Vorwurf lautet, er untersuche nicht, *warum* wir »im Boot« sind.[161] Infolgedessen gebe es an diesem Punkt bei Pascal nur harte, unerklärte Fakten. Blondel dagegen untersucht, warum wir im Boot sind. Seine *philosophie de l'action* hat am Ausgangspunkt einen dem Pascal'schen *libertin* ähnlichen Gesprächspartner, den *dilettante* des *fin de siècle,* der jeglichen Existenzsinn leugnet. Blondels Ziel ist es, den inneren Widerspruch in dieser Haltung aufzudecken und das wahre Wollen des quasi »postmodern« nur genießenden Ästheten herauszuarbeiten. Es ist der Ansatzpunkt für seine Analyse der Gedoppeltheit des Willensvollzugs, bei dem der wollende Wille – das Grundwollen – dem konkret Gewollten des Einzelwillens immer *unendlich* voraus ist – der Blondel und Pascal gemeinsame Kirchenvater Augustin steht im Hintergrund. Es ist eine Anthropologie des *desiderium,* die Blondel in einem strengen philosophischen Gedankengang entwickelt. Die Nähe zu Pascal ist einer eigenen Untersuchung vorzubehalten. Es ist aber auffällig, dass Blondel entscheidende Etappen seines Gedankengangs im umgreifenderen Pascal'schen Kontext formuliert.

Liest man die Blondel'sche *Action* anthropologisch, so kulminiert sie nicht in einer Wette, aber doch in einer *option,* einer Wahl bzw. Entscheidung. Auch hierzu wenigstens ein Zitat, das genügend an Parallelität zeigt:

»Was unausweichlich in jedem menschlichen Bewusstsein aufsteigt, was im praktischen Tun seine unabdingbare Wirkung zeigt, ist nicht der Begriff einer zu definierenden spekulativen Wahrheit; es ist die vielleicht unbestimmte, aber gewisse und gebieterische Überzeugung von einer Aufgabe und einem jenseitigen, erst noch zu erreichenden Ziel. Hier sind nicht ein paar kleine Einzelheiten unseres Verhaltens zu klären oder ein paar Teilentscheidungen zu treffen; hier ist – und zwar von jedem – das Ganze seines Lebens in Frage zu ziehen. Eine Unruhe – ein natürlicher Drang zum Besseren – der Eindruck, man habe eine Aufgabe zu erfüllen – die Suche nach einem Sinn des Lebens: sie prägen unentrinnbar unser Verhalten: Es mag einer die Frage beantworten, wie er will, sie bleibt gestellt. Der Mensch legt in sein

---

[161] M. BLONDEL: *L'itinéraire philosophique.* Paris: Aubier, ²1966, S. 22 = *Der philosophische Weg.* Freiburg i.Br.: Alber, 2010, S. 33, und gegen das Spielmotiv schon M. BLONDEL: *L'Action.* Paris 1893, S. XXI bzw. DERS.: *Œuvres complètes.* Bd. 1. Paris 1995 (die Originalpagination ist dort beibehalten) = *Die Aktion.* München: Alber, 1965, S. 20.

Tun, so unklar er darum wissen mag, diesen Charakter der Transzendenz. Was einer tut, das tut er nie um des bloßen Tuns willen.«[162] Es ist vielleicht interessant, dass Blondel auch eine Analogie zum Pascal'schen Kalkül bietet, indem er die unendlichen Kosten einer sich verweigernden Entscheidung negativ berechnet. Der wesentliche Unterschied bzw. die wesentliche Weiterführung gegenüber der Pascal'schen Skizze – m.E. nicht gegenüber dem Pascal'schen Denken schlechthin – liegt darin, dass das Unendliche nicht erst als Versprechen und »Erwartungswert« in das »Kalkül« eingeht, sondern der Raum ist, in dem sich von vornherein jede Entscheidung abspielt. Es ist für Blondel wie für Pascal – und natürlich Augustinus – selbstverständlich, dass solche Überlegungen nicht den Glauben bewirken können, der ein Geschenk – Gnade – ist. Aber sie bedenken die rationale Substruktur, auf der Glauben möglich ist.

8. Die Schrift und der Rest

Es soll nicht völlig übergangen werden, dass dieses merkwürdige Fragment noch wesentlich mehr enthält als die Frage, ob im »Licht der natürlichen Erkenntnis« Glaube oder Unglaube die rationaleren Handlungsweisen sind. Es hat durchaus einen *theologischen* Hintergrund: Schon zu Beginn ist die Frage der Erkenntnis des Glaubens und der eschatologischen Erkenntnis in der Glorie angesprochen. Im entscheidenden Mittelteil fällt das Rätselwort von der »Schrift und dem Rest«, in denen das Geheimnis des Spiels aufgeklärt wird. Diese anscheinend sehr nebenher gesagte Bemerkung ist ein Hinweis darauf, dass Pascal eine Bibelhermeneutik kennt, die im Blick zu behalten ist, wenn man die theologische Reichweite seiner Gedanken verfolgt. Der anthropologische Teil der *Pensées* – wenn wir das Fragment in diesem Kontext sehen – ist zwar der weit wirkmächtigere, er zielt aber auf den Schriftteil. Dass die Wirkung so ist, liegt an der literarischen Qualität der »anthropologischen« Fragmente und daran, dass die Schrifthermeneutik Pascals in ihren vorkritischen Voraussetzungen – das Alter der Menschheit, die auf dieser Grundlage konstruierte lückenlose Zeugenkette (vgl. in unserem Kontext Laf. 425) etc. – nur durch schwierige gedankliche Transpositionen noch nachvoll-

---

[162] *L'Action.* 1893, S. 353 = *Die Aktion*, S. 378.

ziehbar ist. Sie ist allerdings für seine Apologie insgesamt unentbehrlich, ist sozusagen seine *demonstratio christiana*. Der sachliche Kern seiner Schrifthermeneutik ist aber nicht so problematisch. Er ist am besten in dem Satz zusammengefasst, wonach die Liebe der Gegenstand der Schrift ist und alles, was sich nicht darauf bezieht, bloß »figürlich« zu deuten sei (»Tout ce qui ne va point à la charité est figure. L'unique objet de l'Écriture est la charité«, Laf. 270). – So weit die Schrift. Aber was ist der »Rest«?

9. Der »Hintergedanke«

»Man muss einen Hintergedanken haben und von diesem ausgehend über alles urteilen« (Laf. 91), sagt Pascal andernorts. Wo liegt dieser Hintergedanke im Fragment »Infini rien«? Ich denke, er liegt im »infini«. Auf eine platte Art wäre das Wett-Fragment logisch haltbar, wenn es nicht um »infini«, sondern bloß um »sehr viel« ginge. Inkonsistent wird das Argument, wenn das »infini« rein formal betrachtet wird: Die Logik stimmt, aber das Beweisziel ist nicht erreichbar. Das *infini(-rien)* strukturiert den Text: vom unendlichen Abstand Gottes zu uns über den unendlichen Wert im Kalkül – gegen das aufgegebene *rien* – bis zum Gewinn eines ethisch-religiösen Lebens schon jetzt: »… bis Sie schließlich erkennen: Sie haben um etwas Sicheres, *Unendliches* gewettet, für das Sie *nichts* gegeben haben.« Auch an die Stelle am Schluss sei erinnert, wo der Dialogführende sagt, dass er »… sich auf die Knie geworfen hat, um jenes *unendliche* und ungeteilte Wesen … zu erbitten«.
Sachlich gesehen ist die »qualitative Füllung« des *infini* gerade das Problem des Fragments für einen heutigen Leser. »… dass der Mensch den Menschen unendlich übersteigt – que l'homme passe infiniment l'homme« (Laf. 131), sagt Pascal an anderer Stelle. Blondels Analyse der Transzendenzstruktur der menschlichen Existenzbewegung, des Überschritts des konkreten endlichen Gewollten in jeder Willensbewegung, der geheimnisvollen Anwesenheit des Unendlichen im Vollzug jedes konkreten Aktes, die schrittweise vor die entscheidende *option* zwischen Öffnung und Selbstverschließung führt, übersetzt den Pascal'schen Hintergedanken in eine konsistente Gedankenbewegung, die im Übrigen augustinisch – und damit auch wieder pascalianisch ist.

Sucht man gewissermaßen die Ontologie, in welche die Pascal'sche Argumentation eingeordnet ist, so sollte man sich das Fragment über die Ordnungen ins Gedächtnis rufen:»Der unendliche Abstand der Körper von den Geistern gibt ein Bild von dem unendlich viel unendlicheren Abstand der Geister von der christlichen Liebe, denn diese ist übernatürlich«(Laf. 308, der Gedanke findet sich schon im Brief an die Königin von Schweden von 1652). Es kann hier um kein Herüberrechnen in diese Ordnung gehen, sondern nur um ein analoges Verdeutlichen der Struktur.

Sucht man die spirituelle Dimension, die hinter dem Fragment Pascals steht, so kann man in seinem Meditationstext »Mystère de Jésus« nachsehen: »Du würdest mich nicht suchen, wenn du mich nicht schon gefunden hättest« (Laf. 919). Die Vermittlung dieses Funds ist das Problem der Apologie. Auch das kann hier nur noch angedeutet werden.

10. Die Faszination des Fragments

Es gibt eine literarische Faszination Pascal'scher Texte, der man sich schwer entziehen kann. Die Kunst der Pointierung, der stilistische Reichtum, die Bildhaftigkeit der Argumentation etc. führen viele zu Pascal, die seine Gedanken nicht teilen.

Die inhaltliche Faszination geht darüber hinaus. Im Falle des Fragments *infini rien* gibt es eine Fülle von Anknüpfungspunkten, die zum Weiterdenken reizen. Die Konzentration auf das formale Wettargument ist sicher für Wahrscheinlichkeitstheoretiker ein gutes Übungsstück – sie findet bis in Lehrbücher ihren Niederschlag. Sie hat in einem bestimmten Kontext unter bestimmten Prämissen ihren Sinn (über gewisse »seltsame Individuen« des 17. Jahrhunderts hinaus!). Isoliert betrachtet dürfte für diesen Teil des Fragments aber gelten, was Pascal von den Gottesbeweisen schreibt: »und wenn das auch einigen nützlich sein sollte, so würde es ihnen nur in dem Augenblick nützen, da sie diese Beweisführung vor Augen haben, doch eine Stunde danach fürchten sie, sich getäuscht zu haben« (Laf. 190). Nimmt man den Text als eine »existentiale« Auslegung der menschlichen Entscheidungssituation, beachtet seinen literarischen Charakter und macht seine Implikationen stark – die Transzendenzbewegung des Willens auf das *infini* –, so bleibt er ein nachdenkenswertes Stück

der Überlieferung. Liest man ihn vor dem Hintergrund der Leucht-
kraft ethisch-religiösen Lebens –»sie werden treu, rechtschaffen,
wohltätig, aufrichtig sein ...«; nicht das »Weihwasser nehmen« zeigt
die Intention –, so wird er zur Hermeneutik einer vorausgesetzten
und vollzogenen Evidenz.

In unserem Textzusammenhang steht auch das Wort *le cœur a ses raisons / Das Herz hat seine Gründe* bzw. *seine Vernunft* (Laf. 423). Es
ist typisch für Pascal, dass es literarisch vollendet mit einem Wortspiel
und einem Quasi-Paradox weitergeht: ... *que la raison ne connaît
point / die die Vernunft nicht kennt.* Es ist aber ebenso typisch, dass
Pascal die Vernunft bemüht, diese nicht von ihr konstruierbaren
Gründe dennoch zu bedenken und sie in ein Gespräch einzubringen.

IV. Die Schrift über die Bekehrung

1. Über den Text

Sur la conversion du pécheur gehört zu den sogenannten kleinen Schriften, den *opuscules* Pascals. Diese sind – bis auf *De l'esprit géométrique* und dem mehr aus praktisch-spirituellen Überlegungen öfter edierten *Gebet um den rechten Gebrauch der Krankheiten* – zumal in Deutschland weniger beachtet worden, obwohl die Texte seit der Ausgabe von Schwartz 1845 in diversen Sammeleditionen in Übersetzung vorliegen.[163]
Die Schrift *Über die Bekehrung des Sünders*[164] stammt aus der Zeit um 1657/58.[165] Der Titel ist nicht von Pascal, sondern von Pierre Beurrier (1696–1731) vom Oratorium in Clermont, der ein wichtiger Tradent der Pascal-Überlieferung mit direktem Bezug zur Familie (der Nichte Marguerite) ist. Man wird ihn wohl mit Jean Mesnard[166] als eingebürgert belassen müssen, obwohl der Zusatz »des Sünders« aus dem Text nicht eigentlich gerechtfertigt ist[167] und eine Restriktion andeutet, die nicht vom Autor mitgegeben ist.
Der Zeitpunkt der Abfassung dieser Schrift markiert zugleich den Entstehenszeitraum der Fragmente der geplanten Apologie, also der *Pensées,* eines Unternehmens, das ja ebenfalls in seinem »Conclusi-

---

[163] Bibliographische Angaben KS, S. LXI–LXIV.
[164] Als Ausgaben vgl. OC.L, S. 290f.; OC.M 4, S. 35–44; KS, S. 331–336. Wegen der Kürze der Schrift sind die Zitate nicht einzeln belegt. – Die Bestreitung der Zuschreibung an Blaise Pascal ist laut Jean MESNARD (OC.M 4, S. 35) »totalement injustifié« (vgl. dort S. 35–39 die philologischen Daten, auf die wir hier nicht eingehen).
[165] Nach Jean Mesnard; Michel Le Guern datiert auf 1655. OC.LG 2, S. 1166f.; Philippe Sellier schreibt »sans doute du printemps 1658« in seinem Aufsatz: Des *Confessions* aux *Pensées.* In: Ph. SELLIER: *Port-Royal et la littérature.* Bd. 1: *Pascal.* Paris: Champion, 1999 (Lumière classique. 21): S. 195–222, hier 198. Der Aufsatz ist gegenüber der älteren Literatur erheblich weiterführend durch Heranziehung der Confessiones-Übersetzung von Robert ARNAULD D'ANDILLY, jetzt zugänglich als: Saint AUGUSTIN: *Confessions* / Éd. Philippe SELLIER, établie par Odette BARENNE. Paris: Gallimard, 1993 (folio. 2465).
[166] OC.M 4, S. 37.
[167] »encore que le complément ›du pécheur‹ soit peut-être de trop, et suggère une restriction qui n'est pas dans l'esprit d'auteur.« Ebd.

on« betitelten Schlusskapitel das Thema der Konversion hat.[168] Es handelt sich also um *das* zentrale theologische Thema des Pascal'schen Denkens in seinen letzten Jahren.

Der Zweck der kleinen und wie fast immer bei Pascal nicht fertigredigierten, wenn auch im fertiggestellten Teil nicht eigentlich fragmentarischen Schrift ist wohl die geistliche Führung von Menschen, die sich auf dem Wege der Intensivierung ihres religiösen Lebens befinden. Andere Dokumente dieser Art bei Pascal sind etwa die Briefe an Charlotte de Roannez,[169] die Ende 1656 geschrieben sind, also wohl kurz vor der Abfassung unseres Textes liegen. Eine alternative Deutung sieht diese Schrift als kleines geistliches Zirkular in Kreisen Port Royals, was der Auslegung aber auch keine andere Richtung geben würde, da es dann ja auch um geistliche Führung gehen würde.

Mit dieser Bestimmung ist die Schrift nicht weit von der Funktion der *Confessiones* Augustins entfernt, die ja »Deum laudant iustum et bonum, atque in eum excitant humanum intellectum et affectum«, also Gott loben und Geist und Sinn auf Gott hin treiben, wie die *Retractationes* schreiben.[170] Allerdings ist der Kontext ein ganz anderer. Sosehr die Schrift von dem Erlebnis, das gewöhnlich als »zweite Bekehrung« Pascals bezeichnet wird, geprägt ist, so wenig ist sie persönlich gehalten. Ein Blick auf das *Mémorial* zeigt dies deutlich.

2. Zum augustinischen Hintergrund

Wir wollen diese Schrift an einigen wichtigen Punkten durchgehen. Ein Aspekt, den ich dabei betonen werde, ist die augustinische Inspiration dieses Textes. Das ist nicht nur als historische Reminiszenz gemeint, sondern soll zeigen, wie augustinisches Denken über die Jahrhunderte lebendig geblieben ist und gerade auch im 17. Jahrhundert – das von anderen ein Jahrhundert Augustins genannt worden ist,[171] wobei erbitterte theologische Gegner sich gleicherweise auf Augusti-

---

[168] »Qu'il y a loin de la connaissance de Dieu à l'aimer« (Laf. 377); »Si j'avais vu un miracle, disent-ils, je me convertirais« (Laf. 378) usw. Zu diesem Thema vgl. Henri GOUHIER: *Blaise Pascal. Conversion et apologétique*. Paris: Vrin, 1986.

[169] Deutsch derzeit nur zugänglich in B. PASCAL: *Schriften zur Religion*. Übers. von Hans Urs von BALTHASAR. Einsiedeln 1982 (Christliche Meister. 17), S. 52–77 und elektronisch in PK.

[170] retr. 2,1.

[171] Das 17. Jahrhundert bezeichnet Sellier mit dem Historiker Jean Dagens als »le siècle

nus beriefen. Am Schluss wollen wir noch die Frage stellen, ob der Zusammenhang Augustinus / Augustinismus / Bekehrung zufällig ist oder mehr aussagt.

Die Schrift nennt als das Erste, was Gott der Seele, die er rühren will, eingibt, ein ganz ungewöhnliches Wissen und eine ganz ungewöhnliche neue Sicht,[172] die auch gleich als »neues Licht« bezeichnet wird. Die Metaphorik ist auch bei Augustins Bekehrungserlebnis gegeben, wo »quasi luce securitatis infusa cordi meo« die Zweifel verschwinden (conf. 8, 29)[173]. Die Lichtmetapher ist aber so verbreitet, dass hier nicht Augustins Darstellung seines Bekehrungserlebnisses herangezogen werden soll, sosehr das im Umkreis Port Royals naheliegt[174] und sich noch weiter belegen ließe. So etwa, wenn man in die Confessiones-Übersetzung Arnauld d'Andillys[175] hineinsieht, der conf. 1 »Da mihi, domine, scire et intelligere ...« übersetzt mit: »Donnez-moi, s'il vous plait, Seigneur, la lumière [!] qui m'est nécessaire pour discerner ...«, also die gleiche Metapher recht frei übersetzend verwendet.

Aber noch näher steht der kleinen Schrift m.E. das zehnte Buch der *Confessiones,* auch insofern, als hier Augustinus nach der sogenannten Bekehrung schreibt, wie er *jetzt* ist – die vorangehenden Bücher geben ja seinen Lebensweg bis dahin wieder –, ebenso wie Pascal in der kleinen Schrift von seinem jetzigen Stand ausgeht. Und so ist auch in conf. 10,7 die Lichtmetapher verwendet, die auf den Redenden selbst zielt und ihn über sich selbst erleuchtet: »... quod de me scio, te mihi lucente scio – denn was ich von mir weiß, weiß ich, weil Du mir Licht spendest.«[176] Aber schon conf. 10,1 findet sich das Zitat Joh 3,21

---

de saint Augustin«. Vgl. auch unter diesem Titel das Themenheft der Zeitschrift *XVIIe siècle* 34, Nr. 135 (1982).

[172] »une connaissance et une vue tout extraordinaire«.

[173] Herangezogen ist die Ausgabe Aurelius AUGUSTINUS: *Confessiones – Bekenntnisse /* Übers. v. Wilhelm THIMME, Einf. von Norbert FISCHER. Düsseldorf – Zürich: Artemis & Winkler, 2004; und für das zehnte Buch AUGUSTINUS: *Suche nach dem wahren Leben (Confessiones X / Bekenntnisse 10) /* Eingel. u. übers. v. Norbert FISCHER. Hamburg: Meiner, 2006 (PhB 584). – 8,29: es »... durchströmte mein Herz das Licht der Gewißheit, und alle Schatten des Zweifels waren verschwunden«.

[174] Dazu David WETSEL: Augustine's *Confessions*: A Problematic model for Pascal's conversion itinerary in the »Pensées«. In: *Papers on French seventeenth century literature* 17 (1990), S. 123–143, der allerdings die Bezüge zu den *Confessiones* zu gering ansetzt. Ihm standen noch nicht Selliers Nachweise von 1999 zur Verfügung.

[175] Saint AUGUSTIN: *Confessions*. Paris: Gallimard, 1993 (folio. 2465).

[176] Übersetzung Norbert FISCHER, a.a.O., S. 11.

»qui facit [... veritatem] venit ad lucem«. So ist es auch bei Pascal; auch hier wird die Finsternis des Menschen hell durch dieses neue Licht. Die Helligkeit setzt gleichzeitig in Unruhe. So auch conf. 10,2 – wieder mit der Lichtmetapher: »tu refulges ... – Da mein Seufzen jetzt aber bezeugt, dass ich mir missfalle, leuchtest Du auf ...«[177] Eine »vue intérieure«[178] lässt ihn keine Ruhe mehr bei den äußeren Dingen finden. Die Nichtigkeit der irdischen Dinge führt zu einer Suche nach dem wahren Gut, das zwei Qualitäten haben muss: Es muss dauern und es muss aufs Höchste liebenswert sein (»rien de plus aimable«). Hier ist Pascal wieder auf augustinischem Terrain.[179] Die Editoren haben eine Stelle aus *De moribus ecclesiae*[180] für das höchste, dauernde und liebenswerteste Gut, das der Seele nicht ohne ihre Zustimmung genommen werden kann, herangezogen. Aber auch *Confessiones* 4,16 (11) wäre heranzuziehen, jedenfalls, wenn man die Übersetzung Arnauld d'Andillys heranzieht,[181] der die augustinischen Ausdrücke mit der Sprache der Spiritualität des 17. Jahrhunderts übersetzt[182] (vain amour des créatures, choses périssables). Aber auch in jeder gängigen Übersetzung ist der Zusammenhang gegeben Im Folgenden ist das Aufstiegsschema von conf. 10 spürbar. »Dieser Aufschwung reicht so weit und ist so überschreitend, dass die Seele nicht beim Himmel – er hat nichts, womit er sie zufriedenstellen kann – und ebenso wenig über dem Himmel oder bei den Engeln oder selbst bei den vollkommensten Wesen stehen bleibt.« Eine Vorstellung, die sich in den Schriften Port Royals auch sonst findet. Ein neuer Herausgeber zitiert Saint-Cyran: »Man muss nach dem heiligen Augustinus zunächst alle Geschöpfe und selbst die Himmel, die Ster-

---

[177] Ebd., S. 3.

[178] WETSELS abwehrende Interpretation des Blicks nach innen (»Pascal's conviction the the inward search ist futile ...«) bei Pascal scheint mir nicht korrekt (Augustine's *Confessions,* a.a.O., S. 131), auch nicht in der Interpretation des Fragments Laf. 143.

[179] Vgl. zu beatitudo Henrique de Noronha GALVÃO in AugL 1, Sp. 624–638 und zu bonum, summum bonum etc. Norbert FISCHER: AugL 1, Sp. 671–681.

[180] Erstmals hat wohl Ernest HAVET auf 1,5 hingewiesen (bzw. 3 in älteren Ausgaben), vgl. OC.M 4, S. 42.

[181] A.a.O. hier S. 131.

[182] vain amour des créatures, choses perissables usw. Die sprachliche Nähe dieser Übersetzung zu manchen Pascal'schen Wendungen ist eine wesentliche Entdeckung Ph. Selliers (vgl. Des *Confessions* aux *Pensées*. 1999). Die Fixierung auf den lateinischen Urtext verkennt die Bedeutung dieser Übersetzung für die sprachliche Einbindung Augustins in den zeitgenössischen Kontext. Für Pascal gilt: »La mémoire pascalienne joue assez souvent avec la version d'Andilly *et* avec les formules éclatantes du texte latin« (a.a.O., S. 199).

ne und die Engel überschreiten, um Gott zu finden.«[183] Die Seele – so auch Pascal – »dringt durch alle Geschöpfe und das Herz ruht nicht eher, bis sie zu Gottes Thron gelangt ist, wo sie nun ihren Frieden und jenes Gut findet, das so beschaffen ist, dass es nichts Liebenswerteres gibt und dass es ihr nur mit ihrem Einverständnis genommen werden kann«. Sellier verweist hierzu auf Arnauld d'Andillys Übersetzung der Vision von Ostia.[184] Man vergleiche aber auch conf. 10,8, wo gefragt wird, »quid autem amo, cum te amo?«, und mit dem geradezu hymnischen Satz geschlossen wird. »Das Licht, das meiner Seele dort erstrahlt, nimmt keinen Raum ein; dort erklingt eine Stimme, die keine Zeit hinwegrafft; dort entzückt ein Duft, den kein Wind verweht; dort wird gekostet, was die Lust zu essen nicht mindert; und die Umarmung, die dort verbindet, reißt der Überdruss nicht wieder auseinander. Gerade das ist es, was ich liebe, seit ich meinen Gott liebe.« 10,9ff. wird nach diesem überzeitlich-dauernden und höchst Liebenswerten in einem Aufstieg über alle kosmischen, hyperkosmischen und seelischen Gegebenheiten gefragt. Vergleichen ließe sich auch das schon genannte Kapitel conf. 4, 16 (11) in der Arnauld'schen Übersetzung. Kurz, die Ausführungen sind getränkt von augustinischem Geist, wie er in den *Confessiones* an verschiedenen Stellen Ausdruck findet. Sprachliche Nähe findet sich besonders zu der zeitgenössischen Übersetzung[185], aber natürlich gibt es auch die Nähe zu anderen Stellen im Werk Augustins und zu »augustinischer« Literatur der Zeit.

Der Text ist unabgeschlossen. Am Schluss stehen Überlegungen zum Weg, zu den von Gott selbst kommenden Mitteln. Hier wäre zum einen der Ansatz für eine christologische Vermittlung. Assoziiert wird *via/veritas*, der Weg, die Wahrheit und das Leben von Joh 14,6 wie auch im Fragment Laf. 140 der *Pensées:* »Wenn Epiktet den Weg auch ganz deutlich gesehen hätte, sagt er doch den Menschen: Ihr geht einen falschen Weg. Er beweist, dass es einen anderen gibt, aber er führt nicht zu ihm hin. Es ist derjenige, zu wollen; was Gott will. Jesus Christus allein führt auf diesen Weg. *Via veritas.*« Der Absatz bleibt aber hier Fragment.

---

[183] OC.LG 2, S. 1167: »Il faut donc, selon saint Augustin, passer premièrement toutes les créatures et même les cieux, les étoiles et les anges pour trouver Dieu.«
[184] *Confessions,* a.a.O., S. 319 (conf. 9, 24 [10]).
[185] Sie erschien 1649.

Im nächsten Absatz geht es um die ekklesiologische Seite, darum, den Weg bei denen zu suchen, die ihn schon gehen. Hierfür verweist Sellier[186] auf conf. 7,26: »ceux qui connaissent le chemin de notre bienheureuse patrie«[187] (nach Arnauld), wobei das lateinische Original aber hier den »Weg«, d.h. Christus selbst, anspricht, was die Assoziation natürlich trotzdem denkbar macht. In der Übersetzung von Thimme ist die Rede von »denen, die sehen, wohin man gehen, aber nicht, wie man dahin gelangen soll, und dem, der der Weg ist und uns zum seligen Vaterland führt«. Die Sachparallele zu den entsprechenden Stelle des Wett-Fragments scheint mir aber noch näher zu liegen[188]: »Sie möchten zum Glauben gelangen und Sie wissen nicht den Weg dahin. Sie wollen sich vom Unglauben heilen und verlangen die Arzneien dazu. Lernen Sie von denen, die wie Sie gebunden waren und die jetzt ihr ganzes Gut einsetzen; das sind Menschen, die den Weg kennen, den Sie gehen möchten, und die von dem Übel genesen sind, von dem Sie genesen möchten. Folgen Sie der Art, wie sie begonnen haben ...«.

Natürlich ließe sich zu dieser Schrift auch die Gegenrechnung aufmachen: Was ist nicht augustinisch? Die Betonung des *anéantissement* – der völligen Vernichtung der Kreatur – hat einen anderen Charakter als Augustins »aliqua portio creaturae – preisen will dich ein Mensch, der doch nur ein Stücklein ist deiner Kreatur ...«. Allerdings wird man hier auch dem Zeitalter des Absolutismus seinen Zoll entrichten müssen. Die damit verbundene Interpretation der Unendlichkeit Gottes steht sicher im Rahmen von Pascals Überlegungen zu den Ordnungen und dem Unendlichen; die Reflexionen der Wette sind zeitlich nicht allzu entfernt usw. Das ist hier nicht das Thema, aber es ist wenigstens darauf hinzuweisen, dass Pascal kein Übersetzer Augustins, sondern ein eigenständiger Denker ist.

3. Bekehrung und »Augustinismus«

Es hat mich schon öfter fasziniert, dass es Texte gibt, die auslösend für Konversionen gewesen sind. Dazu gehört natürlich die Bibel.

---

[186] Des *Confessions* aux *Pensées*, S. 198.
[187] A.a.O., S. 252, conf. 7,26 (20).
[188] »gens qui savent ce chemin«, Laf. 418.

Aber es gibt einige weitere Schriften. Die *Confessiones* des heiligen Augustinus gehören dazu. Wenn wir in die neuere Zeit schauen, ist wohl das Schrifttum John Henry Newmans – mit seinem Motto *cor ad cor loquitur* – zu nennen, aber auch *L'Action* von Maurice Blondel. Die *Pensées* gehören jedenfalls auch dazu. Für mich ist verblüffend, dass dies eigentlich alles Bücher der augustinischen Tradition sind. Deshalb habe ich bei unserer Schrift auch auf die augustinische Quelle Wert gelegt.

Wenn man es etwas verfremdend mit einem modernen Wort benennt, wird man in allen diesen Schriften eine Art von christlichem theologischem Existentialismus finden, eine Betrachtung der menschlichen Existenz in ihrer Zwiespältigkeit und ihrer Offenheit, pascalsch in Elend und Größe, eine Betrachtung seiner Glückssuche und seiner Sehnsucht nach Erfüllung – und umgekehrt kann man sagen, dass eindrucksvolle Werke der Existenz-(bzw. Existenzial-)Philosophie hier auch ihre Quellen haben – ich denke an Heideggers *Sein und Zeit*[189] –, und manchmal dienen sie auch als Transport christlichen Gedankenguts in der säkularen Umgebung.

---

[189] Die Beziehung Heidegger – Augustinus ist seit Karl LEHMANN: Christliche Geschichtserfahrung und ontologische Frage beim jungen Heidegger. In: *Philosophisches Jahrbuch* 74 (1966), S. 126–153 schon öfter dargestellt worden, vgl. jetzt etwa Friedrich-Wilhelm von HERRMANN: Begegnungen mit Augustinus in den Phänomenologien von Edmund Husserl (1859–1938), Max Scheler (1874–1928) und Martin Heidegger (1889–1976). In: Norbert FISCHER (Hrsg.): *Augustinus. Spuren und Spiegelungen seines Denkens*. Bd. 2. Hamburg: Meiner, 2009, S. 253–264; zu Heideggers versteckter Beziehung zu Pascal vgl. Albert RAFFELT: Heidegger und Pascal – eine verwischte Spur. In: Norbert FISCHER – Friedrich-Wilhelm von HERRMANN (Hrsg.): *Heidegger und die christliche Tradition. Annäherungen an ein schwieriges Thema*. Hamburg: Meiner, 2007, S. 189–205.

V. Grenzen und offene Fragen

Der Durchgang durch das religiöse Schrifttum Pascals bleibt seinerseits fragmentarisch – wie alles bei Pascal selbst fragmentarisch geblieben ist. Darin liegt aber anderseits auch die anregende Kraft seines Denkens. Die vielfältigen Wege der Rezeption machen dies deutlich. Nur auf wenige konnte hier hingewiesen werden. Es lässt sich natürlich auch die Frage stellen, was bei Pascal problematisch ist. Die starke Akzentuierung der Erbsünde als Konstruktionselement seiner Apologie gehört wohl dazu – nicht aber die existentiale Analyse der menschlichen Existenz, zu deren theologischer Erklärung Pascal das Konstrukt heranzieht. Auf die Probleme der Historisierung in seiner Schrifthermeneutik wurde schon hingewiesen. Für den »Rationalisten« Pascal ist sie ein wesentliches Moment. Die Tiefe seiner Bibellektüre liegt aber nicht hier, sondern das Schlüsselwort ist die Liebe. Ausgeblendet ist in seiner Apologie das Theodizee-Problem, keine moderne Fragestellung – Augustin hat u.a. in conf 5 (Woher das Böse?) eine Antwort versucht. Sie ist aber heute besonders virulent und kann das ganze Pascal'sche Projekt bestreiten.[190] Eine Antwort von Pascal aus müsste auf Schriften wie *Mystère de Jésus* (Laf. 919) zurückgreifen[191] und auf das zentrale Theologoumenon des »verborgenen Gottes«. Eine begriffliche Auflösung des Problems gibt es nicht, wohl aber die Hoffnung des Glaubens, »dass … die Antwort voller Übergabe in das Geheimnis Gottes und des Todes wirklich von Gott als ewig gültig und ewig seligmachend angenommen, mit Gott selbst beantwortet ist«, wie Karl Rahner sagt.[192]

---

[190] Vgl. etwa Magnus STRIET: Trost: Eine Miniatur. In: Michael BECHT – Peter WALTER (Hrsg.): *ZusammenKlang*. Freiburg i.Br.: Herder, 2009, S. 386–395.

[191] Vgl. K. RAHNER: *Warum läßt uns Gott leiden?* Freiburg i.Br.: Herder, 2010, S. 54 bzw. *Sämtliche Werke*. Bd. 30. Freiburg i.Br.: Herder, 2009, S. 853: »Der Christ ist in seinem Glauben überzeugt, daß die Antwort, die er auf sein Leidproblem geben muß, nur möglich ist als durch die Gnade gegebener Mitvollzug der Antwort, die Jesus am Kreuz auf die Todesnot gegeben hat, in die er willig versank: ›Vater, in deine Hände empfehle ich meinen Geist‹«.

[192] Ebd.

Abkürzungen

DH = Heinrich Denzinger – Peter Hünermann: *Kompendium der Glaubens-bekenntnisse und kirchlichen Lehrentscheidungen – Enchiridion symbolorum, definitionum et declarationum de rebus fidei et morum.* Freiburg i.br.: Herder, ⁴³2010.

KS = B. Pascal: *Kleine Schriften zur Religion und Philosophie* / hrsg. von A. Raffelt, übers. von Ulrich Kunzmann. Hamburg: Meiner, 2005 (PhB 575).

Laf. = Nummerierung der einzelnen Texte der *Pensées* nach der Ausgabe von Louis Lafuma bzw. im Deutschen nach der Übersetzung von Ulrich Kunzmann: B. Pascal: *Gedanken.* Stuttgart: Reclam, 2004 u.ö. [Leipzig ¹1987].

OC.L = B. Pascal: *Œuvres complètes* / Éd. Louis Lafuma. Paris: Seuil, 1963 u.ö.

OC.LG = B. Pascal: *Œuvres complètes* / Éd. Michel Le Guern. 2 Bde. Paris: Gallimard, 1998–2000 (Bibliothèque de la Pléiade; 34 und 462).

OC.M = B. Pascal: *Œuvres complètes* / Éd. Jean Mesnard. Bislang 4 Bde. Paris: Desclée De Brouwer, 1964ff.

PK = *Pascal im Kontext: Werke auf CD-ROM – Französisch/Deutsch.* In neuen Übersetzungen von Ulrich Kunzmann. Berlin: Karsten Worm, 2003 (Literatur im Kontext; 19).

Teil II
Peter Reifenberg

»Et – et?«: extrinsisch Jansenist –
intrinsisch Antijansenist

Das Pascal-Bild von Maurice Blondel

A. Fragen und Charakterisierungen

Warum, so möchte man fragen, setzt sich der wirkmächtige französische Philosoph Maurice *Blondel* (1861–1949) im Jahre 1923 dezidiert mit dem Jansenismus[1] und näherhin mit dem Jansenismus von Blaise Pascal auseinander?

Könnte man vermuten, dass sich Blondels Affinität zu Pascal in mehreren Beiträgen Ausdruck verschafft, da er sich seit seiner Schulzeit in Stil, Methode und Scharfsinn von Pascal angesprochen fühlte, so erstaunt es umso mehr, dass er sich neben wichtigen vereinzelten Tagebucheintragungen und dem kurzen, kritischen Rekurs auf Pascal im *Itinéraire philosophique*[2] sowie an mehreren Stellen von *L'Action* (1893)[3] nur mit einem größeren Beitrag zu Pascal äußert; eine größere Buchveröffentlichung fehlt genauso wie eine Artikelreihe. Es bleibt der schwierige Text *Le jansénisme et l'antijansénisme de Pascal*[4], mit dem er sich einzig ausführlich und argumentativ perfekt zu Wort meldet.

Aber auch die Sekundärliteratur zu Blondels Auseinandersetzung mit Pascal bleibt recht übersichtlich: Erstaunlicherweise weist die Bibliographie kaum Einträge auf, welche die Beziehung Blondels zu Pascal

---

[1] Vgl. Charles H. O'Brien: Jansen/Jansenismus. In: *Theologische Realenzyklopädie*. Bd. 16, Berlin–New York: de Gruyter, 1987, S. 502–509 (Lit.).

[2] Maurice Blondel: *Itinéraire philosophique* / Propos recueillis par Frédéric Lefèvre. Paris: Spes, 1928, Neuausgabe. Paris: Aubier, 1966; vgl. auch die deutsche Übersetzung M. Blondel: *Der philosophische Weg. Gesammelte Betrachtungen*. Hrsg. von Frédéric Lefèvre, eingeleitet und übersetzt von Patricia Rehm. Freiburg – München: Alber, 2010, S. 45/22/33 (»mon cher Pascal«); 57/30/39/; 69/114/72; 165/104/98. 201/129/16.

[3] Vgl. M. Blondel: *L'Action. Essai d'une critique de la vie et d'une science de la pratique*. Paris: Alcan, 1893 bzw. M. Blondel: *Œuvres complètes*. Bd. 1. Paris: P.U.F., 1995; dt.: M. Blondel: *Die Aktion. Versuch einer Kritik des Lebens und einer Wissenschaft der Praktik*. Freiburg: Alber, 1965 (= A): S. XXI/29/20; 34/68/58; 36/70/60; 46/80/70; 97[1]/131[1]/123[1]; 326/360/352; 395[1]/ 429[1]/421[1].

[4] In: M. Blondel: *Dialogues avec les philosophes. Descartes, Spinoza, Malebranche, Pascal, St. Augustin*. Paris: Aubier, 1966, S. 91–128 (= D).

aufarbeiten.[5] Erst in den letzten Jahren konnte mit dem Beitrag »Blondel et Pascal« Jean-Noël *Dumont* einem längst überfälligen Mangel eine neuere Abhilfe schaffen.[6]

Lange Zeit einzig und unentdeckt steht in der englischen Sekundärliteratur das siebente Kapitel von Dorothy Margret Eastwoods Buch »The Revival of Pascal. A Story of his relation to modern French thought« (Oxford 1936 [!], 88–118) mit dem interessanten Titel »Blondels Philosophie of Action in relation to the Pensées«, ein ungemein dichter Essay, der in der deutschen Literatur nur von Albert Raffelt aufgegriffen wird.

Große Verdienste in der deutschsprachigen Blondel-Forschung kommt Letztgenanntem zu, der Blondel stark von Pascal her liest und bereits seit seiner bei Karl Lehmann entstandenen Dissertation »Spiritualität und Philosophie. Zur Vermittlung geistig-religiöser Erfahrung in Maurice Blondels L'Action (1893)« sein abschließendes Kapitel acht unter das Thema »Pascals Wette und die Philosophie des Tuns« stellte.[7]

Und dabei darf man eingedenk dieser Überlegungen zu Beginn schon als erste *Arbeitsthese* festhalten: Nur wenige Gesprächspartner haben Maurice Blondel in solch eindringlicher Weise nachhaltig beeinflusst wie Blaise Pascal.

Warum aber beschäftigt sich Blondel gerade mit Pascals Auseinandersetzung mit dem Jansenismus? Warum gewährt er überhaupt dem Jansenismus einen solch breiten Raum?

---

[5] E. Tauzin: Pascal et le problème de l'intelligence. In: *La nouvelle journée* Nr. 28 (1922), S. 128–149, E. Baudin: L'originalité philosophique de Pascal. In: *Revue de sciences religieuses* 4 (1924), S. 495–497; L. Beaudou [L. B.]: Pascal. In: *Le Van* Nr. 81 (1927), S. 253–296; Jacques Chevalier: Pascal et la méthode d'immanence. In: *Les lettres* (01.03.1927), S. 24–46; Aimé Forest: Pascal et Maurice Blondel. In: *Pour un cinquantenaire. Hommage à Maurice Blondel.* Paris: Bloud et Gay, 1946 (La nouvelle journee. 12), S. 27–48.

[6] Vgl. Jean-Noël Dumont: Blondel et Pascal. In: Emmanuel Gabellieri – Pierre de Cointet: *Maurice Blondel et la Philosophie Française.* Paris 2007, S. 49–59 (= Dumont 2007).

[7] Albert Raffelt: *Spiritualität und Philosophie. Zur Vermittlung geistig-religiöser Erfahrung in Maurice Blondels L'Action.* Freiburg i.Br.: Herder 1978 (Freiburger theologische Studien. 110), S. 223–255. In unserem Zusammenhang wichtig ist der Beitrag von A. Raffelt: Blaise Pascal (1623–1662) als Schüler Augustins. In: Norbert Fischer (Hrsg.): *Augustinus. Spuren und Spiegelungen seines Denkens.* Bd. 2: *Von Descartes bis in die Gegenwart.* Hamburg: Meiner, 2009, S. 45–59. (= Raffelt [2009]).

Zum einen wird man geneigt sein, die Äußerungen zum Jansenismus werkgeschichtlich eng an die Beiträge zu Augustinus und dem Augustinismus zu binden. Das Studium des heiligen Augustinus steht für Blondel stets im Hintergrund seiner Pascal-Beschäftigung.[8] Dies belegt auch die elogenhafte Skizze des »Maître préferé« St. Augustin (vgl. D 99) mitten im Pascal-Artikel, hier in einer sprachlichen Perfektion, welche die Person und das Werk Augustins in drei Schritten kurz und konzise charakterisiert (»Qu'est-il ...«).

Zum anderen ist die Pascal-Studie, die in Aufbau, Stil und Methode nach dem Aufbauprinzip »A, B, A« angelegt ist, offensichtlich durchgehend *metaphorisch* zu verstehen und dies hieße im Kontext des Lebens und Denkens Maurice Blondels – zeitgeschichtlich fokussiert – auf dem Hintergrund der harten Jahre im Modernismusstreit zu lesen. Die sogenannten Modernisten, so könnte die dem Beitrag zugrunde liegende geheime These Blondels gelautet haben, unterliegen genauso vielen Vorurteilen wie die Jansenisten und bedürfen um der Gerechtigkeit willen im besten Sinne der kritischen Inblicknahme. Unterstützt wird diese Vermutung durch einen Verweis Blondels auf die Zeitgemäßheit der zunächst unzeitgemäßen Fragestellungen (D 123[9]), in denen er darauf hinweist, dass der Beitrag im Hinblick auf »gegenwärtige Diskussionen innerhalb der Religionsphilosophie« zu verstehen ist. Die *erste These* ließe sich deshalb mühelos mit einer *zweiten* verbinden:

Etwas kess ließe sich behaupten: Wenn Blondel über »Pascal« schreibt und spricht, meint er letztlich sich selbst. Sein Pascalbild ist letztlich auch ein Selbstportrait. Beide Thesen gilt es, durch eine gründliche *Texthermeneutik* nachzuweisen.

Der *Text* Blondels hat einen hohen *literarischen* Anspruch und lotet sämtliche Möglichkeiten der romanischen Sprache aus: Viele Partizipialkonstruktionen und Substantiva erschweren das Verständnis. Sich wiederholende Argumentationsketten mit deckungsgleichen Aufbauprinzipien, sprachgewaltigen Formulierungen, die aus einer dezidierten und tiefen Kenntnis der Pensées sich speisen, viele tricolonische Anaphern gestalten den Artikel zum literarischen Hochgenuss. Maurice Blondel zitiert auch in diesem Beitrag nicht exakt, sprengt da und

---

8 Vgl. hierzu: Peter Reifenberg: »L'unité de vue et de vie«. Augustinus und Maurice Blondel (1861–1949). In: *Augustinus. Spuren und Spiegelungen seines Denkens.* Bd. 2, S. 211–227 (= Reifenberg [2009]).

dort treffende Zitatfetzen – meist aus den *Pensées* – ein, weist sie allerdings nicht nach.[9] Dies als Defizienz zu bezeichnen wäre fehlgegriffen. Dahinter steckt bei Maurice Blondel die Methode, mit dem Ein-, Mit- und Nachdenken eine kongeniale Einheit, ja eine Weise des synchronen Denkens zu praktizieren. Aus der *inneren Verwobenheit* mit den Gedanken Pascals geschieht in seiner tiefen Hermeneutik nicht bloß ein Referieren des Gedankens, sondern aus dem gedachten Denken ersteht ein denkendes Denken und somit ein neuer, eigenständiger Gedanke auf die Weise eines Fort- und Weiterdenkens des Nachdenkenden.

Dringend notwendig erwiese sich freilich eine brauchbare deutsche Übersetzung.

Die wichtigsten Inhalte des komplexen und bisher in der Literatur in seiner Ganzheit noch unbearbeitet gebliebenen Beitrages sollen nachfolgend in einer *kritischen Relecture* rekonstruiert werden. Insofern versteht sich der vorliegende Beitrag lediglich als erster hermeneutischer Schlüssel der Blondel'schen Pascal-Interpretation. Das Textverständnis steht bei einem solch komplexen Beitrag im Vordergrund. Deshalb bleiben wir bei einer inhaltlichen Erarbeitung des Textes eng an ihn angelehnt. Dies gilt insbesondere für die sich durch eine kunstvolle Syntax auszeichnende »Conclusion«.

Letztlich geht es inhaltlich immer wieder um Blondels Frage nach dem Verhältnis zwischen Transzendenz und Immanenz des Göttlichen und damit nach dem Gottesbegriff genauso wie nach dem Bild vom Menschen. Blondel bekam die Gedanken Pascals gemäß der philosophischen Tradition Frankreichs, Autoritäten mit Respekt und einem gewissen Nationalstolz aufzuarbeiten, von frühauf mit dem Löffel eingegossen.

Für sein Pascal-Verständnis spielen seine Lehrer Léon *Ollé-Laprune* (1839–1898)[10] und Émile *Boutroux* (1845–1921) sowie Jules *Lachelier* (1832–1918) eine entscheidende Rolle. Im Hintergrund allerdings ist zu beachten, dass der Blondel-Widersacher Léon *Brunschvicg* (1869–1944) seine über ein Jahrhundert bedeutsame Ausgabe der *Pensées* herausgab[11].

---

[9] In einem nächsten Schritt, der nachfolgend nicht begangen wird, könnte man die Belegstellen aus den *Pensées* rekonstruieren.

[10] Vgl. Peter REIFENBERG: *Verantwortung aus der Letztbestimmung. Maurice Blondels Ansatz zu einer Logik des sittlichen Lebens.* Freiburg i.Br.: Herder 2002 (Freiburger Theologische Studien. 166), 38–149 (= REIFENBERG [2002]).

[11] *Opuscules et Pensées.* Publiés avec une introduction, des notices et des notes, par

Unzweifelhaft erscheint mir, dass auch der Pascal-Artikel Maurice Blondels dazu dient, seine eigene philosophische Position darzulegen (vgl. Reifenberg [2009], S. 211–214). Dabei wage ich noch einmal die These, dass sich Blondel, der sich vor allem in Zeiten der Modernismuskrise bevorzugt mit dem Pseudonym Bernard de Sailly, B. Aimant (1894) und dem prête-nom, F. Mallet zu Wort meldete, des Pseudonyms »Pascal« bedient, um seinen eigenen Positionen zum einen die philosophische Dignität zu verleihen und zum anderen die theologische Orthodoxie nachzuweisen und zu unterstreichen. Zudem dient Pascal ihm als Abgrenzung gegenüber jedweder idealistischen Position (vgl. D 122; viele philosophische Theoreme Blondels, vgl. auch D 117).

In jeder Hinsicht steht Pascal ihm als Vorbild, als klassisches Exempel vor Augen. Dies betrifft den Stil genauso wie die brillante Formulierung, der kein Zufall überlassen bleibt. Im Grunde gilt dies für alle Beiträge Blondels zur Geschichte der Philosophie (vgl. Reifenberg [2009], S. 211–214), mit denen er um eine Präzisierung und Schärfung seines eigenen Denkens ringt. Bei Pascal fallen noch mehr die zeitgeschichtlichen Umstände ins Gewicht, um ihn, Pascal, und damit letztlich sich selbst, Blondel, aus »häretischen Fängen« herauszuholen.

Dieses Ziel erreicht er nur, wenn der »état d'âme« des zu Beschreibenden aufgespürt werden kann, d.h., wenn er die innere Organisation des Denkens im Hinblick auf die innere Logik durchleuchtet und die Grenzen einer nicht abschließbaren Dialektik, besonders im Denken Pascals, aufweisen kann, die schließlich den Weg frei werden lassen zu den eigentlichen Fragen nach der Moral, der Religion und schließlich nach der Bestimmung des Menschen (vgl. D 285; Reifenberg [2009], S. 212).

Jede philosophiehistorische Unterscheidung steht bei Maurice Blondel unter dem Vorzeichen notwendiger philosophischer Aufrichtigkeit, die er hernach philosophisch-systematisch problematisiert und akribisch literarisch ausarbeitet. Bedenkt man Blondels Auseinandersetzung um das »natura pura-Problem«, dann ist die Frage, ob die fiktive Eingangsfrage an Pascal: »Êtes-vous Janséniste?«, die rhetorisch sogleich mit »non« beantwortet wird, auch eine Selbstanfrage Blon-

---

Léon Brunschvicg. Paris: Hachette, 1897. *Pensées* de Blaise Pascal. Nouvelle édition par Léon Brunschvicg. Paris: Hachette, 1904 (Les Grands Ecrivains de la France).

dels, ob er sich denn als einen Modernisten versteht. Dabei steht die diffuse Gemengelage des Jansenismus als mehrdeutige Metapher einmal für die Richtungen innerhalb des »Modernismus«, wieder ein anderes Mal für die philosophischen Antipoden, d.h. für die Vertreter einer zu überwindenden rigiden »logique abstraite«. Die Urintuition des Jansenismus, die sich auf eine verinnerlichte Weise des Religiösen ausspricht, wird von Maurice Blondel durchaus positiv gewürdigt. Er kritisiert allerdings die Entwicklung des Jansenismus in Richtung einer immer starrer werdenden lehrhaften Dogmatik, bedingt durch eine den aktiven Lebensvollzug zugunsten einer abstrakten Anschauung geopferten philosophischen Grundhaltung. Es ist aber auch eine Klärung des grundsätzlichen Problems, wie man einem Denker vom Format Pascals (oder Blondels) überhaupt gerecht werden kann, der sich unter dem Einfluss des Jansenismus in seinen Gedanken bereichert fühlte und der seine Methode am Jansenismus abarbeitete und dessen Erfahrungen durch diesen geöffnet wurden, damit sein spirituelles Leben ebenso bereichert werden konnte. Deshalb wird die Frage nach dem Jansenismus zu einer Gerechtigkeitsfrage: Kriterien der Gerechtigkeit sollen aufgespürt werden, um herauszufinden, ob die Jansenisten etwa eine Sekte bilden oder dem Katholizismus in seiner reinen Form angehören können. Der Jansenismus stellt sich nach außen hin theologisch, moralisch und politisch – aber auch philosophisch – als *Chamäleon* dar, das vielen Wandlungsprozessen unterliegt, wie auch das Leben Pascals einem steten Wandlungsprozess ausgesetzt war. Deshalb ist ein einliniges Urteil ihm gegenüber nicht möglich. Es ist notwendig, sowohl dem Jansenismus in seinen Grundintuitionen als auch entsprechend Pascal in seinem steten Konversionsprozess auf die Spur zu kommen. Für Blondel gilt es nun, durch den Beitrag die Verirrungen und Vorurteile zu entflechten, um einen doppelten Lebensweg, sowohl den Weg Pascals als auch den Weg des gesamten Jansenismus, ausfindig machen zu können.

Das Auffinden eines Leitfadens im inneren Drama zwischen Jansenismus und Antijansenismus in der Biographie Pascals bildet das Hauptproblem des Beitrags. Es schließt sich eine Analyse der Entwicklung des Jansenismus selbst an, um die Anfechtungen und Leiden, um die Seelenanliegen Pascals sichtbar werden zu lassen und um einer religiös-asketischen Erneuerungsbewegung innerhalb des Katholizismus in Frankreich Gerechtigkeit widerfahren zu lassen sowie die Denkansätze Pascals wie Blondels als eigenständige, vom System unabhängige zum Klingen zu bringen.

Als Lösungsweg findet Blondel die doppelte Dialektik des Sowohl als Auch, zwischen Jansenismus und Antijansenismus als episches Merkmal sowie als eigene Positionsbestimmung begründet.

Damit sind die Leitfragen gebündelt, die es ermöglichen, gezielt eine philosophische Analyse des Jansenismus aufzuarbeiten (vgl. D 92f.). Pascal entwickelt eine originelle philosophische Denkungsart, die methodisch allen Anforderungen der Philosophie standhält und im eigentlichen Sinne außerhalb des Jansenismus sich bewegt.

B. Inhaltliche Erschließung

I. Ideengeschichtliche Bestimmung des Jansenismus

So widmet sich Maurice Blondel im *ersten* von drei Großabschnitten (I–III) der ideengeschichtlichen Bestimmung des Jansenismus (D 93–107) und entfaltet dieses Kapitel nach einer Einleitung in drei Unterabschnitten:

1. Das historisch wie theologisch besehene komplexe Geschick der Wirklichkeit des Jansenismus ruft hinsichtlich seiner Bestimmung nach einer gerechten Beurteilung:
Denn zum einen drückt er sich auf die Weise einer bloßen Fiktion aus (D 93), zum anderen verbirgt sich in ihm eine lehrhafte moralische Wirklichkeit, die als Großaktion in ihrer Härte gegenüber dem Katholizismus unnachgiebig bleibt. Aus dieser Lebens- und Ideenbewegung entstehen auch die vielen Vorurteile und Missverständnisse gegenüber dem Jansenismus: Deshalb lobt er dessen Willen zur Wissenschaftlichkeit und Tugend in der Bewegung des Port Royal, vorab die intellektuellen, dann die spekulativen und asketisch religiösen Menschen.
Wie sieht Maurice Blondel auf den Jansenismus?
Besieht man ihn in seiner *Urinitiative*, so möge man ihn nicht zur »ideologischen Geometrie« degenerieren lassen (vgl. D 94). Dann wird klar, dass es Pascal nicht nur um ein »Gottesbild« geht, das den Menschen zum Denken und fruchtbaren Handeln freisetzt, und auch nicht um das Diktum, die Natur sei heil, denn diese Blickrichtung sei versperrt und schlecht ausgerüstet.

Ihm geht es um die unverbrüchliche Gnadenzusage und die unge-
bremste Freiheit des Schöpfers, um die kongeniale Kraft der Vernunft
und den Willen vor dem Fall freizusetzen, um die Einheit und die In-
tegrität des Menschseins und die Inkorporation der übernatürlichen
Ordnung sowie die göttliche Bestimmung des menschlichen Wesens
zu erhalten.

Die Eingangsbehauptung, dass Maurice Blondel die Jansenismus-Un-
tersuchung eng an seine Beschäftigung mit Augustinus bindet, be-
wahrheitet sich im Laufe des Aufsatzes immer mehr. Ihm geht es darum, in das dichte Geflecht um den Augustinismus, das er wenig be-
arbeitet sieht (vgl. D 95), ans Licht zu bringen und dies im Zusammenhang mit dem Jansenismus Pascals, der eine sehr spezielle Atmo-
sphäre des Augustinismus als Denkmethode und als Lebensweise vertritt. Maurice Blondel nähert sich also über den Augustinismus und
seine Verzerrungen im Jansenismus seiner Pascal-Hermeneutik und
parallelisiert zugleich diese Problematik an theologische Gegenwarts-
probleme, die er in der religiösen Psychologie, in der Sinnbestim-
mung des Naturbegriffs, der menschlichen Bestimmung und der Ge-
samtkonzeption des Christentums überhaupt sieht. Insofern rollt er
mit der Analyse des Jansenismus zugleich auch zentrale Glaubensbe-
stimmungen und Glaubenswahrheiten philosophisch auf und bringt
diese grundlegenden theologischen Theoreme mit dem Jansenismus
und der Lehre Pascals zugleich ins Gespräch.

Der Jansenismus geht von einer verdorbenen Natur des Menschen
(natura totaliter corrupta) aus, so dass die Vernunft und der Wille eigentlich nur irren können und die Handlung lediglich in der Sünde
und in der Konkupiszenz enden kann (vgl. D 95). Von sich aus ist der
Mensch eigentlich nur zum Sündigen fähig, von sich aus nur zur Erkenntnis und zum Wollen unfähig, sein göttliches Ziel zu erreichen.
Kann es dennoch eine Erneuerung des Menschen geben, wenn nichts
mehr Heiles zu finden ist? Dem steht gegenüber, dass einzig und allein die Quelle existiert, die zu einer ganzheitlich ungeschuldeten, geheimnisvollen Intervention fähig ist und die ganz und gar nur von
Gott bestimmt sein kann. Wenn der Mensch Rettung erfahren will,
bedarf es dieser Ausnahmegnade, bedarf es der Erleuchtung des Innersten, bedarf es einer siegreichen Kraft, welche das Wunder der Erwählung verwirklicht (vgl. D 96).

Dies geschieht, indem eine ganzheitlich heilsame und befreiende
Konkupiszenz »eine Konkupiszenz des Bösen« ersetzt und damit den

gefallenen Menschen aus dem Gefängnis der Sünde befreit. Das »Joch des Erlösers« legt sich ganz ungeschuldet auf den zu rettenden Menschen, der seinerseits nichts zu seiner Rettung beitragen kann: Denn er ist der Bewegte, nicht der Bewegende (vgl. D 96).

Dieses dramatische Bild von der Erlösungsbedürftigkeit des Menschen zeitigt unübersehbare Konsequenzen hinsichtlich der Wiederherstellung der Natur in der Spontaneität ihres anfanghaften Dynamismus, dann hinsichtlich der Auswahl mit der wunderbaren Erwählung mit dem damit verbundenen Wunder des zugesprochenen Heils. Maurice Blondel entfaltet vier Vorschläge (»il faut«), die er als glückvermittelnde Zeichen von innen her deutet und die eine Erleuchtung und Begeisterung mit sich bringen: Es bedarf erstens der Anschauung der Wiederherstellung der Natur in ihrer ersten dynamischen Spontaneität, dann des inneren glückbringenden Zeichens, des »Zeichens der Beschneidung und Erleuchtung und Begeisterung«, des totalen Abstandnehmens von sich selbst, und schließlich bedarf es des Zeichens des Lichtes und des Feuers. Er richtet sich ganz und gar auf die unverbrüchliche und grundstürzende Erfahrung Pascals, wie er sie im Mémorial zum Klingen bringt. Dann bedarf es der Isolierung in der Heiligen Arche, gemeint ist die Kirche der Auserwählten, streng im Lebensstil und in der Weltverachtung, treu im Gebet und in der apologetischen Grundhaltung der Zeugenschaft auch gegenüber der offiziellen Kirche durch die Märtyrer der Wahrheit, wie sich die Jansensiten selbst verstehen. Diese richten sich gegen die Gleichgültigen, die Wahrheit Pervertierenden, »vernunftwidrigen Christen« (D 96), welche unter dem Vorwand des Humanismus Gott und Welt zu verbinden versuchen, aber gegenüber solchen, die durch eine anmaßende und überhebliche Vernunft eher der Fleischeslust und dem Vergnügen frönen, anstatt die christliche Disziplin zu wahren und die Umkehr zu vollziehen.

2. Im zweiten Schritt untersucht Maurice Blondel die *Methode des Jansenismus* und bestimmt damit den Sitz im Leben des Jansenismus innerhalb der christlichen Kirche. Der Jansenismus entspringt einer *dreifachen Inspiration* (vgl. D 97), die man bei Pascal allerdings in einer unverwechselbaren, eigenen Weise wiederfindet, so dass ein Abgrund zwischen dem Jansenismus und Pascal hinsichtlich der praktischen Umsetzbarkeit der »loci theologici« besteht.

a) Die erste Quelle entspringt einer grundstürzenden *Gewissenserfahrung*, die gleichzeitig eine tief spirituelle Erfahrung darstellt.
b) Die zweite Inspiration gründet in einem *Rekurs auf die Tradition*, insbesondere auf die Texte des hl. Augustinus.
c) Und die dritte Inspiration speist sich aus der Arbeit der *Vernunft* und einer lehrhaften Synthese des Christentums.

Zu a) Die unterschwellige Grundthese Maurice Blondels geht davon aus, dass der Jansenismus als Reformbewegung von dem einstigen Ziel der religiösen Neubesinnung zu einer starren Restaurationsbewegung, ja zu einer »philosophie séparée« degeneriert ist.
Ursprünglich geht es dem Jansenismus um eine religiöse Neubesinnung als spirituelle Renaissance des Christentums auf eine dreifache Weise:
Erstens der Hinwendung zu einer Konzeption der *größeren Innerlichkeit*, der *Intensivierung des Persönlichen* und einer *Frömmigkeit*, die mehr von innen kommt und geformt wird, d.h. eine Verinnerlichung der Kontaktnahme zwischen der Seele und Gott. All dies bringt Port Royal in eine enge Verbindung zum Leben und Denken François de Sales als eines seiner geistlichen Väter.
Die zweite Charakterisierung dieser religiös-moralischen Neubesinnung liegt im Bewusstwerden des Seins des Sinns des christlichen Lebens, was praktisch auf die Formel zu bringen ist: »Gott ist unbedingte Liebe über alle Dinge hinweg entgegenzubringen« (vgl. D 98).
Die dritte Charaktereigenschaft der religiösen Neubesinnung besteht in einem mehr und mehr reflektierten Gefühl für die Notwendigkeit des asketischen Entsagens, um den Geist zu perfektionieren, mit dem Ziel der Verwirklichung eines kontemplativen Lebens. Die Formel hierfür lautet: *Theozentrismus versus Anthropozentrismus*. So ist der erste Schwung von Port Royal von der großen Bewegung der Verinnerlichung einer inneren »mortification«[12] und Sublimation gegenüber einem verflachenden und Missstände anhäufenden Humanismus bestimmt. Zeitlich merkt man auch in der Wortwahl Blondels, wie sehr eine Anfangssympathie zum jansenistischen Gedankengut besteht, die er allerdings in seiner Radikalität kritisch besieht. Er bedauert, dass nach und nach der Geist von François de Sales von Port

---

[12] Zu diesem im Werk Blondels extrem wichtigen »praktischen Theorem«, vgl. REIFENBERG (2002), S. 307–310. 344–352. 629–633.

Royal zugunsten einer »mondänen Praxis der Religion« (vgl. D 98) vernachlässigt wurde. Pascal ging den entgegengesetzten Weg von Port Royal und entdeckte die Ordnung der Liebe.

Zu b) Die zweite Überlegung zur Situierung von Port Royal schließt sich der ersten nahtlos an: Es ist der *Rückbezug auf die Schriften des hl. Augustinus*, der weniger durch seinen Hang zum inneren Leben oder durch seinen Asketismus und Moralismus motiviert ist denn durch einen geistlichen Rückbezug auf die Väterliteratur, die Augustinus als Appell, als Rückbesinnung auf die Tradition theologisch deutete. Doch was im ersten Elan zur Auferbauung des inneren Lebens gedacht war, schien als bloße formelle Lehrformel der Autoritätshörigkeit zu erstarren.

Dies gibt Blondel Anlass, sich mit einem dreifachen »Qu'est-il« auf die Frage zu besinnen, wer der große Gelehrte der Gnade, der »Maître préféré« eigentlich sei. Es folgt eine wortgewaltige Eloge im Sinne einer »Panégyrique« auf Augustinus (vgl. D 99), die man unter den Stichwörtern: »Leben der Kontraste, provokante Thesen, Frische des glühenden und erleuchteten Denkens, Strenge und Poesie« fassen kann. Es verbietet sich allerdings, so Blondel, Augustinus als Zitatengrab zu missbrauchen. Augustinus als ersten Gesprächspartner für Blondel und Pascal darzustellen charakterisiert beider Denkansatz. Augustinus versteht die subtilsten Wirklichkeiten der unsichtbaren Ordnung mit einer konkreten Präzision und einem Scharfsinn gegenüber denen zu beschreiben, welche die abstrakten Distinktionen lediglich als künstliche und die Wirklichkeit denaturierende Gebilde darstellen. Augustinus ist derjenige, der mit einem Blick alles erfasst und in dem sich die lebendige action widerspiegelt.[13] Augustins Menschlichkeit, sein Denken und sein Stil sowie seine dialektische Methode setzen hohe Maßstäbe und erfordern eine entsprechende Hermeneutik, der allein Pascal in vollem Umfange gerecht geworden ist, und dies mit einer methodischen Vorgabe, die Maurice Blondel selbst auf sein Denken hin appliziert: »Um einen Autor zu verstehen, muss man alle seine Aussagen sammeln und zusammenbringen, die bei ihm als am meisten entgegengesetzte anzusehen sind« (vgl. D 99). Genau das ist auch die Methode, die Blondel für seinen apologetischen Auftrag und seine Mission als Philosoph anwendet.

---

[13] REIFENBERG (2009), S. 215. RAFFELT (2009), S. 45–59.

So lässt das widersprüchliche Leben und Denken Augustins auch die spirituelle Methode seines Denkens erahnen. Sie ist nicht zu verstehen und auszulegen, indem man nur statische Schulthesen und damit Abstraktionen aufstellt und sein Denken auf sie hin anwendet. Die Jansenisten verzerrten durch eine falsche Hermeneutik das Augustinus-Verständnis und pervertierten somit dessen ureigenste Intention, indem sie anstatt seine Thesen positiv herauszustellen, sie indirekt und negativ vorgeben und seine Lehre nur vor den eigenen Karren spannen. Man schließt den Widerspruch aus, aber damit präzisiert man nicht die gegenteilige Annahme, auf die man sich zunächst fixieren muss. Die wahre Auseinandersetzung spielt sich weniger in den Texten ab als in der Seelenverfasstheit, im intellektuellen Habitus oder in der Konzeption des spirituell gelebten Lebens. Pascal, Paulus und Augustinus bedürfen einer gesonderten Hermeneutik, die keine Texthermeneutik im üblichen Sinne zulässt, sondern eine solche, welche die Kunst beherrscht, die Gegensätze zu versöhnen.

Auch hier setzt sich ein Grundgedanke Maurice Blondels fort, wie er ihn in »Principe élémentaire de la logique de la vie morale« (1900/ 1903) entwickelt hat.[14]

Zu c) Blondel erarbeitet einen dritten, die Quintessenz herausstellenden Schritt zur Charakterisierung des Sitzes im Leben des Jansenismus: Der größte Fehler des Jansenismus besteht darin, so Blondel, dass er *aus den spirituellen Wirklichkeiten*, den Angelegenheiten der Seele, lediglich *begriffliche Abstraktionen* und rationalistische Gedankenspiele macht, (vgl. D 101) »ratiocinations«[15]. Dies ist auch das Hauptargument Maurice Blondels gegen jede Form der »philosophie séparée« seiner Zeit. Der Jansenismus stilisiert und abstrahiert z.B. das anthropologisch bedeutsame Faktum der Schwachheit des Menschen und fasst sie in lehrhaft, rigide, radikale Thesen, die jeder menschlichen Erfahrung zuwiderlaufen und die gar einen Missbrauch der Texte und gar des Dogmas mit sich bringen.

Denn einerseits behauptet er a priori die absolute Unfähigkeit des Willens, die unvermeidbare und universelle Sünde der »action naturelle« des Menschen, andererseits baut er sein gesamtes System im Hinblick auf die Idee der totalen Verderbtheit auf. Damit konzen-

---

[14] Hierzu vgl. noch: REIFENBERG (2002), S. 470–641.
[15] Es folgt ein erklärendes dreifaches »ainsi«, wieder in Form einer tricolonischen Anapher.

triert er den gesamten systematischen Ansatz auf die Idee der »corruption totale« hin, a priori wird der Wille für ohnmächtig erklärt und die Erbsünde unverhältnismäßig zentral in den Mittelpunkt gestellt.

Als zweites Beispiel nennt Maurice Blondel die überholte Essenzmetaphysik durch den Jansenismus, anstatt das Problem der Bestimmung des Menschen hinreichend zu lösen. Schließlich theoretisiert der Jansenismus nach Blondel über das *Problem zwischen Natur und Übernatur*[16]. Dabei verwandelt er die lebendigen Wahrheiten der moralischen und religiösen Ordnung in bloße Begriffe, ohne das Bewusstsein bzw. die Geschichtlichkeit des Menschen und damit das lebende und gelebte Leben zu berücksichtigen. Zugunsten von logischen Prämissen und Deduktionen entleert der Jansenismus ihre psychologischen oder metaphysischen Gehalte. Endergebnis ist eine rein begrifflich errichtete, lebensferne Moral und Religion. Wenn allerdings Port Royal davon ausgegangen ist, dass die Natur vor und nach dem Fall total in ihrem ureigensten Vermögen pervertiert ist, dann ist das Gottesbild zutiefst in Gefahr. Entgegen seiner ersten Inspiration gerät damit der Jansenismus in einen tiefen Irrtum, in dem er in Praxis und Lehre einem Anthropomorphismus verfällt.

Maurice Blondel sieht seinen Auftrag in doppelter Hinsicht: Einmal als kritischer Historiker, der den Jansenismus im Hinblick auf die Position Pascals in den Blick nimmt und auf diese Weise die Orthodoxie innerhalb der katholischen Lehre zu mehren sucht; dann andererseits bewertet er als *Philosoph* ihre geistige Haltung aus dem Blickwinkel des religiösen Bewusstseins.

Port Royal verstand sich als Bewegung, welche die Reinheit der Doktrin bewahrt, die Lehre authentisch weitergibt und in der christlichen Askese verwirklichen wollte. Im Mittelpunkt ihrer Anschauung stand die Stärkung der religiösen Tugenden, die auf die Verherrlichung der Größe Gottes abzielten. Die grundlegende schöpfungstheologische und anthropologische These richtete sich deshalb im Grunde gegen diese Urintuition, indem die Religion den Menschen nach dem Fall total hoffnungslos und korrupt zurückließ. Das übernatürliche Ziel findet sich in der pervertierten Natur überlagert, so dass der Mensch

---

[16] Vgl. zur Problemlage: Peter HENRICI: Supranaturel, Supranturalismus. In: *Historisches Wörterbuch der Philosophie*. Bd. 10. Basel: Schwabe, 1998, Sp. 670–677, besonders 674 f. (= HENRICI [1998]).

von sich aus zu nichts mehr zu tun in der Lage war. Was nicht bedacht wurde: Gott wird dann auch in seiner Göttlichkeit herabgesetzt. Blondel bringt dies auf die Formel, die auch für den Modernismusstreit maßgeblich war: »Surnaturaliser la nature ou naturaliser la surnaturel, c'est impliquer, que Dieu n'est pas ce q'il est ...« (D 103). Indem man Gott wie die Natur als natürliche Sache behandelt, verkürzt man seine Intimität, seine Unantastbarkeit und die Inkommensurabilität seines Seins und unterstellt eine substantielle Immanenz des Transzendenten. Anstatt eine theologische Durchdringung der Berufung zum Übernatürlichen, zur Vergöttlichung des Menschen zu bedenken, befasst sich der Jansenismus mit bloß abstrakter Begrifflichkeit – ein Vorwurf, der bei Blondels Kritik an der zeitgenössischen Theologie und Philosophie ständig wiederkehrt. Deutlich wird klar, wie Maurice Blondel die strittigen Themen des Modernismusstreites abarbeitet und sie mit den Problemen von Port Royal parallelisiert. Der eigentlich wesenhaften Übernatur als Ziel der Bestimmung des Menschseins bleibt jedoch die Teilhabe an der göttlichen Intimität, an der göttlichen Glückseligkeit wie am Leben des Schöpfers versperrt: »Cette surnature n'est donc absolument naturalisable en aucun être« (D 104), was heißt, dass das Übernatürliche gegenüber der Natur unterscheidbar bleiben muss. Der Jansenismus hingegen postuliert eine solch enge Verbindung zwischen der Gnade und der Natur, dass Letztere selbst eine gewisse Gnade ist. Die katholische Theologie denkt einen metaphysisch vermittelnden Weg, um die Ungeschuldetheit des ursprünglichen Gnadenstandes gegenüber der Natur des Menschen zu betonen, indem sie *aristotelisch* als *Wesensbestand* und nicht mehr *augustinisch* als Ursituation aufgefasst wird (vgl. Henrici (1998), Sp. 672). Dadurch begab sie sich jedoch in die Gefahr, einen unverständigen, den Menschen erst zum Menschen machenden, abstrakten *Wesensbestand*, eben eine *natura pura* zu postulieren, »in der es dem Menschen an den übernatürlichen Gaben mangelt und er so nicht zum ›übernatürlichen Ziel‹ gelangen kann« (ebd.). Der Jansenismus schmälert das Gottesbild und damit geschehen zugleich auch die Herabsetzung der Willenskraft des Willens und die Beurteilung des menschlichen Tuns als bloß konkupiszent. Ferner wird die Berufung des Menschen durch eine Art »Naturismus« (naturisme, D 104)[17] ersetzt, der sich im Grunde für sein Gegenteil hält. Damit

---

[17] Vgl. die Auseinandersetzung Blondels mit dem moralischen Naturalismus Durkheims. REIFENBERG (2002) 551–556.

schwächt er den religiösen Sinn in dem Moment, in dem Port Royal meinte, ihn zu stärken. Für Maurice Blondel entspricht damit der Jansenismus auf *theologischer* Seite dem, was er in *philosophischer* Hinsicht als »*philosophie separée*« bezeichnet. Das schlechthin zu lösende christliche Problem liegt im konkreten Zustand des gegenwärtigen Menschseins, das Blondel philosophisch als Problem des Sinns und der Bestimmung des Menschseins ansieht und das letztlich nur in einer Art Liebesunion, nicht der abstrakt gefassten Natur, sondern im konkreten Vollzug des Liebens als der Tat der Liebe zu lösen ist, eine Union, die nicht in einem *Naturbegriff*, sondern nur im Leben zu finden ist. Maurice Blondel stellt dem Jansenismus, der keinen sauberen Umgang mit der Natur-Gnade-Problematik kennt, die katholische Moral und den moralisch Handelnden gegenüber (vgl. D 105), beide – versteht sich – im Kleide des Grundansatzes einer »philosophie de l'action«:

Der Jansenismus bleibt hinsichtlich der Gnade extrinsisch: Der Handelnde kann im wahren Sinn moralisch Handelnder bleiben (vgl. D 105[5]), d.h. eine reflektierte und spirituelle Handlung bis hin zur hochethischen Handlung bleibt er zur Handlung fähig und schließlich sogar bis hin zur Abgeschiedenheit der Mystik zum eigenen Tun fähig. Man spürt, dass Blondel sich auch während der Entstehungszeit dieses Beitrages mit der christlichen Mystik befasste.[18]

Ein großer Fehler des Jansenismus besteht nach Blondel darin, dass er Gnade und Natur einmal vereint, einmal total separiert, einmal ineinander überfließen lässt und einmal total entgegensetzt und damit den Umgang mit dem Natur-Gnade-Problem verunklart.

In einer großen Anmerkung (vgl. D 105[7f]) nimmt Blondel Bezug auf die fünf Sätze des Jansenismus, die von Innozenz X. 1653 verurteilt wurden. Letztlich bleibt der Jansenismus in der Lehre der Gnade extrinsisch, das jansenistische Gnadenverständnis nimmt die Gestalt einer *natura pura* an, die von Maurice Blondel als bloßes Abstraktum

---

[18] Vgl. Heiner WILMER: *Mystik zwischen Tun und Denken. Ein neuer Zugang zur Philosophie Maurice Blondels.* Freiburg i.Br.: Herder 1992 (Freiburger theologische Studien. 150). DERS.: Philosophie der Mystik: Zur philosophischen Unterscheidung der Geister. In: A. RAFFELT – P. REIFENBERG – Gotthard FUCHS (Hrsg.): *Das Tun, der Glaube, die Vernunft. Studien zur Philosophie Maurice Blondels.* Würzburg: Echter, 1995, S. 75–95. Vgl. M. BLONDEL: Sur Mystique et Mysticisme (1911). In: André LALANDE (Hrsg.): *Vocabulaire technique et critique de la philosophie.* Paris: P.U.F., [10]1968 u.ö., S. 662–664. M. BLONDEL: Le problème de la mystique. In: *Le problème de la mystique.* Paris: Bloud et Gay, 1925 (Cahiers de la nouvelle journée. 3), S. 2–63.

abgelehnt wird. Der Jansenismus vertritt beim Menschen, sei es vor oder nach dem Fall, eine wechselseitige Überordnung und zugleich eine Unterordnung eines *reinen Extrinsezismus* und eines *reinen Intrinsezismus*. Im Urzustand gewinnt die übernatürliche Gabe keinen Anhalt an dem, was Natur, Vernunft, Personalität beim Menschen ausmachen. Diese Gnade des Schöpfers schließt keine göttliche Inkarnation ein und auch demnach keine menschliche Mitwirkung. Dies würde allerdings der christologischen Grundauffassung von Gott, Seele und Mensch gänzlich widersprechen. Nach Auffassung des Jansenismus wäre die göttliche Inkarnation extrinsisch und nimmt auf solche Weise den Platz einer natura pura ein, so dass es aussieht, als sei sie eine intrinsische Spontaneität für die *eine* »heilige Konkupiszenz«. Der Sündenfall nun kehrt die Begriffe dieses Dynamismus um: Es verbleibt ein neuer Zustand, der Zustand der »natura lapsa«, angesichts der verloren gegangenen Übernatur. Diese bildet nun das obligate Ziel des Menschen, aber mit dem Hindernis eines reinen Unvermögens. Wenn Gott sich dazu entschließt, Menschen zu retten, dann speziell nur die Erwählten. Zwar sind alle berufen, jedoch nicht alle können dem Ruf folgen und gehorchen. Sie hat einen Anhaltspunkt in der freien Haltung und im persönlichen Wollen des Menschen, so dass die übernatürliche Erhebung eine Fortsetzung der tiefen Willensbewegung des Geistes darstellt und der zu erwartende Gott einmal in uns, ein andermal außerhalb von uns ist, die Gnade die Natur nicht unterstützt und die Konkupiszenz zwischen göttlicher und menschlicher Handlung etwas Normales darstellt. Der Jansenismus nimmt Züge eines Semipelagianismus an, während es doch der reine Katholizismus ist, der weiß, dass die Gnade die Natur nicht unterdrückt. So geht auch Pascal von einer Kooperation von göttlichem und menschlichem Handeln in der »action« aus. Der Jansenismus allerdings – dies ist die These Blondels – ist ein Extrinsezismus und Intrinsezismus zugleich.

Ganz anders gestaltete sich demgegenüber das Natur-Gnade-Problem bei Pascal: Er trifft die notwendigen Unterscheidungen der Ordnungen und weiß, dass die Augen der Erkenntnis auf jeder Stufe inkommensurabel im Blick auf die nächste ist. Deutlich zeigt er auf, wie die untere Stufe zur höheren führt, die bei jedem Aufstieg unendlich mehr wert ist als die überhöhte Ordnung, ohne jedoch diese zu leugnen.

Zwar bleibt es bedeutsam, die Brüche im Gleichgewicht der Ordnungen und die Oszillationen des Jansenismus im Detail zu beleuchten. Maurice Blondel begnügt sich jedoch damit, die »luttes secrètes« (die geheimen Kämpfe) Pascals zu beschreiben, vorab die tragenden Missverständnisse aufzudecken, die Pascal in die Nähe des Jansenismus rücken, und stellt die Frage, ob Pascal den Jansenismus überwunden habe, im zweiten, ebenso literarisch hochstehenden biographischen Teil.

II. Pascals Leben im Konversionsprozess

Pascal hatte es sich verbeten, ein Vertreter von Port Royal genannt zu werden. Diese These prüft Maurice Blondel mit immer gleichen Argumentationsstrukturen im zweiten Teil und verbindet ungemein geschickt Biographie und Lehre. Er zeichnet ein historisch-literarisch höchst anspruchsvolles Charakterbild und damit das Werden des Genies Pascals nach, und ohne in eine billige Aufzählung von Lebensstationen und Daten zu verfallen, deutet er zugleich die biographischen Momente inhaltlich auf das Beste aus. Nachfolgend die inhaltlich wichtigen Punkte:

Aufgewachsen in einem schlichten Katholizismus hat Pascal seine Jugend der Mathematik zugewandt, jedoch bald den Sinn für die Würde der konkreten Wirklichkeiten ausgebildet. Nach dem Tode des Vaters schließt sich der 23-Jährige eher zufällig dem Jansenismus an, der in ihm das »Feuer« entfachen konnte. Er erfuhr zum ersten Mal ein Erwachen, indem er sich in einem *ersten Konversionsprozess* wiederfand, zuerst als »converti de tête et converti d'énergie« (vgl. D 107).

Diese Konversion des Kopfes und der geistigen Kraft, die bei ihm trotz des Eifers eher äußerlich war, geschah eher als Konversion der Ideen und der Haltungen denn als eine des Lebens und des Herzens (vgl. D 108).

Die *zweite Konversion* führte ihn in existentielle Bedürfnisse seines Lebens. Er erfuhr einen anderen Ruf in eine für ihn neue Welt des Spiels, des Lebens und der tätigen Liebe. Pascal entdeckte den »honnête homme«, den Menschen und seine Wirklichkeiten und seine Faktizitäten (faits), welche die physischen Dinge um ein Unendliches übersteigen. Er erfuhr die Freude auf der einen und die Erschütterung und die Leiden auf der anderen Seite, Krankheit und Tod, den Einfluss seiner jüngeren Schwester sowie die Vorwürfe von Seiten seiner einstigen Weggenossen wegen seines überzogenen Eifers, den Gnadenanruf und den Rückzug nach Port Royal, den Sieg nach dem Kampfe und dann die Nacht des Feuers. All diese grundstürzenden Lebenserfahrungen führten ihn zu einer zweiten *Konversion des Herzens* (vgl. D 108). Diese Reform des Inneren, die ihn zur Selbstverleugnung brachte, gipfelte in einer ganzmenschlichen Konversion des Geistes, des Herzens und der Sinne, so dass man annehmen musste, Pascal sei zunächst bis zu den Wurzeln hin Jansenist.

Doch es folgt bei Pascal eine *dritte Konversion* ohne große Erschütterung und sie ist die Folge und die Vollendung der zweiten Konversion, die eher unterschwellig auf die Weise einer Lebenskonversion geschieht und die ihn schließlich zu sich selbst führt. Durch eine Art innere Zerstückelung lernte er im Grunde nach und nach die Hindernisse noch besser und nüchterner kennen, die ihn im Jansenismus gefangen hielten und nun sein eigenes persönliches Denken freizulegen halfen. Der Jansenismus diskreditierte ohne Unterlass die Vernunft, die er jetzt durch das Auffinden der Gründe entdeckte (D 109).

Die *tragische Größe Pascals* kündigt sich dort an, wo die Sinnfrage aus der Unruhe über das eigene Heil erwächst. Diese Unruhe über sein eigenes Heil führte ihn nicht in eine tiefe Skepsis, sondern in eine Freude, eine Sicherheit und in ein tiefes Vertrauen. Die heilsame, wahre Angst, die »agonie intime«, wandelte er in eine fruchtbare Angst um, indem er das Drama der Bestimmung seines Lebens fühlte und als Ergebnis in die Weite des Katholischen führte. Es war ein »douleur normale« des Erwachsenwerdens (»l'enfantement«), aus dem das christliche Leben und der christliche Geist geboren wurden, indem sich Pascal von den falschen Lehrern zu befreien wusste.

Die Biographie Pascals entfaltet sich auf dem Weg der drei Konversionen. Deshalb die grundständige Frage, unter welchen persönlichen Voraussetzungen er überhaupt zum Jansenismus kam. Dabei bringt Blondel ein geflügeltes Wort Racines ins Spiel, das besagt, Pascal sei altersbedingt 39-jährig gestorben, die Vernunft des Gelehrten sei vor dem Herzen gereift, der Scharfsinn (»esprit de finesse«) vor der christlichen Liebe.

Im Werk spiegeln sich diese Lebenswenden in den »Provinciales« wider. Die von ihm erreichte Erkenntnis der Entdeckungen in den Wissenschaften, in der Anthropologie sowie im methodischen Bewusstsein werden im »esprit de finesse« zusammengefasst (vgl. sprachlich: dreifach »au service de«, anschließend vierfach »avec«).

Im Dienst seiner »geometrischen Theologie«, seiner Subtilität des »honnête homme« gelingt es ihm, eine neue Kasuistik gegen die Kasuistik zu entwerfen, prophetisch empört er sich gegen die große Gefahr eines religiösen Bewusstseins, das in der frommen Scheinheiligkeit und einem heidnischen Humanismus zerrieben zu werden droht.

Mit der Gelehrsamkeit eines Neugetauften, mit seiner Begeisterung im Autodidaktischen und mit den strengen Methoden einer sachverständigen Geschmeidigkeit, ja mit der Reflexion auf die Natur, in Perfektion das Natürliche zu erreichen, findet er ein *glückliches Herz*.

Und doch tritt innerhalb der »Provinciales« ein Wandel in der Tonlage ein, indem er gegen eine erschlaffende Moral, gegen politische Intrigen und gegen ein inkonsequentes und verfälschtes Christentum kämpft (tricolonische Anapher, »à cœur joie« und »contre«) (vgl. D 109, 110).

Maurice Blondel entwickelt ein beeindruckendes literarisches Inferno des negativen Einflusses durch den Jansenismus auf Pascal. Bei näherem Besehen sind die »contrariétés« durchaus ambivalent zu deuten: »Wenn es um das Ganze unserer menschlichen Existenz geht, ist unsere Vernunft blind und der Wille gelähmt« (vgl. D 110). Diese inneren Widersprüche, die aus einem tiefen Engagement herrühren, verursachten bei ihm eine Art Unruhe, ein stetes Leiden, eine Angst, die ihn zum steten Konvertiten machten.

Die Tiefe der Angst Pascals nährt sich demnach nicht aus einer persönlichen Angst heraus, obschon er durch die jansenistischen Vorgaben Überforderungen verspürte. Sie ist auch nicht Ausdruck einer Todesangst, die aus einem schmerzhaften Zweifel heraus entstammt, sie nährt sich auch nicht aus seinem humanen, zugewandten Mitgefühl. Denn er litt gerade nicht daran, dass sein Herz weiter war als die bloße Lehre. Die Übertreibungen des Jansenismus sind nicht der Grund seiner Todesangst, sondern die Angst wandelte sich zur inneren Freude über die Weite des Katholischen. Er empfand die Bedürfnisse des menschlichen Bewusstseins, wie sie sich in den Wissenschaften, den Ideenbewegungen und den Sitten, die ihn umgaben, entwickelten. Insofern war seine Angst von natürlichem Schmerz des Erwachsenwerdens zur Vollgestalt des christlichen Lebens geprägt. Demnach war dieser Weg für Pascal insofern steinig, als er sich von den falschen Lehren selbst befreien musste und zugleich die für den Glauben schwierigen früheren Jahrhunderte mitbedenken musste. Hieraus formierte sich das Gesetz seines persönlichen Wachstums. In exklusiver Weise vermochte er durch sein Genie die Gegensätze zu versöhnen, indem er durch eine Revolution der Denkungsart und des Tuns mehr und mehr die eigene Persönlichkeit entwickeln konnte. Der Autodidakt als Genie geht dadurch neue Wege (vgl. D 112), indem er defiziente Lehren von sich abstreift, neue Methoden und eine neue Sprache findet, die zu einer harmonischen Synthese führen. Für Pascal war dabei der Jansenismus natürlich ein erstes nützliches Vehikel, das es als Hindernis zu überwinden galt. Die Einzelelemente des Jansenismus hat Pascal nach und nach, gleich einer Transsubstantiaton, verwandelt[19] und dabei der Philosophie, den Geisteswissenschaften, der Moral und der Religion die Probleme plausibel gemacht, dies auf die Weise der christlichen Apologetik, die den Perspektiven des Jansenismus entgegenstehen. Deshalb ist es für die philosophiegeschichtliche Redlichkeit und für die historische Rekonstruktion von großer Wichtigkeit festzustellen, dass Pascal sich aus den Fesseln befreite, in denen er ungebührend lange gefangen gehalten wurde. Die Biographie Pascals steht paradigmatisch Pate für die methodischen Probleme der Debatten um eine zeitgenössische Philosophie.

Das eigentliche Ziel Maurice Blondels ist die Befreiung der Philosophie aus den Fängen einer rationalistischen, pragmatistischen und utilitaristischen »philosophie separée«, die das Abstrakte über das Leben stellt. Pascal dient ihm dabei als historisch-authentische Folie, der damit auch das eigene philosophische Anliegen legitimiert.

III. Die Überwindung des Jansenismus durch Pascal

Im dritten Hauptabschnitt versucht Blondel, die Ergebnisse der ersten beiden Kapitel zusammenzufassen und die Aufschlagsthese, Pascal vertrete einen anderen Geist und eine andere Seele als die Jansenisten, darzustellen. Die letzten Jahre seines Lebens galten einer Lehre, die so wenig wie möglich jansenistisch, ja anitjansenistisch zu nennen ist. Die Befreiung des Jansenismus von der geometrischen Strenge geschah nicht kampflos und führte ihn zu entgegengesetzten Thesen zwischen totaler Dunkelheit und erhellter Sicherheit. Weit weg von funktionalistischen Gedankengängen wendet Pascal sich dem *Konkreten* zu und unterwirft sich den wirklichen Gegebenheiten (donnés réelles; vgl. D 113).

---

[19] Vgl. A 412/446/438 »une lente œuvre de transsubstantiation et de conversion«.

Jetzt wird es wiederum evident, wie sehr sich Maurice Blondel mit seinen eigenen philosophischen Zielen hinter Pascal verbirgt. Die Gegner Pascals und ihre gegnerischen Positionen sind auch die von Maurice Blondel. Die Grundthese wiederholt sich immer wieder: Diese Gegner haben das Abstrakte für die Wirklichkeit gehalten und behaupten, das Unendliche, das Leben und das Herz würden sich im Faktischen erschöpfen. Ihnen geht es um abstrakte Prinzipien, nicht um das Faktische selbst, deshalb verlieren sie sich vermessen in Spekulationen. So ist auch der Jansenismus eine philosophische Bewegung, welche das Reale selbst im Inneren des Lebens, das die historische und religiöse Tradition, die asketischen und mystischen Erfahrungen, auf den Begriff bringen will und somit verbegrifflichen möchte. Deshalb gilt es zu vermeiden, die religiösen Fragen lediglich in eine formale Exegese von Texten zu überführen oder sie als reines Schulproblem zu deduzieren.

Mit einem tiefen Blick vermag Pascal hingegen das Unendliche zu erblicken, um den Dingen auf den Grund zu gehen; er möchte die »fremden Orgeln« (vgl. Pensées Laf. 55/Br. 111) des Inneren des Menschseins berühren. Und er findet die Vernunftgründe, welche die Vernunft selbst nicht kennt, die deshalb nicht weniger Vernunftgründe bleiben. Seine Argumente sind aus »Fleisch und Blut«. Er wendet sich gegen eine Philosophie, die sich auf das Abstrakte beschränkt (vgl. D 114).

Demgegenüber formuliert Pascal Wahrheiten, die über die reinen Sachgebiete und über die »Geometrie«, d.h. das rein durch den Verstand Erfassbare, hinausgreifen, um das Lebendige, Einfache und Eine zu erreichen. Und er bricht mit dem künstlichen Rahmen jeder Ideologie. Mit großer Strenge richtet er sich gegen Halbgebildete, die meinen, durch brillante Interpretationen die Wahrheit eher zu treffen als die demütige, schlichte Wirklichkeit, die ganz konkret und mit dem Herzen verbunden ist.

Um die Quellen des »clavier intérieur« des Menschen zu kennen, wenden sich Maurice Blondel wie auch Pascal gegen die Skeptizisten genauso wie gegen die Fideisten oder Illuministen, welche im Grunde die abstrakte Schulphilosophie adaptieren und dadurch in einen rigiden (Neu-)Thomismus verfallen. Pascal wiederum dient Maurice Blondel als Spiegelbild des eigenen Ich: Denn es gibt eine Philosophie, für die es sich zu leben lohnt. Der Mensch trägt das Universelle in sich. Ganz aus seinem Innersten heraus erwächst die Unruhe gleichursprünglich mit einer Bestimmung, die allein nach dem einzig Notwendigen (l'unique nécessaire, vgl. (A (388) 422/412) vgl. D 114 f.) fragt. Durch den Ansatz einer Analyse der Strukturen der faktischen menschlichen Handlung wird das Übernatürliche als jene Vollendung gesehen, »welche die Tat zwar ihrem Wesen nach anstrebt, aber ebenso wesentlich nicht selbst zu erwirken vermag, so dass die Vollendung des menschlichen Tuns nur von Gott geschenkt sein kann« (Henrici (1998) 674). Sowohl die Unerreichbarkeit als auch das notwendige Angestrebtsein bilden zusammen die Formaldefinition des Übernatürlichen.

Pascal vertritt nach Ansicht Maurice Blondels bereits im Innersten eine »philosophie de l'action«, denn er geht nicht von einer theoretischen oder extrinsischen Wirklichkeitssicht aus. Diese Antwort aus dem Innersten des Menschen, diese Konversion auf das Konkrete hin, ist völlig antijansenistisch und führt durch eine Art »novum organum« zur Wahrheit und zum Innersten Gottes. So ist die Urintuition (l'idée mère) der Pensées eine Überwindung und ein Heilmittel für den Jansenismus.

Die Methode Maurice Blondels zielt im Folgenden darauf ab, die nach außen hin jansenistisch anmutenden Thesen Pascals, die sich zu einer radikal anderen Doktrin entwickeln, als *antijansenistisch* zu entlarven. Dabei bleibt bei den *sieben* vorgetragenen *Thesen* (vgl. D 115–122) die formale Argumentationsfigur stets dieselbe.

Zunächst beginnt Maurice Blondel mit der These von Port Royal (erste Stufe), dann heißt es: Pascal stimmt mit der These von Port Royal zunächst überein (zweite Stufe); schließlich, Pascal geht über die Anfangsthese von Port Royal weit hinaus, übersteigt und überformt sie und führt sie schließlich in ihr Gegenteil (dritte Stufe).

Im Folgenden werden diese sieben Argumentationsfiguren in gebotener Kürze dargestellt:

Pascal setzt sich mit folgenden Thesen des Jansenismus auseinander:

1. Dunkle Nacht und Primat der Erfahrung

Mit der These, nach der nach dem Fall die menschliche Natur durch eine sowohl gute als auch schlechte Konkupiszenz beherrscht werden würde. Pascal stimmt zunächst überein, fügt aber hinzu, dass der Mensch für die Freude geboren sei, die instinktiv vom Willen zum Glück ausgerichtet ist. Er formuliert auf eine Weise, die nicht an die Schultheologie erinnert, sondern er erreicht die Wahrheit über eine *innere Erfahrung*, die er durch Beobachtung des eigenen inneren Bewusstseins gewinnt. Die Methodik hat sich dahingehend geändert, dass Pascal *den Primat der Erfahrung* respektiert, phänomenologisch verdichtet und einholt, anstatt sich in apriorische Syllogismenketten zu verlieren.

Diese methodische Erneuerung zur Sensibilität (vgl. D 116) setzt eine Schärfe in der Analyse voraus, um die *Affekte zu differenzieren* und auf die rechte Bahn zu heben und schließlich gleich einer »via purgativa« der großen geistlichen Lehrer des inneren Lebens eine mystische Abständigkeit der Gefühle zu erreichen. Insofern wirken weniger die Hauptvertreter des Jansenismus in Pascal, sondern in den Pensées übersetzt er in einer unvergleichlichen Sprache die Erfahrungen und die Regeln des *hl. Johannes vom Kreuz*, wenn er durch die dunkle Nacht hindurch zum Sinn und zur Erleuchtung des Geistes führt (vgl. D 116).

2. *Elend und Größe des Menschen*

Pascal setzt sich mit der These des Jansenismus auseinander, nach der der gefallene Mensch hinsichtlich seiner Bestimmung und der eigentlichen Wahrheiten des menschlichen Lebens blind ist.

Zunächst scheint Pascal der These zuzustimmen, erhebt jedoch zugleich die Stimme gegen den Hochmut der Philosophen. Doch der tiefe Duktus des Gesprächs mit Monsieur de Sacy preist das Denken, welches die Größe des Menschen, das Prinzip der Moral und der Würde unterstreicht und hinein in die Ordnung führt, welche die Würde einer unendlich höheren Ordnung, als dies die fleischlichen Kräfte sind, einbergen. Pascal geht durch eine Art dunkle Nacht hindurch, nicht nur mit den Sinnen, sondern auch mit dem Verstand, um einen neuen Plan zu verwirklichen, eine Intelligenz, die zwar den Diskurs des Descartes verrät, die jedoch, weil sie Vernunft des Herzens ist, nicht weniger Geist ist und die Gründe und Regeln durchaus für sich in Anspruch nehmen kann. Dieses geistige Auge entspricht dem Augustinus und verkörpert wirkliche Weisheit, denn es erfasst alles mit einem einzigen Blick auf die Weise einer Diskursivität des Verstandes und der Vernunft in einer Art »illumination acquise« des Geistes (vgl. D 116).

3. Wille und Handlung

Pascal setzt sich mit der jansenistischen These auseinander, nachdem der menschliche Wille in der Konkupiszenz gefangen bleibt und ein Sklave einer falschen Wissenschaft von der Welt ist. Pascal scheint in einem ersten Schritt zuzustimmen, doch sucht er nach einem Ausweg aus dem Gefängnis: Um zu lehren, wollen zu wollen, erfährt, lehrt und praktiziert Pascal eine *Therapie der Handlung*, eine Therapie durch das Tun. Die Antwort Pascals ist demnach eine »pratique fidèle«, eine gläubige Praxis, die aufzeigt, welchen Weg der Heilung der Sinne der Mensch aus den Stricken des Bösen gehen muss, um connatural zum Guten zu sein und um sein Herz erneuern zu können (»il faut plier la machine«, vgl. D 117). Die Widerstände bleiben genauso wie die Risiken bestehen, doch der Mensch öffnet zur Prüfung, zur Reifung seiner Selbst das Denken und findet nach und nach in fortdauernder Entwicklung seine wahre Natur durch eine ihn vollendende Synthese der Reflexion, des Willens und der gelebten Praxis auf eine höhere Spontaneität hin (vgl. D 117).

4. Natur und Gnade

Pascal setzt sich im vierten Schritt mit der These des Jansenismus auseinander, nach der der Mensch – obschon zu Gott kongenial erschaffen – aus sich heraus nichts mehr vermag. Tatsächlich hütet sich Pascal vor allen menschlichen Versuchen, die Unantastbarkeit Gottes zu schmälern, oder vor einer natürlichen Religion, die sich selbst genügt, oder vor Philosophien, die glauben, das Geheimnis und die Kraft des Seins an sich zu entschlüsseln, und dabei doch bei sich selbst bleiben. Während jedoch der Jansenismus die Unerreichbarkeit Gottes als Folge des Falls und des Zorns Gottes ansieht, fügt Pascal ein anderes religiöses Gefühl hinzu, nämlich das der unendlichen Distanz, des unendlichen Abstands zwischen Gott und Mensch, um Gott Gott sein zu lassen. Dies geschieht im Sinne der Freiheit der Liebe, die allein die Abgründe zwischen Gott und dem Menschen zu überwinden vermag. Pascal lässt Gott Gott sein, um den Menschen in Gott hinein aufsteigen zu lassen, denn »wenn das Wort zu uns abgestiegen ist, geschieht das nicht, um mit uns unten zu bleiben, sondern um uns zu erheben in Ihn hinein« (D 117f.). Das Ziel des Menschen ist die Erhebung in die göttliche Sphäre hinein.

Die Gnade ersetzt die Natur des Menschen nicht und ersetzt auch nicht sein Mittun. Vielmehr umfängt die Gnade den Menschen, um zusammen mit ihm und für ihn zu seinem Heile zu wirken, auf dass die Menschen Söhne der Barmherzigkeit und der Liebe genannt werden kann. Aus dem Moment der tiefgreifenden Passivität dieses Verhaltens, im Hinblick auf die übernatürliche Ordnung, bedeutet diese Passivität keine Trägheit, als vielmehr gegenteilig ein das Handeln in Gang setzendes kraftvolles Vermögen und eine Stimulation, die tatsächlich handeln lässt und durch eine innere Bewegung auf einen Ruf antwortet, der empfängt, um zu geben und damit sich selbst zu finden. Denn die Lehre ist kein Nichts, sondern resultiert aus einer dunklen Präsenz. Damit ist sie das Ergebnis einer Größe und der Ausdruck eines unendlichen Vermögens, das sich aus dem Bedürfnis der Fülle und Vollendung ausspricht. Denn man sucht nur und das umso mehr, wenn man – augustinisch gesprochen – bereits gefunden hat.

Blondel interpretiert Pascal – man spürt es auf Schritt und Tritt – auf dem Hintergrund von L'Action (1893).

5. Natur und Übernatur: état transnaturel

Pascal setzt sich mit der jansenistischen These auseinander, nach der die Natur vor dem Fall eine »Übernaturalisierung« erfährt und von der Übernatur so durchdrungen war und bleibt, dass er nach dem Fall zutiefst denaturiert ist.

Pascal stimmt zunächst mit der These überein und scheint ohne Maß die Immanenz zu überschätzen, indem er das einzig Heilbringende zum ausschließlich Notwendigen erklärt. Er treibt damit die Bedingung der Erbsünde auf die Spitze (vgl. D 118). Dann aber scheint sich das Denken Pascals zu wandeln und aus den Höhen der Theorie zu den Fakten zurückzukehren. Was Pascal bewegt, ist nicht die alte Geschichte von der Ursünde, sondern das unaufhörliche Drama in jedem Menschen sowie die universelle und einzigartige Gutheit in jeder Seele. In der Einfachheit einer unendlichen Kontemplation findet Pascal die Hintergründe des göttlichen Spiels, das sich als reine Liebe ausspricht und gerade nicht auf die Weise des Verstandesbegriffs sich zum Ausdruck bringt. Auch hinsichtlich des »Charitismus« parallelisiert Blondel sein eigenes Hauptwerk L'Action (1893) mit den Grundgedanken von Pascal.

Blondel gibt deutlich Antwort auf die Diskussion des ersten Teils: Eine »natura pura« kann es beim Menschen nicht geben. Eine solche bedeutet reine Abstraktion. Maurice Blondel interpretiert das Menschenbild Pascals in Richtung eines »état transnaturel« (vgl. D 119[8])[20]. Die Natur des Menschen ist so beschaffen, dass sie unauflöslich als Zwischenexistenz auf das übernatürliche Ziel der Gottesschau hingeordnet ist.

Der natura pura-Begriff aber hat allenfalls eine spekulative Funktion, »um die Gratuität der übernatürlichen Zielsetzung« (Henrici (1998) 675) des Menschen im Auge zu behalten. Was Pascal selbst schätzt und liebt, und das gerade in der Zusammenkunft der Gebildeten und der Einfachen in einer Ordnung der Liebe, ist das »Herz an Herz« (»c'est le cœur-à-cœur de l'amour, le plus concret« D 119). Der ganz konkreten, ganz intimen und ganz persönlichen Liebe, entsprechend der Tat Christi, der sein ganzes Blut für jeden gegeben hat.

Die Antwort Pascals kommt aus der Tiefe seiner Seele. Auf die jesuanische Frage »Liebst du mich?« findet Pascal den lebendigen, verborgenen Gott (vgl. D 120).

6. Heilsunfähigkeit des Menschen und das Prinzip der Tradition

Pascal setzt sich mit der These von Port Royal auseinander, nach der das Prinzip und die Mittel des Heils absolut außerhalb des Zugriffs des Menschen liegen. Zunächst scheint er wieder dieser These zuzustimmen, überformt und erhöht sie jedoch, insofern er auf die Notwendigkeit einer gänzlich ungeschuldeten, von außen her kommenden Gnade insistiert. Dieses neue Verständnis und diese Umdeutung der jansenistischen These versetzt die Begnadung in den Charakter der Intimität – oder besser – er lässt sie *intrinsisch* wirken, um das christliche Leben zu formen und zu erleuchten. Diesem *spirituellen Realismus* eignet dennoch ein historisch-substantieller Charakter, der die ontologischen Voraussetzungen oder die Quellen selbst der übernatürlichen Bestimmung des Menschen respektiert. Dabei baut er nicht auf den abstrakt logischen Gott des Aristoteles und vertraut auch nicht den Träumen einer Bewusstseinsphilosophie, sondern er gründet – gleich dem Memorial – im persönlichen, biblischen Gott

---

[20] Die Charakterisierung »transnaturel« kennzeichnet den Menschen in seiner Zwischenexistenz und drückt am besten dieses oszillierende Noch-Nicht des Heilszustandes, weil »nicht mehr durch Fall und Sünde bestimmt, sowie zugleich das fortwährende Immer-Noch durch die tragende Liebe des Übernatürlichen« ... »dieser Ausdruck Transnaturel drückt den instabilen Charakter eines Seienden aus, das nicht mehr oder noch nicht das übernatürliche Leben besitzt, zu dem es gerufen oder zu dem es erneut aufgerufen ist ...« (LALANDE: *Vocabulaire ...*, S. 1152). – Vgl. REIFENBERG (2002), S. 235–239 ›Transnaturel‹ als dynamisch-anthropologische Faktizität«.

Abrahams, Isaaks und Jakobs, auf den Gott, der sich offenbart, inkarniert und sich selbst hingegeben hat. Aus dieser einzig lebendigen, immerwährenden Quelle der Gnade strömt die Gnade Christi auf seine Kirche, die für die Bestimmung und Vollendung des Menschen unabdingbar bleibt. Dieser innere und äußere Afflux geschieht gleichzeitig auf den Menschen hin und diese Afferenz ist zum Erreichen des Lebenssinns für den Menschen unabdingbar (vgl. D 120). Den jansenistischen Traditionsbegriff richtet Pascal in einer erneuerten Form wieder auf. Tradition wird bei ihm nicht verstanden als konservierter, mechanisierter Buchstabe, noch als intellektuelle Wissenschaft, noch als vitale Evolutionsidee, sondern in einem tiefen Verständnis als »suite de la religion«, als sich entwickelnde Fortführung von Religion, zutiefst begründet und verstanden als Vollzugsgeschehen sakramentalen Lebens, das Gott und den Menschen durch eine substantielle Einheit in einer Art Zusammenschluss der Seelen verbindet, die auf innigste Weise mit Gott kommunizieren und sich von ihm nicht mehr entfernen.

Wiederum sieht sich Maurice Blondel mit Pascal auf einer Denklinie eng vereint, wenn er den eigentlichen Weg der Liebe nicht durch die Weisen (d.h. die Pharisäer), sondern durch den wahren Gebildeten, nämlich die Einfachen und Kleinen und Demütigen, begangen weiß, ein revolutionärer biblischer Gedanke (vgl. Mt 11,25), der L'Action (1893), dann aber auch das Gesamtwerk Maurice Blondels tief durchdringt.[21] Die biblische Grundlage des Gedankens der Bevorzugung der Kleinen und Demütigen findet sich in Mt 11,25b:»Ich preise dich, Vater, Herr des Himmels und der Erde, dass du dies vor Weisen und Klugen verborgen, Unmündigen aber offenbart hast.« Die politische Sprengkraft kann nicht hoch genug veranschlagt werden. Blondel deutet sie philosophisch um, genauso wie Pascal und Newman (vgl. AW VI, 231 f.). Alle drei Denker betonen damit ihren antirationalistischen und antiintellektualistischen Grundansatz, der sich eng an

---

[21] Vgl. A 85/119/110; 409/443/435; 474/508/499:»La logique de l'action cherche uniquement à découvrir un itinéraire qui permette à l'intelligence des doctes de rejoindre lentement et sûrement les hauteurs des humbles et des petits.« Vgl. REIFENBERG (2002), S. 411. Dieser wissenschaftskritische Gedanke enthält eine scharfe Szientismus- und Rationalismuskritik. Vgl. jetzt auch: Roman A. SIEBENROCK: Gott ruft jeden einzelnen. John Henry Newmans »Essay in aid of a Grammar of Assent« als Paradigma der Glaubensverantwortung in der Moderne. In: Claus ARNOLD – Bernd TROCHOLEPCZY – Knut WENZEL (Hrsg.): *John Henry Newman. Kirchenlehrer der Moderne*. Freiburg i.Br.: Herder, 2009, S. 145.

eine »theologia/(philosophia) cordis« anlehnt. Der Sitz des wahren Wissens und der wahren Weisheit ist – nicht wie in der griechischen Philosophie – der Kopf, sondern wie im Hebräischen das Herz. Blondel formuliert unübertroffen und ganz im Sinne Pascals in L'Action (1893): »ce n'est point la tête, qu'il faut se rompre, c'est le cœur«[22]. Die Tradition ist – so verstanden – ein sich forttragender Inkarnationsprozess der Liebe Christi und damit die wirkliche, reale Präsenz der *göttlichen Tat* im Leben des Menschen, einem alle Dialektik aufhebender Akt der Liebe.

7. Verdammnis und Erwählung – die Kirche

Die letzte These von Port Royal, mit der sich Pascal auseinandersetzt, beinhaltet den Gedanken der Erwählung; inmitten einer Flut von Verderbnis und Zersetzung verbleibt eine Arche mit Erwählten, nämlich den Gerechten von Port Royal.

Wiederum stimmt Pascal mit Eifer dieser These zu, wird sie aber bald überhöhen (vgl. D 121), nachdem die Gläubigen sich nicht in einem Ghetto der Einsamkeit befinden; sie hüten das Geheimnis der Erwählung, der Verborgenheit und sind dennoch sichtbar. Sie leiden an der universalen Kirche. Die Prüfungen, die sie zu bestehen haben, geschehen nicht ausschließlich in der Vergangenheit, sondern in der gegenwärtigen Stunde und trotz des Falls gibt die Ecclesia Zeugnis von der göttlichen Wahrheit, weil sie Kirche der Ewigkeit wird (vgl. D 122). Unbeugsam und ungestüm sucht Pascal das Perfekte in allen Dingen zu erblicken, entlarvt die Grimassen, die Heucheleien, die Perversionen der Zeitgenossen, die auch Zeitgenossen der Kirche sind, welche die Passion Christi aufs Neue notwendig werden lassen und die unter dem Skandal die Kraft der Beweise zermalmt. Um seinem apologetischen Engagement mehr Durchschlagskraft zu verleihen, wendet sich Pascal gegen die Freigeister und den innerkirchlichen Missbrauch. Er wendet sich gegen eine Art Gallikanismus, der allerdings noch vom Jansenismus zu unterscheiden ist. Pascal stellt sich unbarmherzig gegen jene, die in einem mondänen, weltgewandten und nur vernunftbetonten Christentum leben, das sich lediglich in

---

[22] A 375/409/399. Zur theologia/philosophia cordis vgl. auch: A 361/395/386 (»l'aspiration du cœur«); A 365/399/390 (»l'inquiétude du cœur«); A 379/413/404 (»battement son cœur«); A 380/414/405 (»où se mesure le cœur de l'homme«); A 381/415/405 (»il faut du cœur pour l'entendre«); A 384/418/409 (»générosité d'un cœur«); A 387/353/412 (»au fond du cœur«); A 398/432/423 (»le grand effort du cœur«; le vide du cœur«).

den Grenzen der bloßen Vernunft, des Bewusstseins einer banalen Rechtschaffenheit bewegt.

Hier vermutet man zu Recht auch Blondels (und Pascals) antiidealistische Grundhaltung gegenüber einer Religion in den Grenzen bloßer Vernunft.

Pascal wendet sich gegen diejenigen, die den Einfachen die Härten der christlichen Disziplin auferlegen, ohne sie für sich selbst in Geltung zu bringen. Er wendet sich gegen die Prunksucht und gegen das Machtbewusstsein derjenigen, die das Evangelium unter dem Vorwand, spirituelle Autoritäten zu sein, verfälschen, und bemüht sich um eine Reintegration des Christlichen in eine Gesamtordnung. Mit Hilfe der bloßen Mitmenschlichkeit, der Barmherzigkeit und der liebenden Demut begegnet Pascal einer »mörderischen« Mortifikation der Welt. Dabei ist er sich im Klaren darüber, dass der Mensch der Vanitas ausgesetzt bleibt, jedoch ohne aufzuhören, gegen diese ankämpfen zu müssen, um in einer wahren Haltung der Parusie demütig die Wiederkunft Christi zu erwarten (vgl. D 123). Fest überzeugt ist Pascal davon, dass bevor man andere zur Reform und Umkehr zwingt, man sich erst selbst ihr unterziehen muss, um den demütigen Jesus zu finden und ihn bis zum Ende der Zeiten nachzufolgen.

Mit einem unerbittlichen Realismus kämpft Pascal gegen die Scheinheiligkeit der Pharisäer, gegen die Sykophanten. (Ein Begriff, der von Kant im Streit der Fakultäten [2. Abschnitt, 6 A 144/145 Anm. 145] gegen die Wichtigtuer verwendet wird und auch an dieser Stelle eindeutig gegen die Vernunftreligion im Stile Kants steht.)

In der Person und in dem Wirken Pascals lässt Maurice Blondel deutlich seine Kritik auch an der von ihm erfahrenen Kirche laut werden. Er ist darauf bedacht, zum Ausdruck zu bringen, dass die innere Haltung (»il entre dans une douceur, une paix, une docilité d'enfant« (»er tritt ein in die Zartheit, in einen inneren Frieden und in die kindliche Folgsamkeit«, vgl. D 123) wie die Handlungsweisen Pascals sich grundlegend von denen des Jansenismus unterscheiden.

Wann immer es sein Gesundheitszustand ihm erlaubte, sammelte er seine Gedanken für seine Apologie, um auch die Freigeister in die Ordnung der Liebe einzuführen. Auf die Weise des »détachement« der Lossagung und Abständigkeit fasst er alles in einem zusammen. Diese tätige Haltung wurde in der liebenden Hinwendung zu den Leidenden und Armen im Leben Pascals ansichtig. Von der Umkehrbewegung Pascals leitet Maurice Blondel ein allgemeines Diktum ab, das er gerade auch seiner Kirche ins Stammbuch schreibt (vgl. D 123, Anm. 9), wenn Blondel Pascals Denkweg paradigmatisch innerhalb der eigenen modernistischen Konfliktfelder als leuchtendes Beispiel anführt. Erst dieses »examen interne«, diese innere Prüfung der Neigungen und des Geistes, lassen ein Urteil über die äußeren Haltungen (»attitude extérieur«) zu.

Man spürt auf Schritt und Tritt, dass der Artikel auf dem Hintergrund der Suche nach der Jesus entsprechenden Theologie zu lesen ist.

IV. Konklusion

Welche ist nun die Schlussfolgerung auf die Eingangsfrage nach dem Jansenismus bzw. Antijansenismus des Pascal? Maurice Blondel fasst auf knapp fünf Seiten (D 123–128) ungemein differenziert zusammen:

Pascal war *Jansenist* wie kein anderer, wenn es um die moralischen Gründe und die historischen Vorwände, Voraussetzungen des Jansenismus von Port Royal selbst geht (vgl. D 124). Kein anderer hat das Drama des menschlichen Lebens, seine Gefahren innerhalb des moralischen und religiösen Wachstums so gekennzeichnet wie Pascal.

Doch Pascal ist zugleich auch bis zum Extrem hin *Antijansenist*, wenn es um den geheimen Grund der christlichen Lehre ging, wenn es um die Methoden des Denkens, den Stil und die Bedingungen der letzten Orientierung der Seele geht. Er musste sich keinem Widerruf unterziehen, ihm ging es schlicht um die unverbrüchliche, ursprüngliche und durch die Geschichte sich fortsetzende, tiefe christliche Wahrheit. Besonders in den »Provinciales« zeigt er die doppelte Moral auf, jedoch nicht in der Form systematischer Darlegung von Irrtümern als vielmehr durch sein Tun, und dies auf die Weise einer dauerhaften Unterwerfung des Lebens unter den Glauben in der Form einer Religionsphilosophie sowie durch ein ganz persönliches Lehren, das er bis zum Maximum hin, in all seinen Eingebungen und Strebungen antijansenistisch verstand. Gerade weil Pascal aus einem wie »angeborenen intrinsischen Denken« (»pensée intrinsèque et constitutionnelle«, D 124) handelt, kann er sich schließlich vom Jansenismus befreien.

Pascals Zustimmung und Treue der Kirche und dem Papst gegenüber geschahen auch nicht aus bloß äußerlichen Gründen. In vereinfachender Weise hat man den Jansenismus Pascals übertrieben, der lediglich künstlich und als Vehikel des eigenen Denkens und insofern zufällig und der eigenen Biographie mit ihren Konversionen geschuldet ist.

Vehikel des Denkens ist er genauso hinsichtlich der moralischen Inhalte seiner Lehre, durch den dramatischen Charakter und die logische, religiöse Begrifflichkeit, die ihm in Rouen und Port Royal begegnen, durch seine Affinität den Menschen gegenüber, durch die Bewunderung ihrer nüchternen Tugenden, gegenüber ihrem Mut im Kampf gegen den Verfall des Politischen (es folgt fünfmal »les sens des«).

Pascals Antijansenismus bleibt zunächst bedeckt und unbewusst im Persönlichen, und dies aus der Haltung konkreter psychischer Wirklichkeiten heraus und nicht aus dem Genius der Abstraktion und dem Aberglauben an eine Ideologie, danach im Sinne eines lebendigen Augustinismus gegenüber der Gelehrsamkeit einer Schulphilosophie. Den Antijansenismus lebt er aus den intrinsischen Bedingungen der göttlichen Bestimmung des Menschen heraus und nicht aus der Idee einer bloßen Abhängigkeit und einem Verzicht auf eine dunkle Lehre von Gott, die ohne Mitleid und Liebe ist. Er ist Antijansenist im Sinne eines Vertreters einer lebendigen Tradition, verstanden als Bedingung und Ausdruck des inneren Lebens und nicht als instinktive Defizienz eines sozialen Faktums, einer sozialen Gegebenheit, einer Autorität oder einer rein theoretischen Auffassung von Solidarität und Tradition.

Er ist Antijansenist im Sinne der Wertschätzung gegenüber den historischen Gegebenheiten und der inneren intimen Weiterführung der religiösen Gegebenheiten, betrachtet im doppelten Licht der Entwicklung des Religiösen in der Zeit und in ihrer Gleichzeitigkeit des ewigen Zusammenhalts des göttlichen Plans und nicht im Sinne einer Serie von bloß äußerlichen, nicht im Innersten zusammengehörigen Heilsvorfällen, wie im Jansenismus der Sündenfall, die Inkarnation, die Gnade interpretiert werden, die unverbunden und ohne höheren heilsgeschichtlichen Plan nachträglich plakativ ablaufen oder ohne eine höhere Zwischenkunft der Freiheit Gottes oder ohne die unerschöpfliche Plastizität der Barmherzigkeit Gottes geschehen. Durch seine Prinzipien und seine Voraussetzungen tendiert der Jansenismus zu einer bloßen Ideologie zu verkommen (vgl. D 126), die zwischen einem exklusiven und extrinsezistischen Supranaturalismus und einem naturalistischen und individualistischen Intrinsezismus oszilliert.

Mit dieser philosophischen Ortsbestimmung Pascals bestimmt Maurice Blondel zugleich auch seinen eigenen Ort. Insofern wird er nicht müde, die *Modernität* Pascals zu unterstreichen: Pascal und auch Maurice Blondel sind Gegenläufer zu jedweder Ideologie, Pascal ist kein Historizist, kein Extrinsezist und kein Intrinsezist. Vielmehr sind beide Phänomenologen des Wirklichen, des Faktums und der Seele des Menschen. Pascal versteht die intrinsischen Erfordernisse der geschichtlichen Gegebenheiten im Hinblick auf ein Mehr an Spirituellem, Sozialem, Literarischem, lebendig Kirchlichem, ein Mehr an geheimnisvoll Verborgenem und Hohem im inneren Gefüge der göttlichen Herrschaft. Er repräsentiert ein Maximum an Erweiterung und Aufschwung und Intimität des christlichen Bewusstseins. Dabei ist Pascal Anwalt des inneren Lebens, insofern dieses mit dem Gesetz der Liebe im katholischen Organismus universell verbunden ist.

Um dies alles hervortreten zu lassen, muss man die *Methode*, das *Merkmal* des *Jansenismus* und seine Formeln, die in das Denken Pascals verborgen verstrickt sind, aufdecken. Wenn es gelingt, Pascal von den Formeln und dem toten Theologismus des Jansenismus zu befreien, leuchtet sein Denken in einer Lebendigkeit auf, dass die Wahrheiten und die Zielrichtung des Denkens aktuell erscheinen. Gerade die Last des dunklen Jansenismus, die es zu beseitigen gilt, hindert daran, die Modernität Pascals zu erkennen. Er vermag es, in einem einfachen Blick alle Entwicklungen einer kritischen Epistemologie zu synthetisieren und in einen Gesamtorganismus zu integrieren: so die religiöse Psychologie, die neuen philosophischen Richtungen, neue exegetische Ansätze und die Apologetik, dann die neuesten Untersuchungen zum Traditionsbegriff.[23] Man muss wissen, dass Blondel im Jahr 1904 »Histoire et Dogme« verfasste. Um das Gewicht dieses umfassenden Denkens zu erfassen und zuzulassen, muss er ideengeschichtlich auch andere Namen und Denksysteme benennen, die Be-

---

[23] Zum Traditionsbegriff Blondels vgl. man M. BLONDEL: *Histoire et Dogme. Les lacunes philosophiques de l'exégese moderne.* In: *La Quinzaine* 56 (1904), S. 145–167; 349–373; 435–458; auch in: *Les premiers écrits de Maurice Blondel.* Paris: PUF, 1956, S. 149–228 und in: M. BLONDEL: *Œuvres complètes.* Bd. 2. Paris: P.U.F., 1997, S. 387–453; dt. Übersetzungen: *Geschichte und Dogma.* Übers. v. Antonia SCHLETTE. Mainz: Matthias-Grünewald-Verlag, 1963 bzw. *Geschichte und Dogma.* Hrsg. und eingel. von A. RAFFELT, übers. und kommentiert von Hansjürgen VERWEYEN. Regensburg: Pustet, 2011. Insgesamt dazu: Peter REIFENBERG – Anton van HOOFF (Hrsg.): *Tradition – Dynamik von Bewegtheit und ständiger Bewegung. 100 Jahre Maurice Blondels »Histoire et Dogme« (1904–2004).* Würzburg: Echter, 2005.

standteil dieser gewaltigen Sythese sind und sich bei Pascal in bester Weise zu finden sind:
Es sind dies schließlich auch die Gesprächspartner der Philosophie Maurice Blondels. Denn in dieser Synthese sind *im ersten Rang* St. Augustins Lehre der inneren Erleuchtung und des göttlichen Lebens des Geistes und dann die Methodik des *hl. Ignatius* miteinander innig verbunden (»qui plie la machine«, vgl. D 127), welche die Wirklichkeit durch einen von außen nach innen gerichteten Dynamismus der »action« zusammenfaltet. Dann ist es die Lehre des *hl. François de Sales*, durch die Pascal immer mehr Gott ins Herz der Menschen bringt und damit vom Inneren zum Äußeren geht.
Die Lehre Pascals ist schließlich eng verbunden mit der im Tiefsten vernünftigen Philosophie des *hl. Johannes vom Kreuz*, der die Seele durch Abgeschiedenheit, Entsagung und geistig-geistliche Blöße[24] bis hin zu einer paisiblen Leichtigkeit und dem Licht eines neuen Lebens und der Liebe führt.
Für Blondel waren Augustinus, Ignatius und Johannes vom Kreuz erste Gesprächspartner, die sich von einer nachrangigen *zweiten* Kategorie unterscheiden: Vielmehr als noch *Bossuet* und in viel innigerem Sinne als er umfasst Pascal die Folge der Religion. Mehr als *Newman* entwickelt er den Sinn für die bewegenden Wirklichkeiten der Geschichte, den Sinn für die Folgerungen (vgl. illative sense), den Sinn für die realen Gewissheiten, die nicht aus einer Summe von begrifflichen Gegebenheiten herrühren. (Dies ist auch eine Kritik am Denksystem Newmans, das im Grunde Blondel äußerlich bleibt.)
Wie ein moderner Gelehrter kennt Pascal die Schönheit, die Rolle, die Grenzen und die Relativität der metaphysischen Wissenschaften, er kennt die Methoden der Mathematik, die Physik, die Psychologie, die Politologie und die Soziologie.
Es folgt eine *dritte* Kategorie, hier allerdings Denksysteme, gegen die sich Maurice Blondel wehrt: anders und besser (»autrement et mieux«) als die Traditionalisten besitzt Pascal den Sinn für das Kontingente und für heilsame Unveränderlichkeiten im Beständigen. In Übereinstimmung (»avec«) mit dem Ersten Vatikanum sieht er, dass das christliche Faktum ein kontinuierlicher Akt ist, der seine Wahrheit und damit seinen Beweis durch das Zusammentreffen der inne-

---

[24] Vgl. auch A 380ff./414ff./440ff.: »La voie de l'abnégation volontaires«.

ren Gegebenheiten mit den äußeren hat, die bereit sind, ein religiöses Bewusstsein zu erkennen. Maurice Blondel bringt auf der letzten Seite alle eigenen philosophischen Anliegen ein und schreibt sie Pascal zu (vgl D 127 f.). Besser und anders (»autrement et mieux«) als »unsere« Pragmatisten und Intuitionisten kritisiert Pascal die Erkenntnis, die sich nicht dem Handeln zuwendet und die sich nicht als Mittel versteht, sondern zum Hindernis und zur Tyrannei, zum Idol auf dem Weg zur Wahrheit und zur Liebe wird. Mit den Prinzipien der Metaphysik und der jüngsten Apologetik hat er das »l'intenable intime«, das unaufhaltbare Intime, gesehen, das der Mensch in sich trägt, sowie die Probleme, die aus der wesenhaften Heterogenität geboren sind, und schließlich auch die reale Kontinuität, die zwischen dem Leben des Geistes und den christlichen Lehren besteht.

Durch seine Methoden verschafft er sich das Mittel, um die notwendigen Bedingungen des spezifisch religiösen Problems, um die psychologischen Gegebenheiten einer Untersuchung zu grundieren, die schließlich die humanen Elemente begründen, welche die größten Schwierigkeiten des spirituellen Lebens ausmachen. Pascals Größe lag sicherlich in der Größe seines Geistes, die jedoch in seiner Gesamtpersönlichkeit ihren Grund findet. Diese war zunächst affiziert durch Jesus Christus selbst und durch das Geheimnis der sich in ihm verwirklichenden Liebe.

Das Pendel schlägt zu Ungunsten des Jansenismus aus: Pascal vertritt einen Antijansenismus, aber einen solchen, der ganz durch die eigene Weise des Handelns und Denkens geprägt ist. Dennoch lässt Blondel dem Jansenismus Gerechtigkeit widerfahren. Der Beitrag macht deutlich, dass man einerseits leicht über das Denken Pascals die »philosophie de l'action« erschließen kann, andererseits Pascal verstehen lernt, wenn man Blondels Ansatz verinnerlicht.

»Die Augen Pascals«

Universalgenie unter dem Blick von Hans Urs von Balthasar

Einleitung

1. Warum, so ließe sich fragen, widmen Große des Denkens ausführliche Würdigungen und Überlegungen *Vordenkern* und treiben nicht den eigenen wichtigen Gedanken alleine weiter? Liegt es an einer selbst erkannten Schwäche des eigenen Denkens, steht die Bewunderung dem Vordenker gegenüber dem freien Gedanken im Wege, oder will er womöglich durch das Vorgedachte sein eigenes Denken demütig aufzeigen, widerspiegeln und bestätigen, um klarzumachen, dass die Wahrheit des Gedachten dem aufrechten Denken immer wieder unterkommt und sich tradiert und stets perpetuiert?

Eine vorläufige Antwort grenzt an einen Allgemeinplatz: Wir alle denken in der Spur Früherer, keiner denkt klinisch rein für sich allein, denn die Grundlinien des Zudenkenden ruhen auf dem Vorgedachten und erheischen, je in einer neuen Gestalt nachgedacht zu werden. Es sind (zum Teil fiktive) Dialoge zwischen den Philosophen. Meist gewinnt das Denken des Jüngeren am Älteren seine Gestalt. Die Ideengeschichte lebt auch von der Wiederholung, von der Tradition als ständiger Bewegtheit und steter Bewegung des Geistes.

2. Blaise Pascal gibt zu denken auf, weil er eine Denkergestalt verkörpert, die das Herz in Unruhe hält. An ihm arbeiten sich bis heute die theologischen und philosophischen Schriftsteller, die grundlegende Fragen stellen wollen, ab. Was dem deutschen Denker die Scheidelinie des Denkens *Kants* bedeutet, an dem kein anderes Denken mehr vorbeikommt, so sind es dem französischen Denken – außer dem Genannten – zwei methodische Antipoden, an denen Maß genommen werden muß: zum einen *Descartes*, zum andern *Pascal*. Vor allem Denker, die skeptisch gegenüber dem Rationalismus denken, die auf der Spur Platons, Plotins und Augustinus' sich bewegen, werden Pascal als den Zeugen der Wahrheit benennen.

Doch auch kritische Idealisten kommen an ihm nicht vorbei: Seien es *Victor Cousin* (Les Pensées de Pascal, Paris 1843), *Léon Brunschvicg* (Le génie de Pascal, Paris 1934. Descartes et Pascal, lecteurs de Mon-

167

taigne. Neuchâtel ²1945) oder *Maurice Blondel*, dessen Denken sich zutiefst von Pascal beeinflusst weiß (Le jansénisme et l'antijansénisme de Pascal [1923], in: Dialogues avec les Philosophes, Paris [Aubier] 1966. 91–128); seien es *Romano Guardini* (Christliches Bewusstsein. Versuch über Pascal. Leipzig 1935 [³1956]), *Charles Péguy* (Pascal [Textes de 1901–1913], Paris 1947), *Gabriel Marcel* (L'homme problématique. Paris 1955. Dt. Der Mensch als Problem, Frankfurt 1956), *François Mauriac* (Pascal. Paris 1940; Blaise Pascal et sa sœur Jacqueline. Paris 1934): Wenige konnten nur genannt werden, alle arbeiten sie sich an Pascal ab.

Auch der wirkmächtige theologische Schriftsteller *Hans Urs von Balthasar* widmet Pascal zwei bedeutende, sprachlich gefeilte Artikel, der eine kürzer, der andere länger, die nachfolgend in einigen Strichen in ihrem Argumentationsgang nachgezeichnet werden: Der kürzere Artikel findet sich in »*Homo creatus est*« (Einsiedeln 1986, S. 61–77 [= Augen Pascals] und stellt unter dem Titel »*Die Augen Pascals*« eine wortgewaltige metaphorische Auslegung des »Sehens« dar. Die inhaltliche Darstellung dieses Beitrags fügen wir ein in die Wiedergabe des ca. siebzig Seiten umfassenden Beitrages mit dem lapidaren Titel »*Pascal*« innerhalb der großen Theologischen Ästhetik »Herrlichkeit« von Balthasar, und zwar hier im zweiten Teil »*Laikale Stile*« des zweiten Bandes der »*Fächer der Stile*« (Einsiedeln 1962 [1984], S. 537–602 [= Pascal]). Hier ordnet Balthasar den Artikel zu Pascal zwischen die Darstellung »Juan de la Cruz« und »Herder«. Für unseren Kontext wird die Beantwortung der Fragen entscheidend werden, mit welcher Intention Balthasar das Augenmerk auf Pascal richtet, welche Motive Pascals er für seine Darstellung wählt, wie er sie aufbaut und welche allgemeine Absicht er mit dieser Darstellung verfolgt.

Balthasars Darstellung

Balthasars Darstellung ist eine kongeniale Verknüpfung Pascal'scher Ideen, meist aus den »Pensées«, mit eigenen interpretatorischen Weiterführungen, die letztlich als Gesamttext einen eigenen theologischen Entwurf, einen eigenen theologisch-ästhetischen Duktus, eine Synthese zwischen beiden bildet. Balthasar tritt so tief und eng in den Gedankengang ein, dass oftmals nur schwerlich zwischen beiden zu unterscheiden ist. Der *innere Dialog* mit Pascal gleicht nahezu einer

Symbiose. Auf Schritt und Tritt wird deutlich, dass Balthasar seine eigene Theologie der Herrlichkeit aus den Grundintentionen Pascals schöpft (Pascal, 545). Die Fragmente Pascals sind aus dem Geiste des Ganzen gedacht, das Ganze liegt im Fragment vor, so wie Balthasar selbst schreibt und denkt (vgl. Pascal, 546). Seine Kunst besteht darin, durch die Art und Weise der Darstellung Pascals eine Theologie zu entwickeln, die mit seiner eigenen identisch wird. Damit wird ihm Pascal zum Garanten der auszulegenden Wahrheit.

Balthasar unterteilt seine Abhandlung in fünf unterschiedlich große Sinnabschnitte, die sich inhaltlich zum Teil auf die Charakterisierung Pascal'schen Denkens beziehen, doch am meisten auf die Einbettung dieser Interpretation in das Denken Balthasars selbst zielen:
1. Grundmotive
2. Die Figur im Unendlichen
3. Proportion der Disproportionen
4. Verborgenheit und Liebe
5. Pascals Ästhetik

1. Grundmotive

1.1 Genialität Pascals. – Genialität scheint stets einsam und unabhängig zu sein, jedenfalls kann das Universalgenie von keiner Richtung beansprucht werden. Für ihn ist es wichtig, nicht nur von einer Sache, sondern von allem etwas zu verstehen (Pascal, 535.597). Insofern liegt der Vergleich mit Erasmus von Rotterdam nahe: Beide sind sie Humanisten, beide Feinde der Scholastik und des Mönchtums, beide Grundlagenforscher mit hohem religiösen Pathos, Formsinn und Formwillen zwischen kirchlicher Urtradition und exakter Wissenschaft. Pascal, eine der »Spitzengestalten der theologischen Ästhetik« (Pascal, 536) – und als solche findet Balthasar besonderes Interesse an Pascal –, setzte sich ab vom Dualismus Descartes mit der Kraft zur »voir d'une vue« (Pascal, 542; Pascal II, 61), dem außergewöhnlichen Sehvermögen, welches das Privileg der Genialität ausmacht und begründet: Denn das Genie »erblickt Strukturen, die Beziehungen, die Proportionen, die Gestaltungen dort, wo ein anderer nur mühsam Begriffe aneinanderreiht. Es sieht und macht sichtbar«. Sichtbar und einleuchtend wird dem Gutwilligen, der durch Pascal sehend wird, die Dialektik der condition humaine, die in Christi Gestalt, welche die Widersprüche eint, zur göttlichen Vollendung gelangt, die Ordnung der Wirklichkeit und ihre »figures«, die »Vorausbilder« innerhalb des Offenbarungsgeschehens. Er zählt zu den »herben, flammenden Geistern des französischen Frühbarocks«, die sich gerade als Laien vollendend dem Ideal des »honnête homme«, der »allseitig gestalthaften Persönlichkeit« (Pascal, 536) verschrieben haben. Zeitgeschichtlich gesehen stürzt er sich gerade nicht in gegenreformatorische Umtriebe, sondern weiß schöpferisch aus dem gegnerischen Denken das Gute zu filtern und fruchtbar werden zu lassen. Pascals Wurzeln liegen »in der Opfermystik der ›Französischen Schule‹ Bérulles«, »im herben christlichen Stoizismus Corneilles« und im »dunkel verschatteten Augustinismus Port-Royals« (ebd.), dem er jedoch gerade wegen der letztlichen Einsamkeit seiner Genialität, die ihn Eigenes und Größeres sehen lässt (vgl. Pascal, 537), nicht zum Opfer fiel. Balthasar schätzt das Sendungsbewusstsein Pascals, seinen universalen Formwillen, um durch ihn der christlichen Kultur, der »Repräsentation des Göttlichen in der Welt« (Pascal, 537) mit der ganzen Kraft seiner Existenz zum Durchbruch zu verhelfen. Immer gilt es, die Gegensatzspannung aufrechtzuerhalten, um nicht von einem Extrem-Jesuiten versus Jansenisten – einbehalten zu werden.

1.2 Deshalb ist das erste Grundmotiv seines Handelns im »*Rückgang ins Quellende*« zu sehen, zu den Vätern, zum Leben Jesu und in das Geheimnis des leidenden der Liebe Gottes (Pascal, 540). Das Wesen des Christseins besteht in der lebendigen Sehnsucht und Akzeptanz der je-immer-neu werdenden und wirkenden Liebe Gottes (vgl. Pascal, 538), die man nicht durch einen moralischen Minimalismus, sondern stets nur durch den Sprung aus der Welt durch den Maximalismus der Verwirklichung der Lebensbereiche erreichen kann. Sein Weg ist der »in die Mitte des Faktums« hinein, das sich in Jesu heilbringendem Leben, Leiden und Sterben verwirklicht hat (vgl. Pascal, 541). Rückgang ins Quellende heißt auch die Anerkenntnis der stets wiederkehrenden »Identität zwischen Tod und Weltende« (Pascal, 541), der Bekehrung des Sünders als grundstürzende Erschütterung der Person. Die soteriologischen Motive seines Denkens, das ganz »Durchblick in die Urgründe« ist, leiten zum zweiten Grundmotiv über.

1.3 *Gestufte Schau:* Während *Descartes* der *Denker* ist, bleibt *Pascal* der *Seher*. Das Denken ist bei ihm identisch mit dem Sehen, so auch die Grundaussage des Beitrages »Die Augen Pascals«. Im denkenden Sehen verwirklicht sich die Würde des Menschen, denn »der Mensch ist sichtlich zum Denken geschaffen« (Augen Pascals, 61 = Pascal, 210). Was versteht Pascal unter dem Denken? Der denkende Seher oder sehende Denker leitet nicht ab und analysiert nicht, sondern sieht die Sache in einer einzigen synthetischen Gesamt-Schau auf ihre Gründe hin »auf einen Schlag«, »mit einem einzigen Blick« im Gesamtzusammenhang (vgl. Pascal, 542f.). »Man muss das Ganze mit einem einzigen Blick ganzheitlich umfassen, nicht durch eine fortschreitende Ableitung‹« (Augen Pascals, 64). An dieser Stelle tritt Pascals »theologia cordis« auf: Während die Augen die Wirkungen sinnenhaft wahrnehmen, sind die Gründe nur für den Geist sichtbar. Er macht die drei Ordnungen »Körper, Geist, Caritas« einsehbar. Die durch die Liebe erleuchteten Augen des Herzens, begabt mit dem Blick der Weisheit, sehen auf einer neuen Ebene die »Herrlichkeiten des Verborgenen« und die »Verborgenheiten der Herrlichkeit« und damit das Geheimnis der »Gegenwart eines sich verbergenden Gottes. Das »echte Schauen« ist die »Schau im Nichtschauen« als einer Weise des Ineinssehens dessen, »was zugleich als das Unvereinbare gesehen« (vgl. Pascal, 544) wird. Nur die Wahrheit des Evangeliums im lebendig Fleisch gewordenen Christus versöhnt die Widersprüche. Christus ist das tertium comparationis, das Blondel noch philosophisch im ›vinculum‹ der dynamischen ›action‹ fand und Pascal wie Balthasar als höchste Form des Schauens und Synthetisierens in die Theologie transponieren. Blondel schreibt diesen Fortschritt und den Sieg über die abstrakte Logik der »logique de l'action« als »logique de la vie morale« zu, die Pascal als »geometrischen Geist« apostrophiert. Balthasar referiert sinngemäß den Artikel »Principe élémentaire de la vie morale«, der einen Grundgedanken enthält, den er als Logik der Liebe auslegt und ihn Pascal zuspricht. »Die Schullogik, die er bekämpft, ist ein unanschauliches Begriffsgeklapper, ein Deduzieren aus nicht wirklich gesehenen Ursprüngen …« (Pascal, 544), das kein eigentliches Verstehen ermöglicht. »Pascals Ballkunst ist dadurch ausgezeichnet, dass er nicht nur auf jeder der drei Ebenen der Geometrie, des Geistes und der Genialität der Liebe mit höchster Präzision spielen kann, sondern … die ganz anders geartete Präzision … im Bereich der Existenz und des Christlichen zu erringen« vermag (vgl. Pascal, 545f.).

1.4 *Augustinismus der Figur:* Auch mit dem dritten Grundmotiv, dem *Eintreten Pascals in die Weltschau Augustins,* erkennt man deutlich bis in die Begrifflichkeit hinein die Wesensverwandtschaft in der Denkungsart zwischen Blondel, Pascal und Balthasar, auf die explizit Letztgenannter eigenartigerweise nicht zurückkommt. Jedenfalls legt Balthasar Pascal mit Hilfe Blondelscher Philosopheme aus: Pascal, der theologische Laie, bekam seine theologische Formation vor allem durch Port Royal, wovon ein einseitig eingefärbter jansenistischer Augustinus zeugt, der von ihm dennoch auf eine originale Augustinus-Tradition hin durchstoßen wird. Beispielhaft gilt hierfür die Auslegung des augustinischen Herzens-Motivs: cœur – im Gegensatz zu esprit und raison – ist das Aufnahmeorgan für das Ganze, für die ethischen Prinzipien wie für das Religiöse und für Gott (vgl. Pascal, 547).

Theologie ist für ihn ›confessio‹, dialogisches und existenzielles »Gespräch mit Gott als dem gnädigen Du, das allererst mit der Liebe die wahre Erkenntnis des Du schenkt« (Pascal, 547f.). Das Verhältnis von Gottesreich (civitas Dei) und Weltreich wird dialektisch bestimmt durch die beiden Existentialien »Entfremdungs(abfall)« und Bildhaftigkeit. Der Mensch findet sich ausgedehnt »zwischen Urstand-Sünden- und Erlösungsstand-Endstand« (vgl. Pascal, 548). Augustinus und Pascal nähern sich auch dem Felde der Ästhetik, wenn für Augustinus das Schöne im Bereich der Zahlen anzusiedeln ist (Pole Zahlenschönheit und Gnadenschönheit). An dieser Stelle bringt Balthasar den aus der Mathematik herkommenden von ihm bevorzugten und in den Kontexten von Theologie und Philosophie dunklen »Figurbegriff« ins Spiel: Israels Vorzugsstellung gegenüber anderen besteht darin, dass es »von Gott gesetzte Figur« und »Vorschattung« für Christus ist und damit der Neue Bund »verborgen zugegen« ist: Die »jüdische Dialektik zwischen Bild und Wahrheit der Liebe« wird für Pascal zum zentralen Punkt seiner Apologie. Figuren sind *Vorausbildungen* (vgl. Augen Pascals, 61) im Gegensatz zum konkret Wirklichen (vgl. Pascal, 549).

Balthasar findet bei Pascal eine von Augustinus herkommende »*Methode der Immanenz*« (vgl. Pascal, 549; vgl, Pascal, 576). Wiederum begibt er sich inmitten der Begriffs- und Vorstellungswelt der Philosophie Maurice Blondels, allerdings wieder ohne diese auszuweisen oder sie korrekt und deutlich darzustellen. Die Bemerkung bleibt angemerkte und unbewiesene Vermutung, ein Schwachpunkt des Artikels, der überhaupt in manchen Passagen dunkel bleibt. Denn an späterer Stelle erwähnt er noch einmal die »Immanenz-Methode« Pascals und relativiert sie in gleichem Atemzuge, denn sie dränge »in keiner Weise darauf hin, die christliche Wahrheit aus der Existenz selber abzuleiten« (Pascal, 576). Was soll dann der Begriff an dieser Stelle? Was kann gemeint sein?

Das historisch konkrete Innere des Menschen ist der Anknüpfungspunkt des Offenbarungsgeschehens wie der Offenbarungstheologie. Das Verfallensein des Menschen (cor inquietum) hingegen verursacht das Nicht-bei-sich-selber-Sein des Menschen. Allerdings relativiert die Möglichkeit der Gnade die Suche der Philosophie nach der Wahrheit, die sich lediglich als »adhaerere Deo« ausspricht. Das augustinische Wahrheit-Bild-Schema prägt das Gott-Mensch-Verhältnis. Die irdische Wahrheit ist nie rein und bleibt am Abgrund kontingent. Vom Wahren kann man sich lediglich erfassen lassen (vgl. Pascal, 550).

2. Die Figur im Unendlichen – das Menschenbild

Pascal befindet sich ideengeschichtlich im *Dualismus zwischen exakter Wissenschaft und supranaturaler Religiosität*, wobei die (Seins-) Philosophie ausfällt. Und nur das Ideal des »cor gentile«, des »Herzensadels« des »honnête homme«, stellt das verbindende Mittelstück dar. Pascal kommt es in den Pensées bei allem Ausfall einer (theoretischen) Philosophie auf eine gelebte Anthropologie, eine »Vorschule der christlichen Existenz« an (vgl. Pascal, 552), wenn er die »condition humaine« konkret fasst, die er zum lebendigen Gott hinführen will. Um sein Menschenbild zu verdeutlichen, wirft Balthasar den (von Goethe her kommenden) Begriff der *Gestalt* von »metaphysischer Kraft« ein, »um die auseinanderfallenden Teile des Daseins überspannend in eins zu binden« (Pascal, 553): Von der eigentlich unmöglichen Mitte aus besehen richtet sich der Blick nach *unten* auf die empirische (naturwissenschaftliche) Gestalt«, mit dem Blick des Glaubens übersteigend nach *oben* hin auf den Gottmenschen. Insofern greift das berühmte Fragment B 72 vom *Menschen als dem Mittleren zwischen dem Nichts und dem All* (vgl. Pascal, 553). Dabei bleibt die exakte Wissenschaft (Geometrie nach Pascal) einerseits an die apriorischen Anschauungsformen, andererseits an die Erfahrung gebunden und deren innere Voraussetzungen (vgl. Pascal, 554). Der

Raum etwa ist durch unbegrenzte Teilbarkeit (zum unendlich Kleinen hin) und durch Ausdehnung zum unendlich Großen hin gekennzeichnet. Entsprechend setzt die *Figur* (als Phänomen, nicht als subjektive Vorstellung) zu ihrer Anschaulichkeit das an sich unerfahrbare unendlich Kleine und das unendlich Große voraus und kommt dabei an ihrer Setzung nicht vorbei: Sie bedarf eines »unendlichen Mediums« (Pascal, 555), obschon das Endliche im Unendlichen nicht fixierbar als vielmehr abgründig ist. Auf den Menschen bezogen spricht Pascal von der »disproportion de l'homme« (vgl. ebd.), der Kontingenz des Menschen und seiner Erkenntnis, vom Zufälligen einer endlichen Gestalt, die am geometrisch Unendlichen abgelesen werden kann (vgl. Pascal, 556). Die Seins- und Wahrheitslage des Menschen und aller Wirklichkeit ist die »unfeststellbare Mitte zwischen Nichts und dem Absoluten« (vgl. Pascal, 556f.) (»Man tritt aus der Menschheit heraus, wenn man die Mitte verlässt« [L 518/B 378].

Anfang und Ende alles Endlichen, insbesondere aber auch aller Unendlichkeit bleiben verborgen. Das wahre Wissen von Gott bleibt unfasslich und im Unwissen: Trotzdem ist alles Endliche gerade in das Medium des Unendlichen eingesetzt (Pascal, 558. 561). Der Mensch ist eine komposite Figur aus Stoff und Geist (Pascal, 559), wobei die Wirklichkeit im »vinculum« (Band) – wir finden wiederum ein nicht weiter belegtes, zentrales Philosophem Blondels – wieder zusammengebracht wird (Pascal, 560).

Die »Wette« zeigt Pascal als *den »ersten dramatischen Theologen«*, der sich mit dem »Schauder« der Argumentation des Atheisten, dem »materialistischen Evolutionisten« im je eigenen Ich auseinandersetzt (vgl. die Zusammenfassung mit kurzer Kommentierung der »Wette« Pascal, 564–566): Das Faktum, Gott »von unten« nicht erkennen zu können, entspricht der Tatsache des Abstandes von oben, des Geistes von den unteren Ordnungen. Von unten kann der Mensch den Aufstieg nur durch den »Sprung« bewältigen (ebd.). Die Bewegung der theologischen Ästhetik Pascals – wie Balthasar sie nach eigenem Entwurf einreiht – muss aber von oben nach unten gehen (Pascal, 562): »Die Welt ist nicht an sich selber dem Menschen ›unheimlich‹, sondern nur für den Menschen, der die Unheimlichkeit von sich her mitbringt, seine Heimlichkeit und Heimat verloren hat« (Pascal, 561). Der Mensch kann sich nur von Gott her verstehen (Pascal, 567). Von der unteren Ordnung her ist die höhere in keiner Weise zu erschließen, allerdings ist die untere je in die obere eingeborgen und von ihr gesetzt (vgl. Pascal, 567).

Gerade das *Fragment »Infini-Rien«*, die Wette, ortet den Menschen *zwischen dem Nichts und dem Unendlichen*, seiner eigentlichen Heimat: Die verhältnisbestimmenden Schlüsselbegriffe zwischen den Ordnungen heißen »rapport und proportion«, »mésure und correspondance«, wobei die ästhetische Proportion bis in die Glaubensanalyse hineinreicht (vgl. Pascal, 565). Für den »honnête homme« spielt die ganzheitliche *Sehkraft* in einer Weise der »fides naturalis« eine wichtige Rolle, die sich eng an seine Genialität gebunden weiß. Im Zwiegespräch der »Wette« bleibt das Argument des den Glauben rechtfertigen wollenden Christen gegen den Atheisten, dass, obschon gerade das Endliche angesichts des Unendlichen genichtet ist, durch die Möglichkeit des »Sprungs« im Glauben auch ein gewisses Verhältnis zwischen beiden besteht. Die Wahl und die Entscheidung werden existenznotwendig (vgl. Pascal, 566). Der Mensch kann Gott nie verstehen, sondern sich selbst nur von ihm her. Und dieses Verstehen geschieht als freier Liebesakt, als gesetztes Apriori einer unbegreiflichen Liebe und nicht durch den Schluss der analogia entis, nicht durch die Reflexionen zum Gott der Philosophen. Am Gleichnis der Wahrscheinlichkeitsrechnung ist nur der rationale Entscheid für Gott möglich. Die Philosophie kann lediglich die klaffende Disproportion zwischen den Ordnungen aufweisen.

3. Proportion der Disproportionen

Das große, die philosophische Anthropologie umschreibende und auch für andere Teile zentrale *Fragment »Disproportion de l'homme«* geht davon aus, dass der Mensch zum einen »als Gestalt lesbar« und verstehbar und es zum andern doch nicht ist (vgl. Pascal, 572). Es entfaltet sich auf zwei Ebenen:
Auf der *ersten* werden die Fakten inventarisiert mit dem Negativergebnis, dass die Gestalt des Menschen nicht durch eine Daseinsanalyse aufzuweisen ist, weil nur »Ungestalt, Widerspruch und Monstruosität« zu sehen sind. Deshalb muss auf der *zweiten* diese Disproportion in eine »echte Proportion« hinein begründet und integriert werden (vgl. Pascal, 568), wobei die Ursache der Disproportion gesucht wird, die in der Sichtlosigkeit der Dialektik endet, und dann die Ursache der Aufhebung der Disproportion aufzuzeigen ist, die sich

als wahres Gottesbild in Christus zeigt (Pascal, 569), wobei für den Menschen das Ersichtlichwerden des Glaubens erfolgt. Im Sehen wird die Grundforderung der Vernunft erfüllt. »Der Intellectus fidei ist die echte Schau in echter Sichtlosigkeit« (ebd.). Die innere Harmonie des Menschen ist unmethodisch verortet und erfordert eine »Übermethode« zu deren Dechiffrierung. Letztlich bleibt der erkennende Geist in einer »unbegreiflichen Leere« im Zwischen des Unendlichen, der Mensch kann sich selbst nicht situieren (Pascal, 570), Selbst- und Welterkenntnis bleiben ihm als Ganzes versagt. Allein es bleibt eine Idee von der Wahrheit. Die wahre Seinslage des Menschen trifft die Gleichzeitigkeit des Begriffspaares »*grandeur et misère*« als einen ineinandergreifenden »cercle sans fin« (Pascal, 571). Die Größe des Menschen ergibt sich aus seinem Elend und umgekehrt. Dieses Doppelgesicht erklärt sich letztlich aus seinem Grunde; denn er kann nur vom Transzendenten her begriffen werden: »Das vielzitierte ›l'homme passe infiniment l'homme‹, ist nichts anderes als der Ausdruck ... der ... gemein-patristischen Lehre, dass der Mensch in der Gnadenteilnahme an Gott in Urstand, Erlösung und Verherrlichung über den Menschen hinaus entrückt ist und nur in dieser Transzendenz begriffen werden kann« (Pascal, 572).

Außerhalb der Transzendenz und der Liebe Gottes lebt der Mensch in der Selbstentfremdung. Es bedarf auch hier wieder des Sprungs, um zur Größe des Menschen zu finden, die in der Gottsuche und allein aus Gott zu finden ist (vgl. Pascal, 547), um nicht in die verderbliche »folie«, in den »Wahn-Sinn« abzugleiten, sondern in die »*folie*« des Christlichen, die zugleich »*sagesse*« ist, zu gelangen. Diese kann nur im eigentlichen Sinn des Kreuzes Christi gefunden werden. In Anlehnung an die Katastasis-Lehre des Origenes gehört auch der ontologische Hintergrund des Verhalts des »*divertissement*« (»Ins-Gleiten-Geraten durch Zer-streuung«), eine Leere, die letztlich eine bedrohliche Flucht vor Gott durch nichtshafte Betriebsamkeit enthielt und dabei den Verlust des Ursprungs indiziert: »Des Menschen Leersein an Liebe ist *an sich* das Gegenteil von liebender Sehnsucht. ... Nur von Gott her kann diese Leere ausgefüllt werden« (Pascal, 575). Hier greift das rational nicht zu entschlüsselnde Faktum der Erbsünde, die doch das »dunkelste, unglaubwürdigste Dogma« darstellt (Pascal, 576). An dieser Stelle greift die Wirksamkeit der *Immanenzmethode*, da die »Tatsache von der Liebe Gottes« ... »dem Herzen unmittelbar als Wahrheit einleuchtet« (Pascal, 577). Diese gnadenhafte Liebe kann aber nur von Gott selbst her in und durch Jesus Christus gewonnen werden und somit wird das Wieder-Ganzseinkönnen ermöglicht.

Der Blondel'sche Panchristismus und seine Lehre vom tertium comparationis des »médiateur« klingen in der Pascal-Hermeneutik Balthasars an; andererseits spürt man, wie sehr Blondel selbst von Pascal abhängig ist: Allein Christus ist das ›vinculum‹, *in dem die Widersprüche versöhnt sind*: »In Jesus Christus sind alle Widersprüche versöhnt« (Pascal, 577/ B 684).

Die Gnade des Erlösers zeigt, dass die »bassesse zum Ausdruck der grandeur« wird. Durch sein Kreuz geschieht die »Umwertung der Niedrigkeit in Liebe« (Pascal, 578), in seiner Person kristallisiert sich das schlechthin Umgreifende »Leiden eines Gottes in Menschengestalt, von Gott selbst zugefügt: Gott von Gott verlassen im Zorne Gottes« (ebd.). Die Hermeneutik des Menschen führt zur Herrlichkeit im Christusgeschehen: »Wer ihn kennt, kennt den Grund aller Dinge« (Pascal, 579). Christus stellt für Pascal die einzige »einsichtige Rechtfertigung der Existenz« dar, »das Umgriffensein aller Widersprüche und Nächte des Daseins durch das Mysterium« seiner Person (ebd.). Diese Tat der Liebe Gottes in ihm ist sinn- und gestaltgebend, und sie erfüllt zugleich die Kriterien der »Figur« (Pascal, 580).

4. Verborgenheit und Liebe

Die Offenbarkeit in Christus offenbart die Liebe des unbegreifbaren Gottes und die je größere Sünde des Menschen. Dieses Paradoxon entwickelt Balthasar in vier Schritten:

4.1 *Die Offenbarung der Verborgenheit Gottes*: Die Verborgenheit Gottes ereignet sich für den Menschen bei steigender Offenheit der Liebe, wie es in der Eucharistie erfahren wird (vgl. Pascal, 581). Diese Dunkelheit muss in der wahren Religion gesehen werden. Sie ermöglicht den größtmöglichen Angriff auf sie und die größtmögliche Begegnung zwischen Gott und Mensch (vgl. Pascal, 582).

4.2 *Die Offenbarung unter der Verborgenheit der Sünde*: Gott verbirgt sich in Jesu Leben, Wirken und Sterben in Niedrigkeit und Demütigung: »Er selber hat sich, im Gegensatz zu Mahomet, nicht ins Licht gesetzt; er ist ›armselig und einsam‹. Er tötet nicht, sondern lässt sich töten …« (Pascal, 583). Aus der Einheit der Liebe in Christus gibt es zwei Arten von Menschen:»>Gerechte, die sich für Sünder halten, und Sünder, die sich für Gerechte halten<« (Pascal, 583).

4.3 *Die historische Lesbarkeit und Figuration der Verborgenheit:* Hierzu gehört die Einheit von dialektischem und figuralem Denken, durch die Pascal seine Apologie vollenden will. Gott hat selbst große Zeichen in die Weltgeschichte eingetragen: Anschauung und Trennung einander zugestalteter Ordnungen, das Zugleich und Ineinander von Evidenz und Unbegreiflichkeit; Alter und Neuer Bund als Diptychon einer lesbaren Figur; *Figürlichkeit* (Typos) des Alten Bundes »für einen überfigürlichen Neuen, andererseits als das anschaubare Verhältnis zwischen dem Figürlichen und dem Überfigürlichen« (Pascal, 584). Beide Aspekte durchdringen sich,»weil die Figürlichkeit im ersten Sinn Funktion ist der totalen Figur«.
Wie wird »Figur« hier verstanden, als Idee, als Abstraktion?
Jesus ist gekommen, um Figuren aufzuheben, Typologien in Wirklichkeit zu verwandeln und an ihre Stelle die Liebe zu setzen. Denn alles, was nicht Liebe ist, bleibt Abstraktion, Figur. Figur ist nur Abbild, nicht ursprünglich konkret wirkliches *Faktum der Tat.*
Pascal verwendet neben dem Begriff der Figur auch den der Chiffre, die die verschlüsselte Figur darstellt. Die Chiffre für die ganzheitliche Erkenntnis bleibt das Herz; und nur das reine Herz vermag durch die Wahrheit zur Liebe zu gelangen, mit den Augen des Glaubens sehend zu werden. Das Bild des Glaubens verschränkt sich im Zueinander von Altem und Neuem Bund. Das Heilsgeschehen von Sünde und Erlösung, Natur und Gnade bleibt somit ablesbar.

4.4 *Das Verhältnis von Liebe und Bild:* Die Gott versichtbarende, ja überbildliche Tat der Liebe ist die Sichtbarwerdung Christi im Sakrament der Liebe (vgl. Pascal, 590). In diesem Prozess *wird der Arme* zum »Inbegriff der christlichen Figurierung« (Pascal, 590), die Begegnung mit Christus und damit die erkennende Begegnung mit Gott geschieht im Armen. Dies ist auch ein Motiv Blondels, der das Erkennen des Armen (im Geiste) über das des Intellektuellen, des Philosophen stellt. Gerade auch Pascal solidarisierte sich bis in den Tod hinein mit dem Armen, in dem sich die Universalität der Liebe und damit auch die Idee der Kirche, deren Haupt Christus ist, verwirklicht (Pascal, 591). Pascal, der bekanntlich mit der offiziellen Kirche nicht immer im Frieden lebte, fühlt nicht nur die Einheit mit dem

Papst und würde sich nie von der Gemeinschaft getrennt haben, sondern sieht gerade auch in der Unterweisung des Buchstabens, in der *Buchstabentreue*, der *pratique littérale*, wie Blondel sagen wird, das zentrale praktisch-christliche Anliegen, auch gegenüber jedwedem Laxismus (vgl. Pascal, 592).

Pascal wird von Balthasar als der »*Theologe von Bild und Sprung*« *zugleich* (Pascal, 594) apostrophiert, weil er gerade auch Augustinus und in der Folge der Reformation es verstand, die Theologumena der *unbegreiflichen Gnade* und der *Universalität der Liebe* zusammenzubinden. Der die Sicht erweiternde Sprung nach oben ist der ins Sichtlose des Wagnisses des Herzens. Auf jeder Stufe rechtfertigt die obere die untere. »Der Mensch ist Figur in-über den beiden Unendlichkeiten, Christus ist ›Figur in-über dem Menschen‹« (Pascal, 594). Der Mensch muss wählen für oder gegen Gott.

5. Pascals Ästhetik

Schönheit und Ebenmaß seien über das gesamte Werk Pascals ausgegossen, so Balthasar, auch wenn dieser keine eigene Ästhetik geschrieben habe (Pascal, 595). Dem dialogisch Denkenden sei es gelungen, »Brücken über Abgründe zu schwingen« (Pascal, 596). Seine Rhetorik trägt ästhetische Züge, poetische Schönheit seine Sprache (Pascal, 597). Sein auch von Blondel bewunderter »esprit de finesse« wahrt den Blick der Gesamtproportionen der Dinge. Bei allem bleibt Pascal »ein unerbittlicher Entlarver aller Verfallenheit des Herzens an die Kräfte des weltlichen Wahns und die Verstrickungen der persönlichen und sozialen Konventionen; er versucht, das Herz des christlich-Einzelnen daraus zu lösen, um es an die wahre Totalität als Maß und Modell zu binden« (Pascal, 598). Als »Formel der Ästhetik« fordert Pascal ein Modell, »wo die höhere Ordnung der Liebe die untere Ordnung des sinnlichen Gefallens durchformt« (Pascal, 599).
Bei allem bleibt das Herz das Organ der Erkenntnis, des Ethischen und des Ästhetischen zugleich, denn es ist insgesamt das Organ der Liebe, die eine Ästhetik entfaltet, die »ihrem Herzen Raum« gibt »für die strengste Aszetik«: Genau diese Ordnungsstufe von Illusion, Desillusion und nochmals umgreifender Illusion aus der Kraft der Liebe ist die katholische Tiefenantwort auf die lutherische Dialektik« (Pascal, 599). Es bleibt das »menschliche Nachbild« der unnachahmlichen Verzehrung des Herzens Gottes im Liebestod Christi« (Pascal, 600).

Personenregister

Das Namenregister umfasst auch biblische Personennamen.